믿음은 세상과 타협하지 않는다

나의 사랑하는 가족에게 이 책을 바칩니다.

〈일러두기〉
이 책에 사용한 폰트는 KoPubWorld바탕체와 돋음체 그리고 나눔 명조체와 고딕체입니다.
성경은 대한성서공회 개역개정 성경과 새번역 성경을 사용하고 경우에 따라 다른 역본도 참조했습니다.

믿음은 세상과 타협하지 않는다

전병철

세움북

프롤로그

언제까지 머뭇거리겠는가

청춘 남녀 사이에서 한 사람이 여러 이성과 사귀는, 이른바 '어장 관리'를 하는 사람을 비판하곤 한다. 그런데 예수님을 믿는다고 고백하는 사람들 중에도 하나님과 세상 사이에서 양다리를 걸치는 이들이 있다. 이들은 오히려 세상에 의해 '어장 관리'를 당하는 셈이다. 세상은 결단력이 약한 신자들에게 달콤한 보상을 미끼로 던지며 그들을 묶어둔다. 혹시 당신이 그 대상은 아닌가? 그렇다면 당신은 하나님과 세상 사이에서 언제까지 양다리를 걸치고 살겠는가?

세상이 제공하는 하찮은 보상에 미련을 두지 말아야 한다. 하나님의 백성이 출애굽을 했듯이, 당신도 '출세상'을 해야 한다. 몸만 세상에서 빠져나오는 출세상은 아무 의미가 없다. 이스라엘 백성이 몸만 출애굽하고 정신은 여전히 애굽에 있을 때, 광야를 걸어 약속의 땅으로 가면서도, 그들의 마음은 끊임없이 애굽 주변을 맴돌았다. 그러므로 정신까지 '출세상'해야 한다. 그리고 단호하게 하나님 편에 서야 한다.

엘리야 시대에 하나님의 백성들 역시 하나님과 바알 사이에서 누구를 따를지 갈팡질팡하였다. 그들은 누가 참 하나님인지 혼란스러워하였다(왕상 18:21). 그 이유는 여호와 하나님에 대한 참된 지식이 없었기 때문이다.

그런데 오늘날에도 동일한 현상을 본다. 여호와 하나님과 세상 사이에서 머뭇거리는 하나님의 백성들이 너무도 많다. 하나님에 대한 바른 지식도 없고, 세상이 주는 달콤한 마시멜로에 현혹되어 양다리를 걸친 채 결단하지 못하는 하나님의 백성들이다. 우리는 엘리야 선지자가 외친 말, "너희가 언제까지 머뭇거리겠는가?"라는 말씀을 오늘 우리에게 주시는 음성으로 들어야 한다.

만일 당신이 소돔과 고모라에 살고 있는데 이 도시가 멸망한다는 소식을 듣는다면 어떻게 하겠는가? 그 도시에서 어슬렁거리며 계속 머뭇거리겠는가? 아니면 당신이 사랑하는 가족들의 손을 잡고 즉시로 뛰쳐나오겠는가? 만일 당신의 가족이 당신을 가리켜 이상한 사람이라고 해도 당신은 그들의 손을 잡아끌고 나올 것이다. 이유는 그래야 살 수 있기 때문이다.

오늘 우리에게 필요한 것은 결단이다. 세상의 언저리에 맴도는 것을 중단하고 하나님 편에 서는 단호한 결단을 내려야 한다. 하나님과 세상에 양다리를 걸치고 세상의 '어장 관리'를 당하는 삶을 과감히 청산해야 한다.

그리스도인들이여, 하나님과 세상 사이에서 언제까지

머뭇거리며 살겠는가? 바로 오늘, 지금 즉시, '출세상'을 선언하라! 그리할 때 비로소 우리는 세상의 포로 된 삶에서 벗어나, 하나님 안에서 참된 자유와 소망을 발견하게 될 것이다.

차례

프롤로그
　언제까지 머뭇거리겠는가 ················4

제1부 믿음은 세상과 타협하지 않는다
　1. 모두가 믿는 것은 아니다 ················ 12
　2. 믿음은 세상과 타협하지 않는다 ················ 32

제2부 세상 것이 아닌 여호와를 즐거워하라
　3. 세상으로 빠지는 것을 경계하라 ················56
　4. 세상 것에 현혹되지 말라 ················89
　5. 세상의 것이 아닌 여호와를 기뻐하라 ················121
　6. 예수의 정신으로 무장하고 따르라 ················136
　7. 세상을 본받지 말고 구별되게 살아라 ················155

Contents

제3부 소망 없는 세상에 하나님의 선물을 전달하라

8. 소망 없는 세상에 하나님의 은총을 확산하라 ············176
9. 어둠의 세력과 싸우는 영적 전투에서 승리하라 ·········186
10. 세상의 포로 된 자를 구출하라 ·····························206
11. 세상을 향한 하나님의 계획을 전하라 ·····················223
12. 패역한 세상을 향해 선지자의 심정으로 외쳐라 ·······241
13. 하나님이 부르신 자리에서 소명의 삶을 살라 ··········267
14. 세상에 주는 하나님의 선물을 전달하라 ··················286
15. 하나님의 복을 세상에 유통하라 ····························300
16. 세상에 하나님의 공의와 정의가 실현되게 하라 ········322

에필로그

절망적인 세상에서 희망을 보다 ···························· 340

미주

제1부

믿음은 세상과 타협하지 않는다

1.
모두가 믿는 것은 아니다

데살로니가후서 3:2

　그리스도인이라면 누구나 세상 모든 사람이 예수 그리스도를 믿고 구원받아 하나님을 경외하며 살아가기를 간절히 바란다. 그러나 안타깝게도, 구원에 이르는 참된 믿음은 모든 사람에게 허락되지 않는다. 다시 말해, 모든 사람이 하나님과 예수님을 믿는 것은 아니다.

　인류 역사가 진행되는 동안 얼마나 많은 그리스도인들이 복음을 전파했는가? 특정 지역과 민족을 복음화시키기 위해 수많은 전략을 가지고 막대한 인력과 재정을 쏟아부으며 복음화를 시도했다. 하지만 부흥의 시대가 아닌 이상 투자에 비해 구원 얻는 사람은 적었고, 복음화는 큰 효과를 거두지 못했다.

　이러한 현상은 지금도 계속되고 있다. 한국세계선교협

의회(KWMA)가 주관하고 한국선교연구원(KRIM)이 조사·발표한 "2023년 한국선교현황 보고"에 따르면, 174개국에 파송된 한국 국적 장기 선교사는 21,917명이며, 선교단체에 소속된 단기 선교사는 451명이다. 또한 한국 선교단체를 통해 파송된 타 국적의 국제 선교사는 950명에 이른다.[1]

대한예수교장로회 합동 교단만 보더라도 2025년 2월 기준, 98개국에 2,557명의 선교사가 해외에서 사명을 다하고 있다.[2] 우리나라 선교사들뿐만 아니라 먼저 복음을 받아들인 수많은 나라들이 전 세계 민족을 향해 복음을 전파하고 있음에도 불구하고, 세계 복음화는 여전히 이루어지지 않고 있다.

우리나라 개신교 역시 민족 복음화를 위해 수많은 목회자와 전도사를 배출했고, 전국 곳곳에 교회를 세우며 복음을 전하고 있다. 매주 크고 작은 교회에서 전도지를 나누고, 전도 행사를 통해 이웃들을 예수님께로 인도한다. 그럼에도 불구하고 우리나라 전체 인구 약 5천2백만 명 가운데 개신교인은 1천만 명이 되지 않는다.[3] 다시 말해, 엄청난 인력과 재정, 시간과 열정을 투자해 복음을 전하고 있지만, 예수님을 믿는 사람들보다 믿지 않는 사람들이 훨씬 더 많다.

그렇다면 그 이유는 무엇인가? 바로 믿음이 모든 사람의 것이 아니기 때문이다. 성경은 분명히 말씀한다.

> 또한 우리를 부당하고 악한 사람들에게서 건지시옵소서 하라. 믿음은 모든 사람의 것이 아니니라(살후 3:2).

하나님께서는 "영생을 주시기로 작정된 자들은 다 믿는다"고 하신다(행 13:48). 이는 역설적으로 영생 주시기로 작정되지 않은 사람들은 믿지 않는다는 의미이다. 예수님의 씨 뿌리는 비유에서도 알 수 있듯이, 하나님의 말씀이라는 씨앗이 사람의 마음 밭에 떨어져도 모두가 믿는 것이 아니다. 옥토에 떨어진 4분의 1만이 열매를 맺고 구원을 받는다. 나머지 밭은 열매 없는 상태로 남게 된다.

악한 자들이 성도를 괴롭힌다

예수님을 믿는 우리 입장에서는 모든 사람이 예수님을 믿으면 좋겠지만, 현실은 그렇지 않다. 많은 사람들이 예수님을 자신의 구원자로 믿지 않으며, 하나님의 존재를 부인하고 경배하지도, 영화롭게도 하지 않는다. 의외로 많은 사람들이 하나님도 소망도 없이 살고 있다.

문제는 단지 하나님의 존재나 예수가 그리스도(구원자)이신 것을 부인하는 데서 그치지 않는다. 일부 사람들은 그리스도인에게 적대적인 태도를 취하며, 교회와 신자들을 적폐의 대상으로 혹은 불온한 집단으로 여긴다. 예수님을 믿는 사람들을 향해 그릇된 시선을 보내며, 비이성적이고 비논리적인 사람, 또는 교회에 미친 광신도쯤으로 치부해 버리기도 한다. 이러한 인식 탓에, 자기 가족들-특히 자녀들-이 교회에 다니거나 예수님을 믿는 사람들과 가까워지는 것조차 극도로 경계하는 경우도 있다.

교회와 그리스도인에 대해 비판적 태도만 있다면, 오히려 다행이다. 어떤 사람들은 매우 부당하고 악하다. 예수 그리스도 대신 사악한 영을 따르며, 하나님을 두려워하지 않고 고의로 불법을 저지르는 이들도 있다.

이들은 교회와 신자들을 비판하는 수준을 넘어서, 예수 그리스도를 대적한 것처럼 성도들을 대적한다. 신실한 성도들이 하나님께 영광을 돌리고 이웃의 유익을 위해 행하는 선한 일들을 방해하며, 이런 일을 하는 신자들을 노골적으로 괴롭힌다.

예수님 당시에는 하나님의 백성임을 자처하던 대제사

장, 서기관, 바리새인, 사두개인들이 무죄하신 하나님의 아들을 잡아 죽이지 않았는가? 정치 지도자들 또한 공의와 정의를 저버리고 여론에 편승하여 자신의 안위를 위해 예수님을 십자가에 못 박아 죽이지 않았는가? 오늘날에도 이와 같은 일들이 계속해서 일어나고 있다.

사도행전과 여러 서신서를 보면, 교회가 세워진 곳에는 어김없이 유대인들이 들고일어났다. 그들은 예수님을 믿는 자들을 이단시하며, 전염병처럼 경계했다. 그 와중에도 소수의 사람은 예수님을 믿고 구원받아 믿음 안에서 꿋꿋이 살아갔지만, 대다수는 예수님을 거부했다. 그리고 예수님을 믿는다는 이유로 성도들을 핍박하거나 감옥에 가두거나 사자들과 싸우게 하는 등 온갖 박해를 가했다.

데살로니가전서 2:14을 보면, 데살로니가의 성도들 역시 유대에 있는 교회들이 유대인들에게 고난을 받은 것처럼, 자신들의 동족으로부터 심한 고난과 환난을 당했다(살전 1:6).

또한 베드로전서 1장을 보면, 예수님을 자신의 그리스도로 믿는 신실한 성도들이 본도, 갈라디아, 갑바도기아, 아시아, 비두니아 등 여러 지역에 흩어져 나그네처럼 살았다. 그들이 자기 삶의 안식처를 떠나야 했던 이유는 오직 예수님을 믿는다는 단 한 가지 이유 때문이었다. 그들은 함께 살아가던 예수님을 믿지 않는 이웃들로부터 부당한 대우를 받았으며, 이유 없이 박해를 당했다. 견디기 힘든 날들이 계속되자 그들은 결국 삶의 터전을 떠나 여러 지역으로 흩어져 낯선 곳에서 나그네처럼 살았던 것이다.

사도 베드로는 이런 성도들에게 다음과 같이 격려의 말을 전한다.

> 너희를 연단하려고 오는 불 시험을 이상한 일 당한 것 같이 이상히 여기지 말고 오히려 너희가 그리스도의 고난에 참여하는 것으로 즐거워하라. 이는 그의 영광을 나타내실 때에 너희로 즐거워하고 기뻐하게 하려 함이라(벧전 4:12~13).

예수님께서는 거짓 선지자와 거짓 교사들이 일어날 것을 경고하셨으며, 마지막 때에는 적그리스도가 나타날 것이라고 말씀하셨다. 이들은 사람들을 미혹할 것이며(마 24:11~12), 종말이 가까이 올수록 "예수님을 믿는 사람들을 환난에 넘겨주고 죽일 것"이라고도 말씀하셨다. 예수님을 믿는 사람들이 예수님의 이름 때문에 "모든 민족에게 미움을 받으리라"고도 하셨다(마 24:9). 그뿐만 아니라 "멸망의 가증한 것이 거룩한 곳에 설 것이고, 거짓 그리스도들과 거짓 선지자들이 일어나 큰 표적과 기사를 보여, 할 수만 있으면 택하신 자들도 미혹할 것"이라고 경고하셨다(마 24:24).

실제로 이러한 일들이 성경시대뿐 아니라, 오늘날 우리가 살고 있는 세계와 우리나라 안에서도 일어나고 있다. 로마 제국 시대에는 황제들에 의해 공공연하게 박해가 이루어졌다면, 오늘날에는 훨씬 더 은밀하고 제도적인 방식으로 핍박이 진행되고 있다. 특히 권력과 권세를 가진 자가 악한 세력에 동조하거나 이용될 때, 그리스도인들은 더욱 심한 고난과 박해를 받게 된다.

세상에는 선한 사람들만 있는 것이 아니다. 예수 그리스도를 진심으로 믿는 이들만 있는 것도 아니다.

우리가 사는 세상, 우리의 이웃 중에는 그리스도인인 우리를 의심의 눈초리로 보는 이들이 있고, 경계하거나 악한 마음을 품고 적대적인 태도를 보이는 이들도 있다.

이렇듯 우리가 사는 세상은 우리 뜻대로 되지 않는다. 예수님을 믿는 믿음 생활은 생각보다 쉽지 않다. 우리의 믿음을 흔들고 우리를 미혹하려는 부당하고 악한 자들이 있으므로 각별한 주의가 필요하다. 모든 사람이 우리처럼 믿는 것이 아니기 때문이다.

예수님은 우리에게 뭐라고 말씀하셨는가

그렇다면, 부당하고 악한 자들이 호시탐탐 그리스도인을 노리는 이 세상에서 우리는 어떻게 살아가야 하는가? 무기력하고 무능한 자처럼 숨 죽이고 살아야 하는가? 아니면 총칼을 들고 싸우면서 우리의 믿음을 지켜야 하는가? 이러한 문제를 풀고 우리가 올바로 처신하기 위해서는 예수님의 가르침, 즉 우리는 마태복음 10장을 주의 깊게 살펴볼 필요가 있다.

마태복음 10장의 말씀은 예수님께서 제자들을 이스라엘의 잃어버린 양에게로 보내시며, 복음을 전할 때 유의해야 할 점들과 당부하신 말씀이 담겨 있다. 예수님은 제자들을 각 마을로 보내시면서 자신의 걱정스러운 심정을 다음과 같이 표현하셨다.

> 보라. 내가 너희를 보냄이 양을 이리 가운데로 보냄과 같도다(마 10:16a).

예수님이 제자들을 보내실 때나 오늘 우리가 살아가는 시대나, 그리스도인은 이리 가운데로 보냄받은 양처럼 온갖 위험에 노출되어 있다. 우리 주변에는 우리를 위협할 악한 자들이 있을 뿐 아니라, 우리의 믿음을 무너뜨리려는 유혹과 미혹도 도사리고 있다. 모든 것이 믿음에 치명적일 수 있기 때문에, 우리는 한시도 경계를 늦춰서는 안 된다. 예수님은 이런 상황을 아셨기 때문에 제자들에게 다음과 같이 처신할 것을 권면하셨다.

핍박과 박해를 각오해야 한다

마태복음 10장 말씀은, 예수님의 제자에게는 핍박과 박해가 반드시 따른다는 사실을 전제로 한다. 우리가 예수님의 제자이기 때문에, 세상은 우리를 유명인사나 아이돌처럼 환영하지 않는다. 환영 대신 돌을 던지고 조롱하며 비방한다. 예수님께서 이렇게 말씀하셨다.

> 사람들을 삼가라. 그들이 너희를 공회에 넘겨주겠고 그들의 회당에서 채찍질하리라. 또 너희가 나로 말미암아 총독들과 임금들 앞에 끌려가리니 이는 그들과 이방인들에게 증거가 되게 하려 하심이라(마 10:17~18).

예수님의 말씀이 참되다는 것은, 예수님 당시부터 지금

까지 세계 도처에서 일어난 기독교의 순교 역사와 현실이 그대로 증명한다. 예수님을 따르는 길은 언제자 세상과 충돌을 일으켰다.

그러므로 예수님을 믿는 우리는 예수님의 이름 때문에 세상 사람들로부터 미움받고, 멸시와 핍박, 박해를 받을 수 있다는 사실을 각오해야 한다. 이것이 제자의 길이다.

마태복음 5:11~12에서 예수님은 각오하는 데서 그치지 말고, 오히려 기뻐하고 즐거워하라고 말씀하셨다.

> 나로 말미암아 너희를 욕하고 박해하고 거짓으로 너희를 거슬러 모든 악한 말을 할 때에는 너희에게 복이 있나니 기뻐하고 즐거워하라. 하늘에서 너희의 상이 큼이라. 너희 전에 있던 선지자들도 이같이 박해하였느니라.

그리스도인에게 고난과 환난, 박해, 사람들로부터 미움을 받거나 멸시의 대상이 되는 것은 결코 이상한 일이 아니다. 이런 일은 언제든지 일어날 수 있으며, 이미 예고된 일이기도 하다.

만일 이런 일이 실제로 일어나고, 환난이 우리를 연단하려는 불 시험처럼 찾아올지라도 당황할 필요는 없다. 오히려 그것을 그리스도의 고난에 동참하는 일로 바라볼 수 있다면, 마음은 두려움보다 기쁨에 가까워진다. 사도 베드로가 전한 것처럼, 불시험 같은 환난이 찾아와도 우리는 그 속에서 연단을 받고, 그리스도의 고난에 참여하는 기쁨을 경험할 수 있다(벧전 4:12~13).

두려워하지 말아야 한다

마태복음 10:19에서 예수님은 제자들이 공회와 총독, 임금들 앞에 서서 심문을 받을 때조차 "어떻게, 무엇을 말할까 염려하지 말라"고 하셨다. 그 순간에는 성령께서 할 말을 주실 것이기 때문이다(마 10:19~20). 염려가 믿음과 담대함을 잃게 만드는 것을 주님은 아셨다.

예수님은 제자들을 이리 가운데로 보내는 양과 같다는 것을 아셨기에, 비록 제자들이 만날 사람들이 이리와 같다 할지라도 그들을 두려워하거나, 하나님의 나라가 가까이 왔다고 전파하는 것을 주저하지 말라고 말씀하셨다. 이는 마태복음 10:27~28 말씀에 분명히 나타난다.

> 내가 너희에게 어두운 데서 이른 것을 광명한 데서 말하며 너희가 귓속말로 듣는 것을 집 위에서 전파하라. 몸은 죽여

도 영혼은 능히 죽이지 못하는 자들을 두려워하지 말고 오직 몸과 영혼을 능히 지옥에 멸하실 수 있는 이를 두려워하라.

그렇다. 우리가 두려워해야 할 대상은 악한 자들이나 권세자들이나 우리를 박해하는 자들이 아니다. 그들은 우리의 몸은 해할 수 있지만, 우리의 영혼을 죽이지 못한다. 예수님을 향한 우리의 신앙을 빼앗을 수도 없다. 따라서 그들을 두려워할 필요는 전혀 없다.

우리가 진정 두려워해야 할 분은 하나님이다. 하나님은 우리의 목숨은 물론, 우리 영혼을 지옥에 던져 멸망시킬 수 있는 분이다. 하나님은 제국의 황제든, 나라의 왕이든, 모든 생명의 생사여탈을 주관하시는 생명의 주권자이시다. 하찮은 참새 두 마리가 사람에게 잡히고 죽는 것, 그리고 한 앗사리온에 팔리는 것까지도 주관하신다. 하나님은 우리의 머리털까지도 다 세신 분이시며, 당신의 백성인 우리의 왕이시다. 하나님은 우리를 사랑하시고 우리를 온전히 책임지신다.

그러므로 몸을 햇칠 수 있는 악한 자들, 권력과 권세를 휘두르는 자들을 두려워할 필요가 없다. 오히려 이러한 자들 앞에서 우리는 담대해야 한다. 우리의 아버지요 왕이신 하나님께서 우리와 함께하시기 때문이다.

사도행전 5장을 보면, 대제사장과 사두개인들이 마음에 있는 시기심으로 인해 베드로와 다른 사도들을 잡아다가 감옥에 가둔 내용이 나온다. 하지만 주의 사자가 옥문을 열어 그들을 밖으로 끌어내며 "가서 성전에 서서 이 생명의 말씀을 다 백성에게 말하라"고 한다(행 5:30). 이에 사도들은 주의 사자가 명한 대로 새벽부터 성전에서 복음을 전하고 사람들을 가르쳤다.

그러자 대제사장들이 또다시 사도들을 잡아다가 공회 앞에 세웠다. 공회원들은 베드로와 다른 사도들을 심문하며 "우리가 이 이름(예수의 이름)으로 사람을 가르치지 말라고 엄히 금했는데, 왜 너희 교를 예루살렘에 가득하게 하느냐?"라며 위협하였다.

이때 베드로는 "사람보다 하나님께 순종하는 것이 마땅하니라. 너희가 나무에 달아 죽인 예수를 우리 조상의 하나님이 살리시고 이스라엘로 회개케 하사 죄 사함을 얻게 하시려고 그를 오른손으로 높이사 임금과 구주를 삼으셨느니라"고 당당하게 대답했다(행 5:29~31). 그리고 두려워하지 않고 날마다 성전에 있든지 집에 있든지 예수는 그리스도라고 가르치며 전도하기를 쉬지 않았다(행 5:42).

히브리서 11장에서도 악한 자들을 두려워하지 않고 믿음으로 살며 하나님을 기쁘시게 한 자들을 본다. 그들 중에는 "믿음으로 나라를 이기기도 하며 의를 행하기도 하며 약속을 받기도 하며 사자들의 입을 막기도 하며 불의 세력을 멸하기도 하며 칼날을 피하기도 하며, 연약한 가운데서 강하게 되기도 하며 전쟁에 용맹 되어 이방 사람들의 진을 물리치기도 했다"(히 11:33~34). 또한 "여자들은 자기의 죽은 자를 부활로 받기도 하며 또 어떤 이들은 더 좋은 부활을 얻고자 하여 악형을 받되 구차히 면하지 아니하였으며, 또 어떤 이들은 희롱과 채찍질뿐 아니라 결박과 옥에 갇히는 시험도 받았으며 돌로 치는 것과 톱으로 켜는 것과 시험과 칼에 죽는 것을 당하고 양과 염소의 가죽을 입고 유리하여 궁핍과 환난과 학대를 받았다"(히 11:35~37). 이 세상은 이들에게 아무런 가치도, 의미도, 미련도 없었기 때문이다. 그래서 이들은 믿음을 지키기 위해 광야와 산중과 암혈과 토굴을 찾아다니며 살았다(히 11:35~38).

믿음의 선진들은 악한 자들을 두려워하기보다 하나님을 바라보며 걸어갔다. 그 길은 쉬운 길이 아니었지만, 하나님을 영화롭게 하는 길이었다.

순결하고 지혜로워야 한다

세상 모든 이들이 같은 믿음을 가진 것은 아니다. 그래서 그리스도인은 더욱 순결하게 살아가려 애를 쓴다. 불의를 멀리하고, 정직하며, 맡겨진 일에 최선을 다하고, 가능한 한 선을 행하며 살려고 노력한다.

왜 이렇게 살아가는가? 그 이유는 악한 자들에게 비방받지 않고, 박해의 빌미를 제공하지 않기 위해서다. 악한 자는 그리스도인들을 핍박할 기회를 호시탐탐 노린다. 마치 우는 사자가 삼킬 자를 찾아 헤매는 것처럼 교회와 그리스도인들의 허물을 찾아 돌아다닌다. 아주 사소한 잘못이라도 발견되면, 그것을 침소봉대하여 큰 뉴스거리로 만들고 여론몰이를 시도한다. 그 속에는 교회를 무너뜨리고, 신앙을 의심하게 만들려는 의도가 숨어 있다. 그렇기에 믿음 안에서 사는 사람은 삶의 작은 부분까지도 신중하게 바라보게 된다.

또한 우리는 하나님의 공의로운 심판이 드러나도록 성결하게 살고 지혜롭게 처신할 필요가 있다. 아무런 잘못이나 허물이 없음에도 악한 자들이 교회를 박해한다면, 그 불의는 고스란히 박해하는 자들의 몫으로 남는다. 하나님은 각 사람이 행한 대로 갚으시는 분이기에(시 62:12; 겔 18:20; 마

16:27), 그들의 악행은 심판의 근거가 된다.

노아 시대의 이야기는 이를 잘 보여준다. 세상에 죄악이 가득하고, 사람들의 생각이 항상 악할 뿐이었을 때, 하나님은 홍수로 심판하셨다(창 6:5). 그러나 하나님과 동행하던 노아와 그의 가족은 구원하셨다.

하나님은 오늘을 사는 우리가 세상 속에서 예수 그리스도처럼 순결하고 성결하게 살기를 바라신다. 이는 우리가 그렇게 살아갈 때, 비방과 핍박조차도 그리스도인의 잘못이 아닌 세상의 악함을 드러내는 증거가 된다. 동시에 그에 대한 하나님의 심판이 정당하다는 사실 또한 선명해진다.

순결함만으로는 충분하지 않다. 삶에는 지혜도 필요하다. 괜한 분쟁을 불러오지 않도록, 불필요한 트집거리를 만들지 않도록, 상황을 헤아리며 신중하게 행동하는 지혜가 필요하다. 예수님께서 제자들을 여러 마을로 보내실 때 하신 말씀이 우리에게 깊은 울림으로 다가오는 이유이다.

> 너희는 뱀같이 지혜롭고 비둘기같이 순결하라(마 10:16b).

만일 지혜가 필요하다면 하나님께 구하면 된다. 그리고

핍박이나 박해를 피할 수 있다면 피하고, 그렇지 못하면 당당하게 우리의 믿음을 보여주면 된다.

마태복음 10:11~14에서 예수님은 제자들에게 "어떤 성이나 마을에 들어가든지 그중에 합당한 자를 찾아내어 너희가 떠나기까지 거기 머물라. 또 그 집에 들어가면서 평안하기를 빌라. 누구든지 너희를 영접하지도 아니하고 너희 말을 듣지도 아니하거든 그 집이나 성에서 나가 너희 발의 먼지를 떨어버리라"고 말씀하셨다. 또한 마태복음 10:23에서는 "이 동네에서 너희를 박해하거든 저 동네로 피하라"고 말씀하셨다. 즉, 우리를 환영하는 곳에 머물고, 환영하지 않는 곳이나, 박해하면 피하라는 말씀이다. 불필요한 분쟁이나 충돌을 일으킬 필요는 없다.

베드로 사도도 이방인 가운데 살아가는 신앙인의 삶을 이렇게 표현한다.

> 사랑하는 자들아, 거류민과 나그네 같은 너희를 권하노니 영혼을 거슬러 싸우는 육체의 정욕을 제어하라. 너희가 이방인 중에서 행실을 선하게 가져 너희를 악행한다고 비방하는 자들로 하여금 너희 선한 일을 보고 오시는 날에 하나님께 영광을 돌리게 하려 함이라(벧전 2:11~12).

비방하는 자들에게 비방의 빌미를 주지 않는 삶, 오히려 선한 행실로 하나님께 영광이 돌려지는 삶. 그것이 순결함과 지혜가 만나는 자리다. 우리의 성결과 지혜는 말보다 삶 자체로 증명 된다.

하나님의 보호를 구해야 한다

부당하고 악한 자들은 이유가 있든 없든, 단지 우리가 그리스도인이라는 이유만으로 우리를 대적하기도 한다. 그들은 복음을 전하는 것을 싫어할 뿐 아니라, 그것을 훼방하며, 영혼이 구원받는 길마저 가로막는 경우가 많다.

그러나 우리는 그들과 혈과 육으로 싸울 수 없다. 만약 그렇게 맞선다면 마음속에는 미움과 증오가 쌓이고, 인간관계에서는 신뢰가 무너져 단절이 일어날 것이다. 게다가 법적으로도 그것은 명백한 폭행과 폭력이므로, 형사처벌을 받거나 민사상 손해배상의 책임을 져야 한다.

그렇다면 부당하고 악한 자들이 우리를 핍박하고, 우리가 전하는 복음을 가로막는 데도 우리는 가만히 있어야 하는가? 우리가 힘이 없고 그들 앞에서 약자라는 이유로, 그저 숨죽이고 있어야 하는가? 결코 그렇지 않다. 비록 우리는 약하지만, 우리가 믿는 하나님은 강하시다.

복음을 전하는 것은 우리의 선택이 아니라, 하나님이 원하시는 일이고 예수 그리스도의 명령이다. 우리는 죽는 한이 있더라도 이 일을 멈출 수 없다. 우리의 믿음을 지키고 모든 민족에게 복음을 전하는 것은 우리의 사명이다.

문제는 우리 자신은 약하고 항상 위험에 노출되어 있다는 것이다. 그래서 하나님의 특별한 보호와 도우심이 절실히 필요하다. 사도 바울도 데살로니가후서에서 이렇게 기도했다.

> 또한 우리를 부당하고 악한 사람들에게서 건지시옵소서 하라. 믿음은 모든 사람의 것이 아니니라. 주는 미쁘사 너희를 굳건하게 하시고 악한 자에게서 지키시리라(살후 3:2~3).

사도 바울도 부당하고 악한 사람들로부터 자신을 지켜달라고 기도했다. 또한 이런 사람들에게 복음을 전할 수 있도록 하나님께 도움을 구했다.

신실하신 하나님은 사도 바울을 악한 자에게서 지켜주시고, 강하고 굳건하게 세워 주셨다. 그리고 담대하게 복음을 전할 수 있는 힘도 주셨다. 그 결과 많은 사람이 예수님을 믿고 구원받았다.

생각해 보면, 우리의 기도 역시 바울의 기도와 닮아야 하지 않을까. 단지 우리 자신을 지켜 달라는 데서 멈추는 것이 아니라, 우리를 대적하는 사람들과 그의 가족까지도 예수 그리스도를 믿고 구원받도록 구하는 것이다. 그럴 때 대적하던 마음이 변화되고, 하나님을 경외하며 찬양하는 입술로 바뀌게 될 것이다.

우리는 더 많은 사람이 예수 그리스도를 믿도록 기도해야 한다. 복음이 모든 민족에게 널리 전해져 믿는 자들이 더욱 많아지는 것을 소망하며 기도하는 것이다. 세상 모든 사람이 복음을 받아들이는 것은 아니지만, 누군가 복음을 받아들일 때 하나님의 이름이 높임을 받고, 하나님께서 영광을 받으신다. 이 사실 하나만으로도 우리의 기도와 복음 전파는 결코 헛되지 않는다.

2.
믿음은 세상과 타협하지 않는다

고린도후서 6:14~16

    그리스도인은 세상에 속하지 않았지만, 세상 속에서 살아가는 사람이다. '세상의 사람'이 아닌, '하나님의 사람, 예수님의 사람'으로, 매일 세상의 사람들과 어울려 산다. 물고기가 물을 떠나 살 수 없듯이 세상에서 활동하고 여러 영역에서 하나님의 나라를 건설하며 산다.

    이로 인해 세상과의 충돌이 자연스럽게 빈번해진다. 세상 사람들이 원하는 것, 세상이 요구하는 것, 그리고 세상에 통용되는 삶의 원칙과 방식 등과 수없이 충돌한다.

    세상의 틈바구니에서 하나님을 믿는 자로서의 방식대로 살기를 원하지만, 세상은 그것을 이해하지 못하고 용납하지도 않는다. 그렇기 때문에 신실한 그리스도인은 세상 속에서 그리스도인으로 살아가기가 쉽지 않다. 자신의 신앙적 기준을 고수하면, '이기적이다', '너만 옳으냐'는 비난을 듣기 쉽다. 때로는 '소통 불능'이라는 낙인이 찍히고, '함께 일하기 어려운 사람'으로 치부되기도 한다.

그럼에도 우리는 우리가 믿는 하나님과 예수 그리스도를 결코 포기할 수 없다. 비록 세상이 적당한 선에서 타협을 요구하더라도, 우리는 그렇게 살아갈 수 없다. 우리에게는 하나님께서 주신 우리만의 삶의 방식이 있고, 우리가 걸어가야 할 믿음의 길이 있기 때문이다.

따라서 이러한 고민을 줄이고 세상과 타협하지 않으면서도 믿음의 길을 굳건히 걷기 위해서는, 먼저 세상을 바로 알아야 한다. 동시에 우리가 누구인지, 어떤 존재인지도 분명히 인식해야 한다. 그렇게 할 때, 우리는 왜 세상과 타협할 수 없는지 그 이유를 더욱 분명하게 이해하게 될 것이다.

성경에서 말하는 세상이란

성경에서 말하는 세상이 무엇인지 생각해 보자. 먼저 세상은 한 사람이 태어나서 죽을 때까지 살아가는 '삶의 기간'을 의미하기도 한다. '나는 한 세상을 살면서 온갖 풍파를 겪었지만 그래도 행복했다'고 말할 때는, 공간적인 개념보다 태어나서 죽을 때까지의 시간을 의미한다.

또한 세상이란, 우리가 살고 있는 '물리적 세계'를 의미한다. 사람들이 활동하며 살아가는 이 사회 전체를 아우르는 말로 세상이라고 한다. 여기에는 우리가 속한 국가와 사회뿐만 아니라 전 세계의 모든 나라와 민족을 포함한다.

성경은 이런 시간적 세상과 물리적 세상을 부인하지 않는다. 오히려 물리적 세상은 하나님이 창조하신 세상이며, 하나님이 보시기에 '심히 좋았던' 세상이다(창 1:31). 그리고 하나님의 신성으로 충만한 세상이면서, 하나님의 뜻과 계획이 실현되는 세상이다. 달라스 윌라드는 다음과 같이 말했다.

> "그분이 보시는 세상은 하나님으로 젖은 세상이요 하나님으로 가득한 세상이다. 영광의 실체로 충만한 세상이요 모든 구성 요소가 하나님의 직접적인 지식과 통제 영역 안에 있는 세상이다. … 하나님이 항상 그 안에 계시기 때문에 상상할 수 없이 아름답고 선한 세상이다. 하나님이 항상 즐겁게 지내시는 세상이요 늘 기뻐하시는 세상이다."[1]

그리스도인은 이런 세상을 부정하거나 적대하지 않는다. 오히려 하나님과 함께 그 세상 속에서 기뻐하고 즐거워한다.

그런데 성경은 이와 구별되는 또 다른 의미의 '세상'을 언급한다. 그것은 '하나님의 나라를 대적하는 세상'이다. 즉, 사탄이 지배하고 다스리는 '어둠의 나라'를 의미한다.

하나님의 나라는 하나님이 왕이시며, 하나님을 보좌하는 세력들이 있고, 하나님의 통치를 받는 백성들이 있다. 그리고 그 백성들은 하나님의 법에 순종하면서 살아간다. 성경은 하나님 나라에 이런 조직이 기본적으로 존재한다고 말씀한다. 에베소서 1:20~23 말씀이다.

> 그의 능력이 그리스도 안에서 역사하사 죽은 자들 가운데서 다시 살리시고 하늘에서 자기의 오른 편에 앉히사 모든 통치와 권세와 능력과 주권과 이 세상뿐 아니라 오는 세상에 일컫는 모든 이름 위에 뛰어나게 하시고 또 만물을 그의 발아래에 복종하게 하시고 그를 만물 위에 교회의 머리로 삼으셨느니라. 교회는 그의 몸이니 만물 안에서 만물을 충만하게 하시는 이의 충만함이니라.

하나님 나라의 조직도를 보면, 삼위 하나님께서 왕으로 계신다. 특히 성자 예수 그리스도는 성육신과 구속 사역을 통해 높임을 받으셔서, 지금 아버지의 보좌 우편에 앉아 다스리신다. 교회는 왕이신 그리스도의 몸이며, 하나님의 백성으로서 그분의 다스림 안에 있다. 그리고 모든 통치와 권세와 능력과 주권, 하늘과 땅의 모든 영적 존재들과 피조물이 다 예수 그리스도의 권세 아래 복종한다.

이와 유사하게 어둠의 나라에도 이런 조직이 있다. '공중 권세를 잡은 마귀'가 왕이다. 그리고 마귀를 보좌하는 '어둠의 영들', 곧 악한 자들이나 권세자들이 있다(엡 2:2; 6:12). 마귀와 거짓 선지자들에게 종노릇하는 '어둠의 자식들'이 있는데, 곧 마귀의 백성이다. 이 나라에 통용되는 법은 '육체와 마음이 원하는 대로'이다. 사람들은 육체와 마음이 원하는 대로 하면서 죄를 짓고 마귀를 즐겁게 한다.

이 '어둠의 나라'는 어떤 지리적·물리적 장소라기 보다는 영적 영역이다. 다시 말해, '공중 권세를 잡은 마귀'라는 표현은 물리적 하늘 공간을 말하는 것이 아니라 사탄의 영적 통치 영역을 상징하는 말이다(엡 2:2).

이 마귀의 지배력은 인간이 만든 사회 구조나 문화 속에도 존재할 수 있다(요일 5:19). 또한 사람들이 가진 세계관과 가치관에도 영향을 미친다. 죄와 악의 세력의 지배를 받는 세상 질서와 또한 그것의 규제를 받는 인간의 삶의 방식을 '세상'이라고 한다.[2] 하나님의 통치와 의를 따르지 않고 죄와 악을 따르며 하나님을 대적하는 인간들, 권세자들, 그리고 거짓을 좇는 모든 체계와 유행까지도 하나님의 나라와 반대 방향으로 작동할 때, 성경은 그것을 '세상'이라 말한다.

> 이 세상의 신이 믿지 아니하는 자들의 마음을 혼미하게 하여 그리스도의 영광의 복음의 광채가 비치지 못하게 하니
>
> (고후 4:4)

이 말씀은 마귀가 사람들의 마음을 지배하여, 복음의 빛을 보지 못하게 하고 진리에 눈멀게 만든다는 의미이다. 결국 마귀는 사람들의 마음과 생각, 사고방식에 영향을 미쳐, 그들로 하여금 죄의 본성을 따르게 한다. 이러한 것을 통틀어 '세상'이라고 말한다.

앞에서 간략하게 언급했듯이 그리스도인은 세상에 속하지 않았지만, 세상 속에서 살아가는 사람이다. 그렇기 때문에 하나님을 대적하는 세상과 갈등하고 충돌할 수밖에

없다. 더러는 심각한 영적 싸움을 해야 할 때도 있다.

> 우리의 씨름은 혈과 육을 상대하는 것이 아니요, 통치자들과 권세들과 이 어둠의 세상 주관자들과 하늘에 있는 악의 영들을 상대함이라(엡 6:12).

이 영적인 싸움은 '세상에 통용되는 삶의 방식'과 '하나님 나라에서 통용되는 삶의 방식'이 근본적으로 다른데서 발생한다.

세상에서 통용되는 삶의 방식은 '육체를 따르는 것'이다. 수많은 사람들이 무엇을 먹을까, 무엇을 마실까, 무엇을 입을까 염려하며 이 육체를 따라 산다. 그들은 육체적인 것을 가치 있게 여기고 자랑스러워한다. 이것에 매혹되어 열렬히 추구하며, 육체의 정욕과 안목의 정욕, 그리고 이생의 자랑거리를 소유하면 행복해하고, 가지지 못하면 매우 불행하게 여긴다. 세상 사람들에게는 육체를 만족시키는 것이 삶의 목표이자 목적이다. '잘 먹고 즐기는 것, 그리고 하고 싶은 대로 하며 사는 것' 이것이 세상 사람들이 꿈꾸는 삶의 모습이다.

하지만 하나님 나라의 시민이요 하나님의 백성 된 그리

스도인은 이렇게 살지 않는다. 그리스도인은 하나님의 영광을 위해 살고, 예수 그리스도를 위해서 산다. 돈이나 재물의 논리를 따르지 않고 하나님의 말씀을 따라 산다. 이것이 그들의 삶의 방식이기 때문이다.

그렇기 때문에 세상에 속한 사람들은 자신들이 추구하는 삶의 방식과 다르게 사는 그리스도인에 대해 의아하게 생각한다. 그리고 그리스도인의 삶의 방식을 비하하거나 불쌍하다고 말한다. 심할 때는 어리석다고까지 말한다. 더러 믿음이 약한 그리스도인들 중에는 이러한 말에 부화뇌동하여, 자신이 세상 사람들처럼 살지 못하는 것을 불행하다고 여기기도 한다.

하지만 우리는 어리석거나 불쌍한 사람이 아니다. 하나님을 '아빠' 아버지로 믿고, 예수 그리스도를 자신의 구원자로 믿는 우리는 세상 방식이 아닌 하나님 나라의 방식으로 살아가는 사람이다.

왜 세상과 타협할 수 없는가

그리스도인은 세상과 세상에 속한 사람과 결코 타협할 수 없다. 그 이유는 '서로 다르기 때문'이다. 이 '다름' 때문에 그리스도인은 비록 세상 속에 살지만, 세상과 하나 되려 하지 않는다. 세상과 같아지려 하지 않고, 오히려 세상과 다르게 살아간다. 그렇다면, 그리스도인은 세상과 세상에 속한 사람과 구체적으로 무엇이 다른가?

태생이 다름

하나님을 믿는 사람은 세상에 속한 사람과 태생부터 다르다. 세상에 속한 사람은 어머니의 몸을 통해 육으로 한 번 태어난 존재이다. 그러나 예수님을 믿는 사람은 육으로 한 번 태어나고, 영으로도 한 번 더 태어난다.

> 너희가 거듭난 것은 썩어질 씨로 된 것이 아니요, 썩지 아니할 씨로 된 것이니, 살아 있고 항상 있는 하나님의 말씀으로 되었느니라(벧전 1:23).

세상은 영으로 거듭 태어난 사람을 결코 이해할 수 없다. 왜 믿는 사람들이 그토록 하나님을 중요하게 여기는지, 왜 그렇게 예수 그리스도처럼 행동하는지 절대로 이해하지 못한다. 세상 사람들은 왜 예수님을 믿는 자들이 주일마다 교회당에 모여 예배를 드리고, 찬양을 부르며 목

놓아 기도하는지 알지 못한다. 그들은 영으로 태어나지 않았기 때문에 영적인 것들을 이해할 수 없다(요 3:3~7).

그들은 그리스도인들에게 '꼭 그렇게 유별나게 살아야 하느냐?', '적당히 타협하고 양보할 것은 양보하며 서로 원원하면 안 되느냐?', '세상에는 많은 종교가 있고 다른 종교에서는 타 종교가 주장하는 구원의 길을 인정하고 존중하는데, 왜 유독 기독교만 그렇게 배타적이냐?', '왜 기독교만 구원에 이르는 유일한 길이라고 주장하느냐?', '너무 배타적이고 독선적이지 않으냐?' 등 수많은 말을 쏟아낸다. 그러나 그들은 기독교인이 왜 그렇게밖에 할 수 없는지 결코 이해하지 못한다.

그 이유는 태생이 다르기 때문이다. 육으로 태어난 것이 전부인 그들은 영적인 일을 절대로 알 수 없다. 영적인 일은 영적으로만 분별하고 알 수 있다(고전 2:13). 육으로 태어난 자는 차원이 다른 영의 일을 알 수도 없고 이해할 수도 없는 것이다(고전 2:14).

경배의 대상이 다름

우리가 세상과 타협할 수 없는 두 번째 이유는, 숭배하고 경배하는 대상이 다르기 때문이다. 세상은 공중 권세 잡은 자를 숭배한다. 이 공중 권세 잡은 자는 바로 '세상의 신'이다. 그는 사탄이요 마귀, 곧 용이자 옛 뱀이다(계 20:2). 사탄은 천사들 중 삼분의 일을 유혹하여 하나님께 반역을 일으켰지만, 만군의 하나님 앞에서 결국 실패하고 말았다. 하나님은 사탄을 하늘에서 추방하여 이 세상으로 보냈고, 그로 인해 사탄이 이 세상의 신이 되어 공중 권세를 가지고 세상 사람들 위에서 왕 노릇 하는 것이다.

하지만 하나님은 창세 전부터 어떤 사람들을 예수 그리스도 안에서 예정하시고 선택하셨다. 그들은 하나님의 영광을 찬양하고, 예수 그리스도와 함께 살게 하려고 선택하신 자들이다. 하나님의 자녀로 삼기 위해 미리 정하신 자들이다.

하나님은 선택한 자들을 이 세상에서 부르시고 예수 그리스도를 믿어 구원받게 하셨다. 그리고 하나님의 백성으로, 하나님의 자녀로 인을 치셨다. 이들이 곧 예수 그리스도를 믿는 자들이다. 그리스도인은 하나님의 자녀이며, 하나님의 백성이자 하늘나라의 시민이다.

우리는 세상 신을 섬기지 않고 하나님 아버지를 섬기며 경배한다. 여호와 하나님만이 경배를 받으시기에 합당하신 분이시며, 모든 찬양과 감사, 존귀와 영광을 여호와 하

나님께 돌린다

　세상에 수많은 신들이 존재하지만, 그런 신들은 사람들이 만들어 섬기는 가짜 신들에 불과하다. 그러나 여호와 하나님은 영원부터 영원까지 스스로 계신 분이다. 여호와 하나님이 이 세상을 창조하셨고, 우리를 창조하셨다. 여호와는 천지의 주재이시며 지극히 높으신 하나님이다(창 14:19). 모든 사람을 크게 하심과 강하게 하심이 주의 손에 있다(대상 29:12). 다른 신은 없다. 여호와 하나님만이 유일하신 하나님이시다(신 6:4; 사 37:16; 요 17:3).

　그러므로 우리는 사탄이 공중 권세를 잡은 이 세상의 신이라 할지라도 사탄을 숭배하지 않고, 오직 여호와 하나님만을 숭배한다. 세상에 '신'이라고 불리는 많은 존재가 있지만, 우리는 그것들을 섬기지 않고 유일하신 하나님 여호와만을 섬긴다.

진리가 다름

　세 번째 이유는, 우리가 주장하는 진리가 다르기 때문이다. 그리스도인에게 절대 진리는 하나님이시며 예수님이시다. 그리고 하나님의 말씀이 절대 진리이며, 하나님과 예수님이 행하시는 모든 일이 진리이다.[3]

하지만 세상은 이러한 절대 진리를 부인한다. 세상은 여호와 하나님이 유일하신 하나님이라는 것을 부인하고, 예수 그리스도가 유일한 구원자라는 것을 부인한다. 이들은 절대 진리를 인정하지 않으며, 오히려 절대 진리가 사람의 자유와 권리를 제한하는 것으로 여긴다.

세상이 절대 진리 대신 상대적 진리를 주장하는 것은 엄밀한 의미에서 진리가 없다는 뜻이다. 예수님의 말씀대로 "그(마귀)는 처음부터 살인한 자요 진리가 그 속에 없으므로 진리에 서지 못하고 거짓을 말할 때마다 제 것으로 말 하나니 이는 그가 거짓말쟁이요 거짓의 아비가 되었음이라."(요 8:44). 상대적 진리는 절대 진리를 부인하며 들고나온, 대안 아닌 대안일 뿐이다.

상대적 진리는 언제든지 변할 수 있다. 시대에 따라, 사람들의 가치관에 따라 수시로 변한다. 그 이유는 '상대적'이기 때문이다. 그래서 세상은 '진리'라고 말은 하지만, 언제든지 상황에 따라, 때에 따라, 대상에 따라 적용하는 진리가 달라진다. 이처럼 상대에 따라 변하는 것을 어떻게 진리라고 말할 수 있겠는가?

그러나 그리스도인이 믿는 진리는 절대 불변이다. 모든 사람에게 보편적이고 동일하게 적용되며, 심지어 하나님조차 그 진리를 변개할 수 없다.

따라서 절대 진리를 믿는 그리스도인과 절대 진리를 부인하면서도 언제든지 무엇이든지 진리라고 주장하는 세상은 진리의 길을 함께 가려고 해도 함께 갈 수 없다. 절대 진리를 믿고 그 길을 가는 사람이 자신의 진리를 포기하고 상대 진리를 받아들일 수 없고, 오직 상대 진리만을 인정하는 사람이 자신의 진리를 포기하고 절대 진리를 인정하기는 어렵기 때문이다.

사는 목적이 다름

네 번째 이유는, 삶의 목적과 추구하는 것이 근본적으로 다르기 때문이다. 세상에 속한 사람은 오직 육신의 정욕과 안목의 정욕, 그리고 이생의 자랑거리만을 추구한다. 그들이 '행복'이라고 말하는 범주는 이 세 가지에 국한된다.

그러나 하나님을 믿는 사람들은 먹든지 마시든지, 무엇을 하든지, 하나님의 영광을 위해 행한다. 심지어 살든지 죽든지, 자기 몸에서 예수 그리스도가 존귀함을 얻기를 간절히 소망한다. 그리스도인은 하나님이 영화롭게 되는 것을 진정한 행복으로 여긴다.

세상 사람들은 썩어질 양식을 위해 살지만, 그리스도인

은 썩지 아니할 영원한 양식을 위해 산다. 세상 사람들은 있다가 사라질 것을 위해 살고, 그리스도인은 영원한 것을 위해 산다. 세상 사람들은 땅의 것을 더 많이 가지려 하지만, 그리스도인은 하늘의 것을 바라보며 산다. 믿는 자는 영원한 것을 위해 살고 세상은 있다가 사라질 것들을 따라 산다. 세상 사람은 일시적인 가치일지라도 자신이 만족하면 좋다고 여기지만, 믿는 자는 영원한 가치를 따라 산다. 이처럼 삶의 목적과 추구하는 바가 다르니, 세상과 타협할 수 없는 것은 당연한 귀결이다.

삶의 기준과 원칙이 다름

세상과 타협할 수 없는 또 다른 이유는 삶의 원칙과 기준이 다르기 때문이다. 세상은 자기가 기준이고 그리스도인은 하나님이 기준이다. 세상에 속한 사람은 '마음과 육체가 원하는 것'을 기준으로 삼는다. 그러나 그리스도은 '하나님의 입에서 나온 말씀'을 삶의 원칙과 기준으로 삼고 산다. 모든 행동과 활동의 유일한 원칙은 성경이다.

세상은 자기만족을 위해 산다. 그것이 개인의 욕망일 수도 있고, 순간의 기분일 수도 있으며, 자신이 선호하는 것일 수도 있다. 혹은 다수의 사람이 좋다고 여기는 것일 수도 있다. 그러나 믿는 자는 하나님의 만족을 위해 산다. 하나님의 기쁨이 곧 자신의 기쁨이고 하나님의 행복이 곧 자신의 행복이다.

하나님의 입에서 나온 말씀을 삶의 기준과 원칙으로 여기는 사람은 하나님과 그분의 말씀의 권위 앞에서 겸손하다. 말씀 앞에서 자신을 쳐서 복종시키며, 말씀이 지시하는 대로 순종하며 산다. 이렇게 삶을 사는 원칙과 기준이 다르니 그들과 타협할 수가 없다.

삶의 관심사가 다름

우리가 세상과 타협할 수 없는 여섯 번째 이유는, 관점과 관심사가 다르기 때문이다. 이 세상에 속한 사람들은 현재 이 세상에서 사는 것이 삶의 전부라고 생각한다. 이들의 주된 관심사는 이 세상에서 얼마나 행복하게 사느냐, 혹은 그들이 말하는 대로 얼마나 "잘 사느냐"에 있다. 세상에 속한 사람들은 하나님도, 하나님의 약속도, 하나님의 나라도 관심이 없다. 하나님과 관련해서는 아무런 소망도 없는 존재이다. 오직 '이 세상에서 자신이 하고 싶은 대로 하며 사는 것'에만 관심이 집중되어 있다. 그들이 바라보는 것은 이 세상이며, 그들이 소망하는 것은 자신의 욕망을 채우는 것이다.

그러나 하나님을 믿는 사람들은 이 세상에 관심을 두더라도 이 세상에 궁극적인 소망을 두고 살지는 않는다. 믿음을 가진 사람은 하늘나라를 소망하고, 예수 그리스도의 부활에 참여하는 것을 소망한다. 이 세상이 아니라 '오는 세상'(마 12:32; 엡 1:21)을 바라본다.

그렇기 때문에 이 세상에서는 '나그네'처럼 살면서, 자신이 해야 하는 일에 집중한다. 예수 그리스도의 부르심과 각자에게 주신 사명을 이루는 삶에 몰두한다.

그러므로 믿음을 가진 사람은 세상을 부러워하지 않으며, 세상에 미련을 두지도 않는다. 또한 세상 사람들처럼 살지 못한다고 해서 슬퍼하거나 자신이 불행하다고 여기지 않는다. 자신의 인생이 헛되다고 한탄하지도 않는다. 믿음을 가진 사람은 이 세상에서 하나님과 동행하는 삶에서 기쁨을 얻고, 하나님께서 주신 사명을 감당하는 가운데 삶의 진정한 의미를 발견한다. 그리고 늘 하나님을 경외하고 섬기는 삶 속에서 참된 즐거움과 행복을 누린다.

가는 길이 다름

우리가 세상과 타협할 수 없는 일곱 번째 이유는, 우리가 가는 길이 세상과는 완전히 다르기 때문이다. 세상은 세상의 길을 가고, 그리스도인은 하나님의 길을 간다. 세상은 사람의 길을 가고, 그리스도인은 예수의 길을 간다. 세상은 넓은 길로 가지만, 그리스도인은 좁은 길로 간다. 세상은 사망의 길로 가고 그리스도인은 생명의 길로 간다.

겉으로는 출발을 함께하는 듯 보이지만, 태생이 다르고 살아가는 방식이 다르므로 결국 다른 종착지에 서게 된다. 세상은 지옥과 사망에 떨어지지만, 우리는 새 하늘과 새 땅에서 예수님과 함께 영원히 왕 노릇 하는 자리에 선다.

한마디로 말하면, 하나님을 믿는 사람은 세상과 타협할 수 없다. 예수 그리스도를 믿는 사람은 세상과 친구가 되거나 짝이 되어 같은 멍에를 멜 수 없다.

종종 예수님을 자신의 구원자로 믿는다고 하는 사람들 중에도 세상과 타협하려 하는 모습을 본다. 기독교 단체를 이끄는 영향력 있는 지도자에게서도 이러한 모습이 나타나곤 한다. 타협할 수 없는 것을 하려 하는 것은 어리석음이며, 양보할 수 없는 것을 양보하는 행위는 그의 믿음의 진위까지도 의심하게 만든다.

우리는 스스로 다른 존재라는 것을 분명히 해야 한다. 세상과 다른 존재, 세상 사람들과 다른 사람이라는 것을 말이다. 우리가 추구하는 삶의 방향과 방식과 삶의 목적 모두 다르다. 비록 이 세상에서 살지만, 우리가 걸어가는 인생길 역시 확연히 다르다.

세상은 우리의 동경의 대상이 아니다. 우리는 오직 예수 그리스도를 바라보고 그분을 닮기를 소망한다. 세상은 우리의 영원한 안식처가 될 수 없다. 우리의 참된 안식은 하늘에 있다. 우리는 하늘의 본향을 바라보며 산다.

우리가 살고 있는 이 세상은 영원하지 않다. 때가 되면 모든 것이 불타고 사라질 것이다. 영원한 것은 삼위 하나님과 그분의 말씀, 그리고 하나님의 나라뿐이다. 그렇기 때문에 우리는 땅의 것을 추구하지 않는다. 우리는 위에 계신 예수 그리스도와 하늘의 것을 추구한다.

전투의 대상이기 때문

우리가 세상과 타협할 수 없는 마지막 이유는, 세상이 우리를 적으로 간주하기 때문이다.

세상은 우리가 하나님을 믿는 믿음에서 떠나기를 바라면서 온갖 방법으로 회유하고 유혹한다. 때로는 달콤한 사탕 같은 제안을 하기도 하고, 안정되고 탄탄한 미래를 보장하며 유혹하기도 한다. 그러나 이러한 방법이 통하지 않을 때는 협박하고 위협한다. 협박에도 굴복하지 않으면 적으로 간주하고 제거하려고 든다. 기독교 역사에서 수많은 순교자가 나온 것은 바로 이러한 이유 때문이다. 요한복음 15:19 말씀이다.

> 너희가 세상에 속하였으면 세상이 자기의 것을 사랑할 것이나 너희는 세상에 속한 자가 아니요 도리어 내가 너희를 세상에서 택하였기 때문에 세상이 너희를 미워하느니라.

세상은 믿음의 사람들과 동반자가 될 수 없다는 것을 분명히 알고 있다. 믿음의 사람들이 결코 자신의 믿음을 포기하지 않기 때문이다. 우리가 세상과 동반자가 되는 유일한 경우는 우리의 믿음을 포기할 때뿐이다.

또한 세상은 자신들이 믿음의 사람들을 자기편으로 끌어들이기보다, 믿는 사람들이 세상에 속한 사람들을 더 많이 변화시킨다는 것을 인지하고 있다. 그래서 세상 편에서 보면 믿는 자들은 '경계 대상 1호'인 셈이다. 만일 믿는 자들이 세상을 변화시키기 위해 복음을 전파하거나 어떤 기독교 운동을 일으킨다면, 세상은 경계 대상을 넘어 '적'으로 규정하고 온갖 공격을 가한다. 권력을 동원하거나 여론전을 펼치거나, 심지어 경제적인 제재를 동원해서라도 기독교를 박해하고 무너뜨리려고 한다.

기독교가 세상의 적으로 간주될 때, 그들의 움직임은 실로 놀랍다. 우리는 세상과의 싸움에서 육신적으로는 이길 수 없다. 반드시 패하고 무너지며 죽음에 이르게 된다.

하지만 세상이 결코 이길 수 없는 존재가 있다. 그것은 바로 우리의 하나님과 구원자 예수 그리스도이시다. 세상의 그 무엇도 하나님을 정복할 수 없다. 사망이나 생명이나 천사들이나 권세자들이나 현재 일이나 장래 일이나 높음이나 깊음이나 다른 어떤 피조물이라도 삼위 하나님을 이길 수 없다.

하나님과 예수 그리스도께서 우리를 위해 주시면 누가 우리를 정죄하며, 우리를 대적할 수 있는가? 아무것도 없다. 우리 또한 우리를 사랑하시는 하나님으로 말미암아 넉넉히 승리한다(롬 8:37).

세상은 우리가 삼위 하나님을 믿는 우리의 믿음도 어찌할 수 없다. 우리는 이 믿음으로 세상의 끝을 바라보며, 궁극적인 승리자가 된다(고후 4:8~18).

결론적으로, 왜 우리는 세상과 타협할 수 없는가? 그것은 그리스도인과 세상이 본질적으로 다르기 때문이다. 태생부터 다르고, 경배의 대상, 진리, 삶의 목적과 기준, 관심사, 가는 길, 그리고 서로를 바라보는 관점까지 모든 면에서 근본적으로 다르다. 그러므로 세상과 타협하며 살 수 없고, 인생길을 함께 걷는 동반자가 될 수도 없다.

이제 더 이상 세상과 타협하려고 애쓰지 말자. 세상에 마음을 빼앗겨 그것을 닮아가려 하기보다, 온전히 하나님만 사랑하고 예수 그리스도의 형상을 본받는 데 힘쓰자. 세상의 헛된 길이 아니라, 하나님께서 친히 예비하신 참된 길을 택하자. 그리고 우리에게 맡기신 거룩한 사명을 믿음으로 굳건히 감당하며 그 길을 끝까지 걸어가자.

> 너희는 믿지 않는 자와 멍에를 함께 메지 말라. 의와 불법이 어찌 함께하며 빛과 어둠이 어찌 사귀며 그리스도와 벨리알이 어찌 조화되며 믿는 자와 믿지 않는 자가 어찌 상관하며 하나님의 성전과 우상이 어찌 일치가 되리요. 우리는 살아 계신 하나님의 성전이라. 이와 같이 하나님께서 이르시되 내가 그들 가운데 거하며 두루 행하여 나는 그들의 하나님이 되고 그들은 나의 백성이 되리라(고후 6:14~16).

제2부

세상 것이 아닌 여호와를 즐거워하라

3.
세상으로 빠지는 것을 경계하라

창세기 13:9~13

하나님께서 아브라함에게 복을 주셔서 그의 가축과 은, 금이 풍부해졌다. 아브라함과 조카 롯은 그들의 모든 소유를 이끌고 벧엘과 아이 사이에 장막을 쳤다. 그러나 시간이 지나면서 아브라함의 목자들과 롯의 목자들 사이에 다툼이 자주 일어났다. 가축은 많아졌지만 목축할 땅이 좁았기 때문이다. 한정된 자원으로 인해 두 가정과 일꾼들 사이에 갈등과 다툼이 발생한 것이다.

결국 아브라함과 롯은 서로 떨어져 살기로 결정했다. 문제는 누가 어떤 땅을 선택하느냐였다. 누구든 물이 넉넉하고 목축에 유리한 좋은 땅을 원했기 때문이다.

이때 아브라함은 "네가 좌하면 나는 우하고, 네가 우하면 나는 좌하겠다"며 선택권을 조카 롯에게 양보했다. 아브라함이 이렇게 할 수 있었던 것은 여호와 하나님을 믿었기 때문이다.

롯은 눈을 들어 요단 지역을 바라보았고, 그 땅을 선택했다. 그곳은 물이 넉넉하고, 에덴동산 같고, 애굽 땅처럼 보기에 매우 풍요로워 보였다.

그러나 이후의 상황을 보면, 롯은 요단 지역에서 그 주변의 도시들로, 그리고 도시들에서 소돔성으로 들어가 살게 된다. 하지만 소돔성은 후에 하나님의 심판으로 멸망하고, 롯은 하루아침에 모든 것을 잃고 겨우 목숨만 건지게 된다.

소돔성은 '세상'을 상징하는 도시다. 소돔과 고모라는 우리가 사는 큰 세상의 현재와 미래의 모습을 보여준다. 하나님은 21세기를 사는 우리에게, 소돔성의 멸망과 겨우 구원을 받은 롯의 삶, 다시 말해, 세상 속으로 조금씩 스며드는 일이 얼마나 자연스러우면서도 동시에 얼마나 위험한 일인지 깨닫게 된다.

롯의 이야기는 결국 우리 자신을 돌아보게 만든다. 나의 선택은 지금 어디를 향하고 있는가? 나는 세상 속으로 더 깊이 들어가고 있는가, 아니면 하나님을 신뢰하며 그분과 동행하는 길을 선택하고 있는가? 롯의 삶은 오늘을 사는 우리에게 주시는 하나님의 강한 경고와 교훈이 들어 있다.

왜 롯은 소돔과 고모라로 상징되는 세상으로 점점 빠졌는가

롯이 아브라함과 헤어져 스스로의 길을 선택했을 때, 그의 발걸음은 점진적으로 그리고 필연적으로 멸망의 도시 소돔으로 향했다. 그렇다면 롯은 왜 이처럼 위험한 길을 택하고 세상의 유혹에 깊이 빠져들었을까? 성경은 그의 선택의 이면에 숨겨진 세 가지 중요한 이유를 명확히 보여준다.

눈에 보이는 것을 따라 삶

첫째, 롯은 아브라함과 분리할 때 '자기 눈에 보이는 것'을 따라갔다.

> 이에 롯이 눈을 들어 요단 지역을 바라본 즉 소알까지 온 땅에 물이 넉넉하니 여호와께서 소돔과 고모라를 멸하시기 전이었으므로 여호와의 동산 같고 애굽 땅과 같았더라(창 13:10).

롯이 선택한 곳은 요단 지역이었다. 그가 그 땅을 선택한 이유는 '소알까지 온 땅에 물이 넉넉하였고' '에덴동산 같고' '이집트의 비옥한 땅과 같았기' 때문이다.

선택하기 위해서는 무엇을 선택해야 하는가 하고 봐야 하지만, 이 말씀은 단순히 선택을 위해 '보는 것만' 말하는 것이 아니다. 이는 롯의 근본적인 가치관을 보여주는 결정적 단서이다. 그의 선택 기준은 '자기 눈에 좋게 보이는 것'이다. 이것이 롯이 갖고 있는 삶의 절대적인 가치관이다.

창세기를 기록한 모세는 롯의 이런 선택이 매우 중요한 것을 간과하고 있다고 은연중에 드러낸다. "이때는 아직 여호와께서 소돔과 고모라를 멸망시키기 전이었으므로," 라는 표현이 그것이다. 모세는 단순히 멸망하기 전의 상황을 설명하는 것이 아니다. 롯이 땅을 선택하는 과정에서 하나님을 전혀 염두에 두지 않았음을 지적하고 있다. 롯은 요단 지역을 선택할 때, 하나님께서 소돔과 고모라를 어떻게 보시는지, 그 땅을 향한 하나님의 생각과 계획은 무엇인지에 대해 조금도 고려하지 않았다. 그는 눈에 보이지 않는 하나님보다 단순히 자기 눈에 좋아 보이는 땅의 풍요로움만 보고 선택한 것이다.

롯의 가치관에는 두 가지 특징이 드러난다. 하나는 자기

중심성이고, 다른 하나는 '보기에 좋은 것'을 따르는 경향이다. '자기가 선택의 기준이 되고, 자기가 볼 때 좋으면 그것은 좋은 것이다'라는 가치관이 롯의 삶을 지배했다.

이런 가치관은 성경 다른 곳에서도 나온다. 바로 사사 시대 사람들이 갖고 있었던 가치관이다.

> 그 때에는 이스라엘에 왕이 없었으므로 사람마다 자기 소견에 옳은 대로 행하였더라(삿 17:6; 21:25).

'자기 소견에 옳은 대로'라는 표현은 '자기가 볼 때 옳은 대로', '자기 생각에 좋을 대로', '자기 뜻에 맞는 대로'이다. 사사 시대 역시 가치의 기준이 '자기'였다. 만물의 척도가 자신이었고, 모든 선택과 결정의 표준자 역할을 하는 것이 자기 자신이었다. 사사 시대는 이처럼 자기가 세상의 중심이고 척도이며, 자기 생각, 자기 뜻, 자기가 좋은 것이 최고의 선(善)인 시대였다.

그러나 안타까운 것은 이런 가치관을 갖고 살았던 사사 시대 사람들은 하나님으로부터 결코 좋은 것을 경험하지 못했다. 이 나라 저 민족에게 팔려 죽도록 고생하는 세월을 보냈고, 심지어 거룩함과 의로움이 상실되고, 도덕과

윤리가 무너졌으며, 무질서와 무정부 상태에 떨어지는 영적 암흑의 시대를 보냈다.

오늘날에도 사람들은 자기를 중심에 놓고 산다. 자기 생각이나 보기에 좋은 대로, 혹은 자기에게 유익한 것을 따라 산다. '자기 눈에 좋은 것'은 결국 자기 욕망과 밀접하게 연결되어 있다. 좋게 보이는 것은 대개 자신이 강렬히 욕망하는 대상이다. 소돔과 고모라가 그랬고, 사사 시대 사람들이 이 가치관을 가지고 살다가 비극적 종말을 맞이했듯이, 오늘날에도 사람들은 이러한 자기중심적 가치관으로 살아간다. 이것이 바로 우리가 살아가는 '세상'의 본질이다.

반면, 하나님을 기준으로 삼고 사는 그리스도인은 세상과 근본적으로 다른 길 위에 서 있다. 그러나 그 길이 항상 단단하게 지켜지는 것은 아니다. 사람들은 때때로 하나님 중심의 삶을 내려놓고, 세상의 기준에 자신을 맞추려 한다. 자기중심적 선택과 눈에 보이는 이익, 욕망을 좇는 삶은 서서히 마음을 세상의 흐름 속으로 끌어들인다.

이 과정을 돌아보면, 우리 삶의 결정과 선택, 그리고 일상의 작은 선택들 속에서 얼마나 쉽게 세상의 기준에 마음이 기울 수 있는지 알 수 있다. 그 속에서 사사 시대의 혼

돈과 롯의 비극적인 결말이 다시금 떠오른다. 세상 속으로 서서히 스며드는 길은 자칫하면 눈에 보이는 풍요로움이나 편안함에 이끌리면서도, 결국 멀리서 하나님의 뜻과 멀어지는 길이 될 수 있다.

도시 문화의 화려함에 매료됨
롯이 점점 소돔과 고모라 성 안으로 빠져든 두 번째 이유는 도시 문화의 화려함에 매료되었기 때문이다.

> 롯은 그 지역의 도시들에 머무르며 그 장막을 옮겨 소돔까지 이르렀더라(창 13:12).

창세기 13:10에서 롯이 바라본 곳은 '요단 지역'이었다. 온 땅에 물이 넉넉하고 풀이 많은 들판이었다. 소와 양과 가축을 기르는 목축업자였던 롯에게는 푸른 초지로 뒤덮인 들판이 무척 좋아 보였다. 롯은 그 지역을 선택하고 그곳으로 이주해서 거기 머물렀다.

그런데 창세기 13:12을 보면, 롯은 그 지역의 도시들에 머물며 장막을 옮겨 소돔까지 이르렀다. 롯은 점점 소돔성을 향해 움직이고 있었던 것이다. 창세기 19:1은 소돔과 고모라가 멸망하기 직전 롯이 최종적으로 어디서 살고 있는지를 명확히 보여준다.

> 저녁 때에 그 두 천사가 소돔에 이르니 마침 롯이 소돔 성문에 앉아 있다가 그들을 보고 일어나 영접하고 땅에 엎드려 절하며

롯은 이제 소돔 성문에 앉아 있었다. 이는 그가 소돔성 안에 살고 있다는 말이다. 요단 지역에서 주변의 도시들, 즉 아드마와 스보임과 벨라, 곧 소알이라는 도시 국가들이 있었다(창 14:2). 롯은 들판에서 이동해 그런 도시 국가들에 머물다가 최종적으로 소돔성 안으로 깊숙이 들어가 살게 된 것이다.

그렇다면 무엇이 롯으로 하여금 들판에서 도시들 주변으로, 그리고 마침내 소돔성 안으로 들어가게 했을까? 그것은 바로 도시 문화의 편리함, 체계화된 사회 조직과 지위 상승 등이다.

생각해 보면, 롯의 직업은 목축업이다. 아브라함과 분리된 것도 목자들이 서로 싸웠기 때문이다. 유목 생활의 특징은 가축이 필요로 하는 것을 따라 이동하는 생활이다.

그런 생활의 불편함은 한둘이 아니다.

롯은 도시 주변에서 가축을 기르면서 그 도시에 드나드는 사람들과 도시에 사는 사람들을 보았다. 그들이 입는 옷, 그들이 먹는 음식, 그들이 영위하는 편리한 생활 방식을 눈여겨봤다. 그리고 자신의 유목 생활과 너무나 큰 차이가 있음을 깨달았다. 자신은 마치 '시골 촌놈'처럼 살고 있는데, 도시에 사는 사람들은 멋지고, 편리하며, 편안하게 사는 것을 보고 동경하게 되었다.

롯은 도시에 사는 사람들의 삶을 부러워했다. 그들의 넉넉한 생활, 모든 것을 갖춰놓고 사는 방식, 먹고 싶은 것을 마음대로 먹고, 입고 싶은 옷을 입고, 친구들과 어울리면서 즐겁게 사는 모습이 그의 마음을 사로잡았다. 자신은 사람 사는 것 같지 않은데, 반면에 도시 사람들은 행복하게 사는 것이 그의 마음을 송두리째 흔들었다.

롯은 도시 사람들의 화려한 삶을 보고 도시를 동경하게 되었다. 결국 그의 동경은 무슨 수를 써서라도 그 도시에 들어가려는 애씀으로 바뀌었다. 마침내 도시 국가들 중에서 가장 번영한 소돔성 안에 집을 마련하고 소돔 사람들과 어울리며 사는 결과를 만들었다.

우리나라에도 이러한 인구 이동 현상이 있다. 지방에 사는 사람들이 지방에서 생활하는 것을 너무 힘들어 한다. 지방 대학을 나와도 지방에 취직할 곳이 많지 않다. 일자리가 부족하기 때문이다. 그런데 서울은 사람도 많지만, 일자리도 많다. 그리고 기회도 많고 혜택도 많다. 번영의 도시다. 그러니 사람들이 서울로, 서울로 몰려든다. 5천만 인구 중에 약 1천만 명이 서울에 살고 있다. 인천과 부천과 부평, 그리고 광명과 안양과 수원과 남양주시와 의정부 등등 수도권으로 따지면 전 국민의 절반 가까이가 수도권에 모여 산다.[1]

오해하지 말기를 바란다. 지금 말하는 것은 도시 문화가 심각하게 잘못되었다고 말하는 것이 아니다. 요지는 롯이 도시 문화에 현혹되어 '점점 그 속으로 깊이 들어갔다'는 사실이다. 롯이 도시 속으로 '빠져드는 것'처럼, 우리도 '세상으로 점진적으로 빠져들 수 있음을 경고'하려는 것이다.

분명한 사실은 세상 사람들이 살아가는 방식과 그들의 문화는 믿음을 가진 자의 삶과는 다르다는 점이다. 그리고 그 다름에서 오는 것들이 때로는 매우 매력적으로 느낄 수 있다. 예수님을 믿는 생활은 많은 제약과 금기를 수반한다. '이것은 이래서 안 되고, 저것은 저래서 안 된다'며 온갖 것이 안 되는 것투성이다. 하나님의 엄중한 말씀을 철저하게 지켜야 하고, 매주 주일이면 어김없이 예배를 드려야 하며, 교회에서 봉사도 감당해야 한다. 봉사 없는 신앙생활은 인정받지 못하고, 섬김 없는 신앙생활은 예수님의 길과 다르다고 가르친다.

그러나 세상 사람들은 자유분방하다. 여건만 되면 하고 싶은 것을 다 하면서 산다. 심지어 죄악도 문제가 되지 않는 것처럼 보인다. 음행을 저지르거나 '다른 육체'(유 1:7)를 따라가는 것도 아무런 문제가 되지 않는다고 여긴다. 소돔과 고모라 사람들이 그러했듯이 말이다. 그들이 무엇인가를 못 한다면, 그것은 단지 돈이나 시간이 없어서 못 하는 것뿐이다.

생각해 보라. 롯이 소돔과 고모라로 점점 빠져들었듯이 당신도 세상 문화에 빠지고 있는 것은 아닌가? 롯이 도시 문화와 화려함을 동경했던 것처럼 당신도 세상의 가치를 부러워하고 있지는 않은가? 결국 롯이 '소돔화'가 되어 철저하게 '소돔 사람'이 되었듯이, 당신도 '세상 사람'이 되고 있는 것은 아닌가?

하나님과 예수 그리스도를 믿는 그리스도인은 세상과 구별된 존재다. 그리스도인은 세상과 함께 멍에를 맬 수 없다. 마치 빛과 어둠이 함께할 수 없듯이 말이다(고후 6:14).

그런데도 자꾸만 세상이 좋아 보이고, 세상에서 그들과 어울리고, 그들처럼 살고 싶다는 생각이 든다면, 당신은 롯이 걸었던 길을 가고 있다. 세상이 당신을 보고 '우리와 같아서 좋다'고 말한다면, 그것 역시 롯이 갔던 길을 걷고 있는 증거다.

그리스도인은 세상에서 '다르다'는 소리를 들어야 하는 사람이다. "왜 당신은 우리와 같지 않는가? 왜 우리처럼 하지 않는가? 왜 당신만 여호와 하나님과 예수님에게 그렇게 목을 매는가?" 하는 소리를 들어야 한다. 그리고 그 다름에서 오는 차이, 즉 "당신은 매우 특별한 삶을 사는군요. 당신 생활에는 절제가 있고 성결함이 있고 품위가 있습니다. 나도 당신처럼 살고 싶습니다." 하는 소리를 들어야 한다. 이것이 바로 우리가 세상에서 빛과 소금의 역할을 감당하는 진정한 방식이다.

세상의 명예와 명성, 사회적 지위를 추구함

롯이 소돔과 고모라 성으로 깊이 들어간 세 번째 이유는 세상이 주는 명예와 명성, 사회적 지위를 추구했기 때문이다. 창세기 19:1에서 롯의 최후의 위치를 보자. 소돔과 고모라가 하나님의 심판으로 멸망하기 직전에 롯은 어디에 있었는가? 롯은 "소돔 성문에 앉아 있었다"(창 19:1).

성문은 당시에 시장이 열리거나, 성읍 사람들에게 중요한 애경사를 알리는 장소였다. 그리고 성문은 성읍에서 발생한 중대 사건을 재판하는 곳이었다. 이곳에는 의자가 있어서 그 성에서 가장 영향력 있는 사람이 그 의자에 앉아 사건과 사고에 대해 재판했다. 롯이 소돔 '성문에 앉았다'는 것은 바로 이 의자에 앉았다는 말이다. 다시 말해, 그가 소돔성에서 '가장 영향력 있는 사람이 되었다'는 의미이다. 이방인이었던 롯이 이제는 소돔성에서 가장 중요한 사회적 지위를 차지하고 소돔 사람들을 재판하는 위치에 오른 것이다.

롯이 성문에 앉아 소돔성 사람들을 재판한다는 것은 세상의 관점에서 보면 엄청난 출세이자 성공이다. 소돔성에서 롯이 이것보다 더 높은 사회적 지위나 명성을 얻을 수 있는 것은 없었다. 롯은 최고의 자리에 오른 것이다. 그것도 자신의 노력으로 말이다.

그러나 우리는 롯의 이런 모습이 무엇을 보여주고 있는지를 정확히 알아야 한다. 롯은 본래 들판에서 가축을 기르며 사는 목축업자였다. 그런 그가 성문에 앉아 그곳 사람들을 재판하고 있다. 한마디로 말하면 롯은 '소돔 사람이 되었다'는 것이며, 그가 소돔성에서 최고로 높은 사회적 지위를 얻은 사람이 되었다는 뜻이다.

생각해보라. 이방인이 마을에 들어오더니 그 마을 이장이 되었다면 그가 어떻게 살았다는 것을 의미하는가? 롯은 소돔성에 들어올 때 처음에는 낯설고 불안했을 것이다. 자신이 그곳으로 이사하면 이 사람들이 자신과 자기 가족을 해치지는 않을까 걱정도 했을 것이다. 그럼에도 불구하고 용기를 내어 이사했고, 조심스럽게 이웃 사람들과 관계를 맺으며 지냈다.

그의 조심성은 점차 적극성으로 변했다. 소돔성에 무슨 일이 있으면 발 벗고 나서서 도왔다. 만일 그렇게 하지 않아서 밉보이면 한순간에 쫓겨날 수도 있기 때문이다. 그렇게 조금씩 조금씩 소돔 사람들과 친해졌고, 그들의 삶의 방식에 점점 익숙해지고 결국 받아들이게 되었다. 마침내 그는 소돔 성문에서 재판하는 영향력 있는 인물이 되었다.

이것은 무엇을 뜻하는가? 롯이 소돔성에서 가장 영향력 있는 사람이 되었다는 말은 곧 그가 소돔 사람으로 철저히 변모했다는 것을 의미한다. 소돔 사람들이 롯에 대해 모든 경계심을 늦추고 심지어 자신들의 대표가 되어서 재판해 달라고 부탁할 정도로 '소돔화'가 되었다는 의미이다.

반대로 이는 롯의 독특한 정체성, 즉 자신이 아브라함을 통해 알고 형성했던 하나님 중심의 정체성을 내려놓고 퇴색시켰음을 뜻한다. 대신에 롯은 철저하게 소돔 사람이 되었다. 그래서 소돔 사람들도 롯에 대해 지지를 보내고, 존경을 보내며 마침내 자신들의 대표자로 삼고 재판을 부탁한 것이다.

롯의 삶을 보면 요단 지역의 푸른 초지에서 도시로, 영향력이 가장 큰 소돔성으로, 그리고 거기서 가장 영향력 있는 사회적 지위를 얻었다. 그러다가 한순간에 모든 것을 잃고 말았다.

롯이 점점 소돔성으로 들어가고 마침내 소돔 사람이 되었던 것처럼, 우리도 경계심을 늦추면 세상을 동경하게 되고, 세상 사람들이 사는 삶의 방식과 문화가 좋아 보이며, 이런 과정이 반복되면서 자신도 모르게 롯처럼 조금씩 조금씩 세상 사람이 되는 것이다.

분명 우리가 사는 세상에도 사회적 지위가 주는 힘과 혜택이 있다. 사회적 지위를 가짐으로 얻는 명예와 명성이 있다. 그러나 식사할 때마다 한 잔씩 곁들인 반주가 나중에는 알코올 중독자로 만드는 것처럼, 세상 것들에 취하면 롯처럼 한번에 모든 것을 잃을 수도 있다.

사회적으로 높은 지위나 명예를 얻는 것은 결국 사람들의 인정을 받아야 가능하다. 그래서 자꾸만 사람들의 눈치를 보게 되고, 그들의 비위를 맞추며 살게 된다. 사람들의 평가를 지나치게 의식하며, 그들의 호감을 얻기 위해 자신을 그들 기준에 맞춘다.

그러나 우리 그리스도인은 사람의 인정보다 하나님의 인정을 사모하고, 사람의 평가보다 하나님의 평가를 더 중요하게 여기는 사람이다. 사람이 높여주는 것보다 하나님이 높여주는 것을 기대하며 사는 사람이다. 그리스도인이 세상 눈치만 보고 하나님의 눈치를 보지 않으면 롯처럼 점점 세상으로 빠진다. 하나님의 인정을 받는 것보다 세상 사람들의 인정, 세상이 주는 지위와 명예와 명성을 갈망하면 롯처럼 하루아침에 모든 것을 잃는 수가 있다.

그렇기에 우리의 삶은 스스로 점검과 성찰을 필요로 한다. 롯이 멸망의 도시 소돔에 점점 빠져든 것처럼, 당신도 세상에 빠지지 않도록 스스로를 살피고 돌아보는 것이 필요하다. 당신이 '소돔화' '세상화'가 되는 것이 아니라, 당신이 세상을 '복음화' 하고, 당신과 어울리는 사람들을 '예수의 사람'으로 만들기 위해서 말이다.

세상을 선택하고 세상에 빠진 롯의 결과는 어떻게 되었는가

롯은 소돔성이라는 작은 세상을 선택했고 그곳에서 살았다. 그의 최종 위치는 소돔성의 성문에 앉아 재판하는 자리였다. 이것이 그의 사회적 위치, 위상, 지위, 그리고 그가 살아왔던 삶의 자취를 상징적으로 보여준다. 과연 그는 성공한 인생이었을까, 아니면 실패한 인생이었을까? 하나님은 롯의 삶을 어떤 삶이라고 평가하시는가? 성경은 롯의 비극적 종말을 통해 세상에 빠진 자의 피할 수 없는 결과를 명확히 보여준다.

첫째, 심령이 상함

롯은 소돔성에 살면서 육체적인 풍요로움과 사회적 지위는 얻었을지 모르나, 그 대가로 심령이 상하는 고통을 경험하며 살았다. 베드로후서 2:6~8은 이렇게 말씀한다.

> 소돔과 고모라 성을 멸망하기로 정하여 재가 되게 하사 후세에 경건하지 아니할 자들에게 본을 삼으셨으며 무법한 자들의 음란한 행실로 말미암아 고통 당하는 의로운 롯을 건지셨으니 (이는 이 의인이 그들 중에 거하여 날마다 저 불

법한 행실을 보고 들음으로 그 의로운 심령이 상함이라).

롯은 소돔성에 살며 단지 좋은 것만을 누린 것이 아니었다. 함께할 수 없는 사람들과 어울리고, 공유할 수 없는 문화를 받아들이며 그는 영적 고통을 겪었다. 아무리 소돔과 고모라의 문화가 외적으로 화려해 보여도, 그 안에 살면 보지 않아도 될 것을 보고, 겪지 않아도 될 고통을 경험하게 된다.

롯이 소돔성에 살면서 다른 것은 다 이해하고 받아들일 수 있었을지 모르나, 도저히 받아들일 수 없었던 것이 있었다. 그것은 바로 '무법한 자들의 음란한 행실'이었다. 법과 도덕을 무시하고 감정과 욕망에 따라 살아가는 사람들, 특히 '자유'라는 이름으로 자기 멋대로 행동하는 이들의 음란한 행실을 결코 따를 수 없었다. 그래서 그는 심히 괴로웠다.

성경은 "날마다 그들의 불법한 행실을 보고 들음으로" 그의 의로운 심령이 상했다고 말한다. 롯도 자신의 의로운 상태를 지키려고 노력했을 것이다. 그러나 자신의 의지와는 상관없이 날마다 소돔성 사람들의 불법과 음란한 행실을 매일 보고 들어야 했다. 원치 않아도 그 안에 사는 한 날마다 보고 들어야만 했다.

롯이 소돔 성문에 앉아 재판하는 사람이었다는 것은, 날마다 음란하고 불의한 사건들을 접해야 했다는 뜻이다. 그의 귀와 눈은 날마다 더럽혀졌고, 그의 의로운 심령이 상처를 입었다. 그의 착한 마음이 괴로움에 시달렸다.

오늘날 우리가 사는 세상은 이것보다 더 많은 고통의 요소로 가득하다. 당신은 믿음을 지키고 하나님의 길을 따르려 하지만, 세상은 당신을 자꾸만 세상의 방식에 맞추려 한다. 당신은 정직하게 일하고 정의와 공의를 지키며 살고 싶지만, 주위에서는 불의와 부정을 강요한다. 당신은 정직하게 일하여 돈을 벌고, 또 바르게 세금 내고 싶은데, 거래처는 은밀한 뒷거래를 요구한다.

당신은 거룩하고 성결한 삶을 원하지만, 세상에는 음란한 것들이 판을 치고 있다. 하나님께서 싫어하시는 것들을 하나의 '트렌드'로 여기며 거리낌 없이 행한다. 당신이 세상 사람들처럼 음란한 행실을 하지 않으면 마치 시대에 뒤떨어진 사람 취급하며, 그들의 교제권 밖으로 밀어내고 소외시킨다. 이 외에도 당신은 세상에 살면서 수많은 이유 때문에 온갖 고통을 받는다.

성경은 이런 고통을 이상하게 여기지 말라고 말씀한다.

자신의 믿음을 버리지 않는 한 고통을 당하는 것은 이미 예견된 일이고, 지극히 자연스러운 일이다. 사도 요한은 이 점을 분명히 한다.

> 형제들아, 세상이 너희를 미워하여도 이상히 여기지 말라 (요일 3:13).

그리고 성경은 참고 인내하는 데서 더 나아가 오히려 즐거워하라고 말씀한다. 베드로는 이렇게 권면한다.

> 사랑하는 자들아, 너희를 연단하려고 오는 불 시험을 이상한 일 당하는 것 같이 이상히 여기지 말고 오히려 너희가 그리스도의 고난에 참여하는 것으로 즐거워하라. 이는 그의 영광을 나타내실 때에 너희로 즐거워하고 기뻐하게 하려 함이라(벧전 4:12~13).

세상에서 받는 고통이 너무 클 때는, 우리보다 앞서 세상을 살았던 선지자들과 믿음의 선배들을 떠올리면 위로를 얻는다. 그리고 장차 우리가 하늘에서 받을 상급을 생각하면 힘을 얻는다. 마태복음 5:11~12 말씀이다.

나로 말미암아 너희를 욕하고 박해하고 거짓으로 너희를 거슬러 모든 악한 말을 할 때에는 너희에게 복이 있나니 기뻐하고 즐거워하라. 하늘에서 너희의 상이 큼이라. 너희 전에 있던 선지자들도 이같이 박해하였느니라.

성경의 가르침은 분명하다. 세상 속에서 믿음을 지키는 자에게 필연적으로 따르는 고통은 피할 일이 아니라, 기쁨으로 감당해야 할 영광스러운 과정이다. 하지만 롯은 이러한 영적 관점을 상실했기에, 자신에게 다가온 고통을 바르게 인식하지 못했고, 심령이 상하는 고통을 경험했다.

둘째, 영적으로 무뎌짐
롯이 세상에 빠져든 두 번째 결과는 영적 감각이 무뎌졌다는 것이다. 그는 본래 하나님과 하늘만 바라보고 살았던 자이다. 그러나 도시 문화의 화려함과 편리함에 취하자, 그의 영혼은 점점 둔감해지고, 영적 민감성은 사라졌다.

농부들은 항상 하늘을 의식하며 산다. 오늘의 날씨는 어떨지, 이번 주는 비가 얼마나 올지, 항상 하늘을 바라보며 겸손히 기다린다. 그들은 자연 앞에 서며 전능하신 하나님의 섭리를 날마다 마주한다.

그러나 도시는 인간이 이뤄 놓은 세상이다. 인간들의 시스템과 노력에 의해 움직인다. 도시에 사는 사람들은 하나님보다 사람을 더 의식하고 사람 눈치를 보며 산다.

도시 생활은 편리하고 풍요롭다. 원하는 것은 언제든 얻을 수 있고, 문화는 대부분 육체적 욕망을 충족시키는 방향으로 발달해 있다. 그렇기 때문에 도시 문화에 심취하면 하나님을 민감하게 느끼고, 말씀에 즉각 반응하며 살기가 쉽지 않다.

이러한 영적 무감각을 잘 보여주는 예가 '삶아지는 개구리' 비유이다. 솥 안에 찬물을 가득 붓고 그 안에 개구리를 넣는다. 그러면 개구리는 좋아서 이리저리 헤엄을 치며 즐긴다. 그러나 가마솥 밑에서는 불이 서서히 물을 데운다. 개구리는 물의 온도가 올라가는 것을 알아차리지 못하고 좋아하다가 그만 삶아져 죽고 만다.

바로 이것이 영적으로 무뎌진 삶의 모습이다. 세상 문화가 좋아 보이고, 세상 사람들의 삶의 방식이 그럴듯해 보여서 그것을 즐기다 보면, 자신의 영적 감각은 무뎌진다. 자신의 영적인 상태, 영적 현주소를 파악하지 못한다. 자신의 영혼이 세상에 취해 흐느적거리지만, 본인만 그것을 알지 못한다. 그렇게 깊은 영적 마비에 이르고 결국 영적 사망으로 이어진다.

성경에 등장하는 데마가 그런 사람이다. 데마는 세상을 사랑하여 세상으로 갔다(딤후 4:10). 그는 주님과 사도 바울을 버리고 세상을 선택했다. 그 결과 영적으로 타락한 자가 되었다. 세상을 사랑하면 하나님에게서 점점 멀어지고, 세상에 깊이 빠지면 결국 하나님을 버리게 된다.

셋째, 세상에 동화됨

롯의 삶의 보면, 그는 세상에 저항하지 못하고 결국 세상에 동화되고 말았다. 그가 소돔성에 들어갔다면, 그곳에서 믿음을 지키며 세상의 문화와 정신, 세상의 삶의 방식에 저항해야 했다. 더 나아가 소돔성을 하나님의 도성으로 변화시키고 복음화하기 위해 애썼어야 했다.

그러나 롯은 세상에 저항하지 않았다. 오히려 세상과 타협하고 동화되었다. 세상을 복음화시켜야 했는데, 오히려 '소돔화'가 되어버렸다. 그는 빛과 소금의 역할을 감당하지 못하고, 오히려 세상의 색깔로 물들고 말았다.

내가 알고 있는 한 친구의 이야기가 있다. 그는 포천의 한 중학교에 다닐 때 신앙생활을 시작했고, 교회의 중고등부 회장까지 맡았다. 지금은 목사가 되어 미국에서 목회하고 있다. 그가 중고등부에 다닐 때, 그의 친구 중 한 명은 주일이면 교회에 나오기보다 믿지 않는 친구들을 전도하겠다며 그들과 어울려 다녔다. 한탄강에 고기 잡고, 산과 들로 돌아다니며 함께 어울렸다.

그러나 결과는 어떻게 되었을까? 그 친구는 결국 다른 친구들을 전도하지 못하고 자신이 그들을 따라 세상으로 가 버리고 말았다. 물고기 잡는 즐거움에 빠져 그만 교회를 등지고, 신앙의 자리에서 사라지고 만 것이다. 그의 부재는 당시 신앙생활을 하던 많은 이들에게 안타까움을 안겼다.

롯과 그의 친구의 사례는 우리에게 중요한 성찰점을 준다. 하나님을 거스르는 세상의 가치와 즐거움에 저항하지 못하면, 우리도 모르는 사이 세상 속으로 스며들게 된다. 세상의 즐거움에 빠질수록, 세상을 변혁하고 하나님의 나라를 세우는 사명은 흐려진다. 세상과 구별됨을 잃으면 우리는 세상과 아무런 차이도가 없다.

이러한 이유로, 우리는 세상과 그 유혹을 바라보며 자신의 본질과 믿음을 지키는 삶이 필요하다. 늘 깨어 있고, 세상에 동화되지 않도록 신중히 살아가는 것이 신앙의 여정에서 중요하다. 이것이 롯의 삶이 우리에게 보여주는 하나님의 교훈이다.

넷째, 모든 것을 잃음

넷째로 롯이 소돔성에 살았던 결과는 어떠했는가? 롯이 그동안 쌓아왔던 모든 것을 단 한 번에 다 잃고 말았다는 것이다. 하나님께서 소돔과 고모라 성을 불로 심판하실 때, 롯이 가지고 나온 것이 있었던가? 롯이 간신히 구한 것은 자신의 생명 하나뿐이었다.

한평생 피땀 흘려 모은 재산, 이 눈치 저 눈치 보면서 축적했던 부귀영화도 한순간에 다 사라졌다. 성문에 앉아서 재판할 수 있는 사회적 지위와 명성도 사라졌다. 소돔성에서 그렇게 즐기며 재미있게 살았던 도시의 문화, 그를 지지했던 사람들과 인맥들, 모든 것이 한순간에 사라졌다. 심지어 그의 아내는 하나님의 명령을 어기고 뒤를 돌아보다 소금 기둥이 되고 말았다. 롯이 동경하며 들어갔던 소돔성의 삶은, 결국 잿더미와 눈물만 남긴 삶이 되었다.

섣부른 추측은 조심해야 하지만, 만일 롯이 요단 지역에서 소와 양과 염소를 치며 아브라함처럼 하나님을 의지하며 살았다면, 이런 비극은 피했을지도 모른다.

그러나 그는 도시 문화를 선택했고 소돔성으로 깊이 들어가 살았다. 롯은 알지 못했지만, 운명은 정해진 것처럼 롯의 생애 최고점에서 하나님의 심판으로 무너졌다. 그가 일군 모든 것은 한순간 사라졌고, 남은 것은 아무것도 없는 빈손뿐이었다. 그는 허무하게 무너지는 삶 앞에서 인생 무상함을 느끼지 않을 수 없었다.

성경은 롯을 가리켜 '의인'이라고 한다(벧후 2:7). 그러나 그의 삶의 마지막 모습을 보면 그는 '겨우 구원받은 사람'에 불과하다.

> 또 의인이 겨우 구원을 받으면 경건하지 아니한 자와 죄인은 어디에 서리요(벧전 4:18).

사람들은 세상에서 모든 것을 이룰 것처럼 생각한다. 최고 인생을 살고 출세하고 성공할 것처럼 말한다. 실제로 사회적 지위와 명성을 얻고 부귀영화를 얻으면, 그것이 영원할 것처럼 여긴다.

그러나 하나님의 심판 앞에서, 그 모든 것이 사라진다면 어떻겠는가? 겨우 구원받는 인생이라면, 그것은 참으로 부끄러운 구원이 될 것이다.

그러므로 우리의 미래가 롯처럼 되지 않도록 조심해야 한다. 세상의 달콤한 유혹 앞에서 마음을 빼앗기지 말아야 한다. 영적으로 무감각하지 않도록 항상 우리의 마음과 생각을 하나님에게 고정하고 살아야 한다.

세상으로 빠지지 않기 위해서 어떻게 해야 하는가

롯의 비극적인 삶은 우리에게 강력한 경고이자 동시에 명확한 교훈을 준다. 그렇다면 우리는 롯과 같은 전철을 밟지 않고 세상의 유혹에서 벗어나기 위해 어떻게 살아야 하는가?

첫째, 자기 삶의 중심을 자기 자신이 아니라 하나님과 그분의 말씀에 두는 것이 중요하다. 롯의 가장 큰 문제는 자기 눈에 보이는 것을 기준으로 삼고, 자기 욕망에 따라 선택했다는 점이다. 아브라함은 달랐다. 그는 하나님을 모든 선택의 기준으로 삼았다. 창세기 13:9은 아브라함의 믿음의 선택을 보여준다.

> 네가 좌하면 나는 우하고 네가 우하면 나는 좌하리라.

이 말씀은 아브라함의 선택기준, 그의 우선순위를 명확히 보여준다. 아브라함이 중요하게 생각하는 것은 땅이 아니었다. 그에게는 자신이 믿는 하나님이 보물이었고, 모든 선택의 기준이었다. 아브라함은 땅이 아니라 하나님을 최고의 가치로 삼고 "하나님을 선택했다". 자기 마음 중심에 하나님을 두었기 때문에 "네가 좌하면 나는 우하고 네가 우하면 나는 좌하리라"라고 말할 수 있었던 것이다. 우리도 아브라함처럼 모든 삶의 영역에서 하나님을 최고의 가치로 삼을 때 세상 휴혹에 흔들리지 않는 삶을 살 수 있다.

둘째, 참된 만족과 기쁨의 그원은 오직 하나님에게 있다는 사실을 인식하는 것이다. 분명히 세상 문화가 주는 유익, 혜택, 즐거움이 있다. 그러나 '그것이 최고'가 되어서는 안 된다. 그런 유익과 혜택과 즐거움은 분명 감사한 일이지만, 우리의 참된 행복은 오직 하나님이다. 하나님만이 우리를 완전히 만족시킬 수 있다.

> 너희 의인들아, 여호와를 즐거워하라. 찬송은 정직한 자들이 마땅히 할 바로다(시 33:1).

이 말씀은 은 세상의 일시적 즐거움이 아닌 영원한 하나님 안에서의 만족을 되새기게 한다. 우리의 기쁨과 마음의 중심이 어디에 있는지를 성찰하는 순간, 세상이 제공하는 것들이 본질적인 행복이 될 수 없음을 깨닫는다.

셋째, 영적 민감함과 깨어 있음이 필요하다. 롯은 세상의 풍요와 도시 문화에 취하면서 영적으로 무뎌졌다. 우리는 역시 성령과 하나님의 말씀에 민감하지 않으면, 세상 유혹의 물결 속에서 표류하기 쉽다. 항상 예수님을 바라보고 말씀과 성령에 민감할 때 영적으로 무뎌지지 않는다. 그리고 삶의 바른 방향을 찾고 전진할 수 있다.

그렇다면, 우리는 매일, 매 순간, 하나님의 세미한 음성을 듣고 있는가? 엘리야가 '불 후에 세미한 소리'를 듣고 여호와 하나님에게 응답했던 것처럼(왕상 19:12~19) 우리도 그 음성에 민감하게 반응하려고 하는가? 하나님의 말씀을 읽고 묵상하며, 끊임없이 기도하는 삶을 통해 영적인 분별력을 날카롭게 유지하고 있는가?

넷째, 하나님의 경고를 외면하지 않고, 은혜와 순종의 길을 찾는 삶이 중요하다. 소돔과 고모라는 단순한 역사적 사실로 그치는 것이 아니다. 하나님은 롯과 소돔과 고모라 성에서 일어난 일을 통해 우리에게 강력히 경고하고 계신다. 우리는 이 경고를 결코 가볍게 여겨서는 안 된다. 왜냐하면 세상 끝에는 소돔과 고모라 성이 멸망할 때보더 더한 하나님의 심판이 있을 것이기 때문이다.

> 소돔과 고모라와 그 이웃 도시들도 그들과 같은 행동으로 음란하며 다른 육체를 따라가다가 영원한 불의 형벌을 받음으로 거울이 되었느니라(유 1:7).

소돔 고모라 성이 멸망한 것은 장차 임할 영원한 불의 형벌을 보여주는 '거울'이다.
예수님께서도 동일한 경고를 하셨다.

> 내가 진실로 너희에게 이르노니 심판 날에 소돔과 고모라 땅이 그 성보다 견디기 쉬우리라(마 10:15).

세상 마지막 때에 '심판 날'이 있다. 그런데 그 날의 심판은 소돔과 고모라보다도 더 무서운 심판이 될 것이다. 당신은 이 경고를 진지하게 받아들이고 있는가?

롯과 소돔과 고모라 성의 멸망 사건을 경고로 받아들이고 거울로 삼을 때, 세상을 동경하는 대신에 세상을 경계하게 될 것이다. '그 날'에 하나님의 어마어마한 심판을 받을 것이라는 사실 앞에서 세상을 좋아하고 사랑하고 즐거워할 필요가 없다는 마음을 갖게 될 것이다. 세상처럼 되지 못해 조급해하거나 안달복달할 이유도 없을 것이다.

레오나드 레이븐힐은 "소돔에는 말씀이 없었다"라고 말하며, 소돔이 우리보다 얼마나 불리한 조건들에 있었는지 이렇게 말한다.

> 소돔에는 교회가 없었다. 우리에게는 무수한 교회가 있다. 소돔에는 성경이 없었다. 우리에게는 수백만 권의 성경이 있다. 소돔에는 설교자가 없었다. 우리에게는 설교자들이 넘친다. 소돔에는 신학교가 없었다. 우리에게는 수십 개의 신학교가 있다. 소돔에는 기도회가 없었다. 우리에게는 헤아릴 수 없을 정도로 많이 있다. 소돔에는 복음을 전하는 방송이 없었다. 우리에게는 선교 방송이 여러 개 있다. 소돔에는 하나님의 심판의 역사가 없었기 때문에 그들은 미리 경고를 받을 수 없었다. 우리는 하나님의 심판의 역사에 대해 알고 있다.[2]

그러므로 세상에서 믿음을 가지고 사는 우리는 개인적 성찰이 필요하다. 세상에서 얻고 누릴 수 있는 것들이 많다고 할지라도 그것들은 사모함의 대상이 아니다. 우리의 소망과 미래를 보장해 줄 것 같은 것들이 세상에 넘쳐나고, 당신 주변 사람들이 손짓해도 눈을 그쪽으로 향하면 안 된다. 롯의 삶을 되돌아보면, 세상에 조금씩 스며드는 것이 얼마나 쉽게 일어나며, 얼마나 위험한 결과로 이어질 수 있는지를 깨닫게 된다. 소돔과 고모라의 멸망은 그 경고를 분명하게 보여준다. 장차 있을 심판의 예고편이다.

또 하나는 우리가 자신도 모르게 세상으로 점점 빠지는 일에 주의를 기울이는 것이다. 영적 무감각은 서서히 삶을 흔들고, 기쁨과 중심을 세상으로 향하게 한다. 늘 깨어 있는 마음, 성령의 인도에 민감한 삶, 예수 그리스도를 바라보며 하나님의 말씀에 귀를 기울이는 삶만이 세상 속에서도 중심을 잃지 않도록 한다.

이와 같은 경계는 개인의 차원에서만 의미를 갖는 것이 아니다. 교회 역시 세상을 향한 시선을 성찰할 필요가 있다. 교회는 본래 예수 그리스도의 것이며, 하나님의 교회로서 세상과 다른 기준 위에 서 있어야 한다. 교회가 본받고 따라가야 할 대상은 세상이 아니라 하나님과 예수 그리스도이다. 교회가 가장 교회다운 모습을 지닐 때는 세상처럼 할 때가 아니라 예수 그리스도처럼 할 때이다.

그런데 오늘날 교회는 조금 다른 모습을 보여준다. 교회가 세상의 가치와 방식을 좇는 경우가 많다. 세상이 추구하는 규모와 물질적 번영을 그대로 추구한다. 그래서 '좀 더 크게! 좀 더 많게!'를 외친다. 황금만능주의와 물질 번영을 추구하는 교회들이 점점 많아지고 있다. 하나님의 말씀과 성령의 인도를 따르는 방식이 아닌, 세상의 마케팅 방식이 교회를 점령하고 있다. 하나님을 아는 지식을 추구하고 하나님의 말씀을 연구하는 것은 사라지고, 온갖 행사와 프로그램이 넘쳐난다. 회개와 기도는 사라지고, 아무것도 안 하는 것이 가장 평안하다는 잘못된 생각이 성도들 사이에 퍼지고 있다. 섬김과 배려와 존중보다는 정복과 권세가 교회의 덕목처럼 여겨지기도 한다.

지금은 그 어느 때보다도 교회가 세상을 본받는 것을 경계해야 할 때이다. 세상을 방식을 좇기보다는 예수 그리스도를 따르는 삶과 공동체가 되어야 할 시기이다. 교회 안에서는 하나님의 말씀과 성령의 인도가 진리로 통용되게 해야 할 때이다.

부디 우리 시대의 교회가 소돔과 고모라처럼 되는 것을 경계하고, 세상을 향해 생명의 빛을 비추기를 바란다. 더 늦기 전에 구원의 길로 달려오라고 전하는 구원의 등대가 되기를 소원한다.

4.
세상 것에 현혹되지 말라

사사기 | 12:8~10

　우리는 사사 시대를 영적 암흑시대라고 부른다. 그 이유는 하나님과 그분이 행하신 일을 알지 못하고, 자기 자신이 중심이 되어 '자기 소견에 옳은 대로' 행동하며 살았던 시대였기 때문이다. 이 시대에는 사람들이 쉽게 하나님의 목전에서 악을 행하며 우상을 숭배했다. 종교적으로 진리를 상실한 타락의 시대였다. 사회적으로는 '자기 소견에 옳으면 그것이 곧 진리'가 되는 시대였다. 정치적으로는 공의와 정의와 평화가 실종되어 이웃과의 혼란, 싸움, 동족 간의 전투, 그리고 무질서와 무정부 상태였다. 이것이 바로 사사 시대의 실상이었다.
　본래 하나님께서 아브라함을 택하시고 그의 후손에게 가나안 땅을 약속하셨으며, 그 후손들을 애굽의 종살이에서 해방시켜 그 땅을 얻게 하신 데는 분명하고도 큰 이유가 있었다. 그것은 이스라엘이라 불리는 아브라함의 후손들이 여호와 하나님을 자기들의 하나님으로 섬기며, 하나님의 백성이 되어 모든 민족이 "사모할 만한 삶"을 살도록 하기 위함이었다. 하나님의 선택과 구원 목적은 창세기 18:19 말씀에 잘 나타나 있다.

> 내가 그로 그 자식과 권속에게 명하여 여호와의 도를 지켜 의와 공도를 행하게 하려고 그를 택하였나니 이는 나 여호와가 아브라함에게 대하여 말한 일을 이루려 함이니라.

그리고 하나님의 백성이 이처럼 의와 공도를 행하는 구별된 삶, 거룩한 삶을 통해 하나님께서 이루시고자 하는 궁극적인 일, 즉 "땅의 모든 족속이 너로 말미암아 복을 얻는"(창 12:3b) 목적을 성취하는 것이었다.

그런데 이스라엘 백성은 가나안 땅에 들어가 살면서, 여호와가 자신들의 하나님이시라는 사실도, 하나님께서 조상에게 행하신 일도 알지 못했다. 그들은 세상의 모범이 되고 빛이 되어 모든 민족이 복을 받게 하기는커녕, 오히려 가나안 문화에 동화되어 구별됨을 상실하고 우상숭배에 깊이 빠져들었다. 여호와의 도를 지켜 의와 공도를 행하는 것은 찾아볼 수 없었고, 하나님을 믿지 않는 민족들처럼 '자기 소견에 옳은 대로 행동'하며 살았다.

그 이유가 무엇일까? 첫째는 하나님을 알지 못했기 때문이요, 둘째는 하나님이 행하신 일, 그리고 왜 그런 구원의 일을 하셨는지 그 이유와 목적을 망각하고 또 알지 못했기 때문이다(삿 2:10). 셋째는 여호와의 도를 지키며 그것을 자기 삶의 원칙으로 삼고 생활하지 않고, 오히려 가나안이라는 세상 문화에 현혹되어 살아갔기 때문이다.

백성들의 타락한 삶

여호수아와 그 시대 장로들과 사람들이 죽었을 때, 성경은 '다른 세대'의 출현을 기록한다. 여기서 '다른 세대'는 단순히 '다음 세대'가 아니라, 이전 세대와는 완전히 '다른 세대'를 말한다. 이전 세대가 믿었던 하나님과 하나님이 행하신 일을 알지 못하는 세대였다. '다른 세대'는 이전 세대가 가졌던 세계관, 가치관, 신앙관을 상실했다. 전혀 다른 세계관, 가치관, 인생관, 다른 신앙관을 가진 '다른 세대'가 출현한 것이다. 이것은 신앙의 단절, 하나님을 아는 지식의 단절을 의미한다.

'다른 세대' 사람들은 신명기 7:1~11에서 금하고 경계하라고 하신 하나님의 명령과 여호수아 24장에서 맺은 세겜 언약을 망각했다. 그들은 여호와의 목전에서 악을 행하였다. 여호와 하나님을 버리고 바알, 아세라, 아스다롯을 섬겼을 뿐 아니라 아람, 시돈, 모압, 암몬, 블레셋 사람들이 섬기는 신들까지 섬겼다(삿 10:6). 여기서 더 나아가 다른 세대 사람들은 가나안 사람들과 혼인하기까지 했다.

하나님은 이스라엘 백성들이 이런 악을 행할 때마다 번번이 이방 민족의 손에 넘겨 고통받게 하심으로 그들의 잘못을 깨닫게 하셨다. 그래서 메소포타미아 왕 구산 리사다임 아래서 8년을, 그리고 모압 왕 에글론 밑에서는 18년을, 가나안 왕 야빈 밑에서는 심히 학대를 받게 하셨다. 또 미디안 밑에서는 7년을 섬겼는데, 미디안이 얼마나 심하게 약탈했는지 이스라엘 사람들은 산속에 굴과 산성을 만들고 숨어 살아야 했다. 입다가 사사로 나설 때는 블레셋 민족과 암몬 자손 밑에서 18년 동안 억압을 받으며 살았다.

이방인들은 하나님의 백성 위에 군림하며 심한 압제와 학대와 착취를 일삼았다. 고통받은 이스라엘 백성은 그제야 하나님께 부르짖었다. 그러면 하나님은 한 구원자를 세워 자기 백성을 구원하셨다. 이 구원자들이 바로 사사들이다.

하지만 그때뿐이었다. 하나님의 백성들은 사사가 죽으면 또다시 여호와를 버리고 가나안과 이방인의 신들을 섬겼다. 그리고 이방인의 자녀들과 결혼하고 그들의 문화, 그들의 삶의 방식에 매료되었다. 유목 생활을 하던 이스라엘 백성들이 가나안 땅에 들어와서 농경 생활을 하려고 하니, 가나안 땅에 살던 사람들, 그리고 그 주변 민족들이 하는 것을 보고 배우면서 그들의 생활방식에 젖어들어 점차 그들처럼 타락했다.

우리는 사사 시대 하나님의 백성이 "가나안이라는 세상"에 현혹되어 사는 삶의 모습을 본다. 이 삶은 하나님의 백성들이 타락한 삶이며, 하나님의 백성으로서의 거룩함과 이방 민족과의 구별됨을 상실한 삶이었다.

백성과 별반 다를 바 없는 사사들

하나님의 백성만 그런 것이 아니다. 지도자 사사들도 거룩함과 구별됨을 상실한 삶을 살았다. 모든 사사가 다 그런 것은 아니다. 초기 사사들은 그 나름대로 훌륭한 생활을 했다.

초기 사사들 : 신앙의 빛을 비추다

사사기에 제일 처음 등장하는 사사는 옷니엘이다. 그는 하나님께서 이스라엘을 구원하라고 세운 구원자이다. 그는 메소포타미아 왕 구산 리사다임 아래서 8년 동안 신음하는 이스라엘 백성을 구원했다.

두 번째로 등장하는 사사가 에훗이다. 그는 양손 잡이로 추정되며, 모압 왕 에글론 아래에서 18년 동안 고통당하는 이스라엘 백성을 구원했다. 사사기 3:12이하에서 에훗이 에글론 왕을 죽인 내용이 자세하게 기록되어 있다. 그는 먼저 모압 왕 에글론과 모압이 섬기는 그모스 신에게 공물을 바치며 그들을 섬기는 척했다. 그리고 집으로 돌아오던 중, "길갈 근처 돌 뜨는 곳"에서 에글론에게 돌아가 왕에게 긴히 고할 말(일)이 있다고 왕을 접견한 후, 준비한 칼로 에글론을 찔러 죽였다.

에훗이 다시 모압 왕에게 돌아가기로 결심한 계기는 바로 '길갈의 돌 뜨는 곳'이었다. 본래 길갈은 출애굽한 이스라엘 백성이 요단 강을 건너 처음으로 약속의 땅을 밟은 곳이다. 그곳은 하나님께서 이스라엘 백성으로 하여금 요단강을 건너게 하신 일을 기념하여 돌 12개를 쌓아 만든 기념탑이 있는 곳이다. 또 수치를 물러가게 하는 할례를 행한 곳이다. 그리고 자신들이 하나님의 언약 백성임을 선포한 거룩한 곳이다.

그런데 그곳이 '돌 뜨는 곳'이 되었다. 다시 말하면, 돌을 떠서 우상을 만드는 곳이 되었다. 하나님의 언약과 하나님이 하신 일, 그리고 자신들이 하나님의 언약 백성이고 자신들의 하나님은 여호와라는 것을 알려주는 곳, 모든 수치를 제거하셨던 거룩한 그곳이 이제는 여호와가 아닌 우상을 만드는 타락한 장소가 된 것이다.

에훗은 이곳에서 지금 이스라엘의 상황이 모압 왕을 18년 동안이나 섬기는 수치스러운 상황이 되었음을 깨닫고, 모압 왕에게로 돌아가 그를 처단한 것이다. 이후에 모압과 전쟁이 벌어졌으나 이스라엘 백성이 모압 군사들 약 만 명을 죽이는 대승리를 거뒀고, 모압의 압제에서 벗어났다.

> 그 날에 모압이 이스라엘 수하에 굴복하매 그 땅이 팔십 년 동안 평온하였더라(삿 3:30).

세 번째 사사는 삼갈이다. 사사기 3:31은 삼갈에 대해 이렇게 말한다.

> 에훗 후에 아낫의 아들 삼갈이 있어 소모는 막대기로 블레셋 사람 육백 명을 죽였고 그도 이스라엘을 구원하였더라.

이 내용 외에 사사 삼갈에 대해서는 특별하게 언급한 것이 없다. 삼갈에 대해 큰 업적이나 허물이 언급되지 않은 것은 그가 평범한 사사의 삶을 살았음을 의미한다. 그리고 적어도 삼갈이 타락한 사사는 아니라는 것을 보여준다.

네 번째 사사는 드보라이다. 드보라는 여 선지자이면서 동시에 사사였다. 그녀는 바락과 함께 가나안 왕 야빈의 군대 장관 시스라가 이끈 군대와 싸워 전쟁에서 승리하고 이스라엘을 구원했다. 그러나 시스라를 죽인 사람은 야엘이라는 여인이다(삿 4:17~22).

이처럼 옷니엘과 에훗과 삼갈, 드보라가 사사가 될 때까지만 해도 영적인 큰 문제는 드러나지 않았다. 하지만 기드온이 사사가 되면서부터 사사들도 이상 징후, 즉 여호와 하나님과 무관한 일들, 여호와의 도를 행하지 않는 일들이 나타나기 시작했다. 다시 말해, 가나안과 이방 민족의 문화와 신앙에 동화되는 일들이 나타나기 시작한 것이다.

기드온의 타락 : 자기 영광을 추구하다

기드온이 하나님의 부르심을 받을 때는 큰 문제가 없었다. 그러나 그가 미디안 군대와 싸우고 승리한 후에 심각한 일을 저질렀다. 기드온은 하나님께서 선택한 300명을 데리고, 메뚜기 떼와 해변의 모래와 같이 무수히 많은 미디안과 아멜렉과 동방 사람들로 구성된 연합군과 싸워서 대승리를 거뒀다. 그때 기드온은 세바와 살문나를 죽이고 그들의 낙타 목에 있던 초승달 장식을 떼어서 가졌다(삿 8:21).

초승달 장식은 왕을 상징하는 장식이다. 기드온이 전리품인 초승달 장식을 하나님께 바치지 않고 자신이 가졌다는 것은 자신이 왕이 되는 것을 의미한다. 그 누구의 지지나 세움이 없이 스스로 왕이 된 것이다.[1]

초승달 장식을 가진다는 것의 의미를 아는 이스라엘 사람들은 기드온에게 이렇게 말했다.

> 그 때에 이스라엘 사람들이 기드온에게 이르되 당신이 우리를 미디안의 손에서 구원하셨으니, 당신과 당신의 아들

과 당신의 손자가 우리를 다스리소서 하는지라(삿 8:22).

기드온은 "내가 너희를 다스리지 아니하겠고 나의 아들도 너희를 다스리지 아니할 것이요 여호와께서 너희를 다스리시리라"(삿 8:23) 하고 말은 했지만, 그의 심중은 자신이 왕이 되는 것이었다. 특히 기드온이 세겜 여인, 즉 이방인과 결혼하여 낳은 아들 이름을 '아비멜렉'이라고 지었다. '아비멜렉'의 이름의 뜻은 '나의 아버지는 왕이다'는 뜻이다.[2] 아비멜렉의 아버지는 기드온이고 결국, 기드온이 왕이라고 자기 아들의 이름을 통해 드러낸 것이다. 이것을 보면 기드온이 진정으로 사모하고 추구한 것이 무엇인지 알 수 있다.

이러한 이유로 사사기 9장에서 아비멜렉은 자신이 이스라엘의 왕이 되겠다고 나선다. 사사기 9장에서 벌어진 비극의 단초를 제공한 사람이 바로 기드온이었다. 그리고 이스라엘 백성 각 지파 사람에게 '우리에게도 모든 나라와 같이 왕이 필요하다'(삼상 8:5, 20)[3]는 인식을 심어주기 시작한 사람이 바로 기드온이었다.

기드온의 또 다른 잘못은 미디안을 물리치고 승리한 이스라엘 군인들이 가진 전리품을 가져오라고 한 사건에서 나타난다. 초승달 장식도 전리품이지만, 이스라엘 백성이 탈취한 전리품 중 금귀고리와 패물을 가져오라고 한다. 그래서 모은 금이 모두 1,700세겔, 약 20kg 정도이다. 기드온은 이것으로 에봇을 만들었다. 그런데 문제는 이 에봇을 기드온이 자기 성읍 오브라에 두었다는 점이다.

본래 에봇은 제사장이 입는 옷이다(출 28:1~5). 특히 하나님의 뜻을 물을 때 입는 옷이다. 이런 에봇을 입는 제사장은 레위 지파 사람들, 그것도 아론의 후손들만 가능하다. 하지만 기드온은 레위 지파 사람이 아니다. 그는 므낫세 지파 사람이다. 그는 제사장이 될 수도 없고, 에봇을 입을 수도 없는 사람이다. 그런데도 에봇을 만들어 자기 성읍에 두었다. 참고로 사사기 17~18장에서 이 에봇은 우상 숭배에 사용되었다.

왜 기드온은 금으로 에봇을 만들어 자기 성읍, 자기 집에 두었는가? 바로 하나님의 뜻을 묻고 또 알고자 하는 사람은 자기에게로 오라는 뜻이다. 다시 말해, 자신을 통해서만 하나님께 나아갈 수 있고 하나님의 뜻을 알 수 있다는 왜곡된 인식을 조장한 것이다. 기드온은 제사장이 아닌데도 불구하고 제사장 역할을 하려고 한 것이다.

결국, 기드온은 두 가지를 손에 쥐게 된다. 왕이 아닌데도 왕의 역할을 하고, 제사장이 아닌데도 제사장 역할을 함으로 정치적, 종교적 권력을 모두 거머쥔 사사가 된 것이다.

기드온의 타락한 모습은 이것만이 아니다. 사사기 8:30~31 말씀을 보라.

> "기드온이 아내가 많으므로 그의 몸에서 낳은 아들이 칠십 명이었고 세겜에 있는 그의 첩도 아들을 낳았으므로 그 이름을 아비멜렉이라 하였더라."

기드온에게 아내가 많고, 첩도 있다는 사실, 그리고 아들이 칠십 명이라는 사실은 무엇을 의미하는가? 아내를 많이 둔다는 것은 성적 욕망을 충족시킴과 동시에 자신이 얼마나 많은 재물을 가졌는지를 보여주는 행동, 즉 부를 과시하는 행동이다.

미디안 때문에 곤고와 궁핍함이 극에 달하고(6:6) 겨우 밀이삭 얼마를 포도주 틀에서 손으로 타작하던 기드온이 어떻게 이렇게 많은 아내를 거느릴 수 있었을까? 또 아들을 칠십 명을 낳고 처와 자식을 먹여 살릴 수 있는 재물을 얻었을까? 그가 한 일은 미디안 연합군을 무찌르는 일 외에는 특별히 언급되지 않는다. 어쩌면 기드온은 가나안 사람들이 그러했던 것처럼 사사라는 자신의 지위를 이용해 재물을 모았을 수도 있다. 성경은 기드온이 부유해진 과정에 대해서는 일체 침묵하고 있다. 성경은 다만, 그가 재물을 어떻게 사용했는지를 보여줄 뿐이다. 다시 말하면, 많은 아내를 두고 자식을 낳고 부를 축적하는 일에만 몰두했다는 것이다.

기드온은 하나님께 집중하며, 사사로서 이스라엘 백성에게 바른 삶의 모범을 보여줘야 했다. 그런데 좋은 본을 보여주기는커녕 잘못된 본, '정치 권력과 종교 권력'을 손에 쥐고 많은 부를 축적하는 잘못된 본을 보여주었다. 기드온의 이런 모습은 이후 사사들에게서 공통으로 나타난다. 결국 기드온은 이후 사사들의 타락한 삶에 길을 터준 인물이 되었다.

소 사사들의 타락 : 세속적인 번영과 권력에 눈 멀다

사사기 10:1~5에서 사사 돌라와 야일이라는 소 사사가 등장한다. 돌라에 대한 기록은 특별한 것이 없지만, 사사 야일에 대한 기록은 매우 특이한 한 가지 사실을 보여준다.

> 그 후에 길르앗 사람 야일이 일어나서 이십이 년 동안 이스라엘의 사사가 되니라. 그에게 아들 삼십 명이 있어 어린 나귀 삼십을 탔고 성읍 삼십을 가졌는데 그 성읍들은 길르앗 땅에 있고 오늘까지 하봇야일이라 부르더라(삿 10:3~4).

야일은 '아들이 삼십 명'이다. 아내 한 사람에게서 30명의 아들을 낳기는 불가능하므로, 그가 여러 여인과 결혼했음을 전제로 해야 한다. 당시 사람들은 자신의 아내를 한 사람만 두지 않고 여러 명을 두려고 했다. 그 이유는 그것이 부의 상징을 의미했기 때문이다. 사사 야일은 기드온처럼 하나님이 주신 재물을 가지고 육체적 욕망을 충족하고 아내를 얻고 자식을 낳는 데 사용한 셈이다.

또 야일은 아들 30명이 모두 '어린 나귀를 탔다'고 콕 집어 말한다. 나귀는 주로 짐을 나르는 수단으로, 혹은 자가용처럼 타고 다니는 교통수단으로 이용했다. 당시 사람들에게 있어서 엄청난 가치를 지닌 것이 나귀이다. 이런 나귀를 자녀들이 한 마리씩 다 가졌다는 것이다. 오늘날로 말하면 한 사람이 자가용 한 대씩을 가진 셈이다.

또한 '성읍 삼십을 가졌다'는 점도 주목할 만하다. 성읍은 집보다도 더 큰 개념이다. 아무리 작게 생각해도 집 한 채찍은 가졌다는 말이 된다. 이처럼 나귀 30마리와 30개의 성읍은 야일이 그만큼 부유하다는 것을 의미한다.

사사기 12:8~15에서도 소 사사들이 등장한다. 입산과 엘론과 압돈이다. 이들 중에서 압돈이 사사로 있을 때 어떻게 살았는지를 사사기 12:14에서 이렇게 말한다.

> 그에게 아들 사십 명과 손자 삼십 명이 있어 어린 나귀 칠십 마리를 탔더라. 압돈이 이스라엘의 사사가 된 지 팔 년이라.

압돈은 사사 돌라보다 더하다. 아들이 40명이고 손자가 30명이다. 합쳐서 70명이다. 그런데 모두 어린 나귀 한 마리씩 탔다. 압돈이 얼마나 많은 아내를 두었으며 또 얼마나 재물이 많았으면 아들과 손자까지 70명이 나귀 한 마리씩 타고 다녔는가?

생각해 보라. 대통령의 자식이 40명이나 되고, 자식과 손자들이 자가용 한 대씩 몰고 다니고, 강남에 30~40억씩 가는 아파트 한 채씩을 가지고 있다고 하면 어떻겠는가? 그것도 대통령이 된 지 8년 만에 말이다.

아마도 당신은 야일과 압돈이 수많은 여인과 결혼하고,

또 자식들이 자가용 한 대씩 몰며 아파트 한 채씩을 소유했다는 생각하면 배가 아플 것이다. 8년 동안 무슨 부정한 짓을 저지르지 않고서는 그렇게 살 수 없다고 생각할 것이다. 또한 이런 자식을 둔 사람이 우리의 대통령이라면 당장에 파면해야 마땅하다고 생각할 것이다. 이처럼 사사 야일뿐 아니라, 입산과 압돈도 동일한 방식으로 살았다.

우리는 여기서 사사들이 여러 여인과 결혼해서 아내로 삼는 것, 자식을 많이 두는 것, 그 자식들에게 나귀를 타게 하는 것, 또 각자 집을 가지게 하는 것이 무엇을 의미하는지를 놓치지 말아야 한다. 이것은 사사들이 무엇을 추구했는지, 무엇에 현혹되어 살았는지를 극명하게 보여주기 때문이다.

이러한 것들은 모두 재물과 관계가 있다. 사사들은 당시 사람들이 추구했던 재물과 번영을 추구했다. 하나님을 추구하고 하나님의 언약에 신실하며 하나님의 도를 따라 사는 삶의 모습을 백성들에게 보여줘야 했던 사사들이 오히려 세상 사람들이 추구하는 물질적 번영을 추구하고 세상 사람들처럼 살았다는 것이다. 거룩함과 구별됨도 없는 가나안 사람들처럼 말이다.

사사 입산은 야일과 압돈과 비슷한 모습을 보여주지만,

그 시대 사람들의 삶의 특징이 어떠했는지 적나라하게 보여준다. 사사기 12:9 말씀이다.

> 그가 아들 삼십 명과 딸 삼십 명을 두었더니 그가 딸들을 밖으로 시집 보냈고 아들들을 위하여는 밖에서 여자 삼십 명을 데려왔더라. 그가 이스라엘의 사사가 된 지 칠 년이라.

사사 입산이 사사 야일과 압돈과 비슷한 것은 많은 여인을 아내로 둔 점과 자식들을 많이 낳았다는 점이다. 입산은 아들이 삼십 명, 딸이 삼십 명이나 된다.

그런데 사사기의 저자는 입산의 삶에 대해 의도적으로 한 가지를 강조하고 있다. 그것은 자기 '딸들을 밖으로 시집 보냈고 아들들을 위하여는 밖에서 여자 30명을 데려왔다'는 점이다. 여기서 말하는 '밖에서'는 무슨 뜻인가? 바로 '이스라엘 민족 밖에서'라는 뜻이요 '이방인'을 가리키는 말이다.

하나님은 신명기 7:1~3에서 분명하게 말씀하셨다.

> 네 하나님 여호와께서 너를 인도하사 네가 가서 차지할 땅

으로 들이시고 네 앞에서 여러 민족 헷 족속과 기르가스 족
속과 아모리 족속과 가나안 족속과 브리스 족속과 히위 족
속과 여부스 족속 곧 너보다 많고 힘이 센 일곱 족속을 쫓
아내실 때에 네 하나님 여호와께서 그들을 네게 넘겨 네게
치게 하시리니 그 때에 너는 그들을 진멸할 것이라. 그들과
어떤 언약도 하지 말 것이요 그들을 불쌍히 여기지도 말 것
이며 또 그들과 혼인하지도 말지니 네 딸을 그들의 아들에
게 주지 말 것이요 그들의 딸도 네 며느리로 삼지 말 것은

특히 신명기 7:3에서 "그들과 혼인하지도 말지니 네 딸
들을 그들의 아들에게 주지 말 것이요 그들의 딸도 네 며
느리로 삼지 말라"고 엄히 경고하셨다. 그 이유를 하나님
은 다음과 같이 말씀하셨다.

그가 네 아들을 유혹하여 그가 여호와를 떠나고 다른 신들
을 섬기게 하므로 여호와께서 너희에게 진노하사 갑자기
너희를 멸하실 것임이니라. 오직 너희가 그들에게 행할 것
은 이러하니 그들의 제단을 헐며 주상을 깨뜨리며 아세라
목상을 찍으며 조각한 우상들을 불사를 것이니라(신 7:4~5).

그런데도 입산은 이러한 하나님의 언약적 명령을 완벽하게 거절했다. 한 두 사람도 아니고 딸 30명이 있는데 모두 이스라엘 밖으로, 즉 가나안의 일곱 족속에게로 시집을 보냈다. 또 아들 30명이 있는데 모두 이스라엘 밖에서, 즉 이방인 며느리 30명을 데려왔다. 단 한 사람의 아들도, 딸도 이스라엘 백성에게 장가 들게 하거나 시집보내지 않았다.

사사 입산이 왜 아들과 딸들을 모두 이스라엘 밖에 사람들에게 장가들고 시집보냈는지 그 이유를 사사기에서는 말하지 않는다. 그러나 우리는 그 이유를 얼마든지 추측할 수 있다. 이렇게 민족을 대표하는 사사가 자기 자식들을 다른 민족에게 장가보내고 시집보낸 것은 다름 아닌 '정략결혼', 즉 정치적인 목적 때문에 결혼시킨 것이다. 서로 자녀들을 결혼함으로 평화를 유지하는 하나의 방법으로 사용한 것이다.

문제는 이러한 생각과 정치 방식을 사사 입산이 실행했다는 점이다. 평화와 안정은 하나님으로부터 오는데 그것을 망각하고 타민족과 정략결혼을 통해 하나님 나라의 평화와 안정을 꾀하려고 했다는 점이다. 입산은 예측되는 문제를 신앙적인 방법이 아닌, 정치적으로 해결하려고 했다.

그것도 하나님의 언약을 어기면서 정략결혼이라는 방법으로, 이방인 민족들이 사용하는 방법으로 말이다.

사사 입다 : 공동체의 문제점을 드러내다

입다는 개인적인 문제뿐만 아니라, 이스라엘 공동체의 심각한 영적 상태를 드러낸 인물이다. 입다에 대한 기록은 사사기 10:6부터 시작된다. 이 구절부터 이스라엘 공동체의 총체적인 타락이 나타난다.

첫째, 이스라엘 공동체는 여호와 하나님만 빼고 주변 민족들의 온갖 우상을 숭배했다.

> 이스라엘 자손이 다시 여호와의 목전에 악을 행하여 바알들과 아스다롯과 아람의 신들과 시돈의 신들과 모압의 신들과 암몬 자손의 신들과 블레셋 사람들의 신들을 섬기고 여호와를 버리고 그를 섬기지 아니하므로(삿 10:6).

이 시기는 '우상 숭배의 종합판'이다. 하나님의 백성들이 여호와만 빼고 모든 이방 신들을 섬겼다.

둘째, 이스라엘 공동체는 철저하게 회개하지 않았다. 하나님께서 그들의 우상숭배에 진노하셨고, 그들을 블레셋과 암몬 자손들의 손에 넘기셨다. 그 결과 그들이 아모리 족속의 땅(길르앗)에 있는 이스라엘 자손을 쳐서 18년 동안 억압하였다. 여기에 암몬 자손이 유다와 베냐민과 에브라임 족속과 싸우려고 요단강을 건너왔다. 이스라엘 백성은 고통이 막심했다. 그때 이스라엘은 여호와께 부르짖었다.

> 우리가 하나님을 버리고 바알들을 섬김으로 주께 범죄하였나이다(삿 10:10).

하지만 하나님은 그들의 부르짖음을 단호하게 거절하셨다. 이유는 그들의 회개에 진정성이 결여되었기 때문이며, 구원해 줘도 또다시 하나님을 버리고 우상 숭배할 것이기 때문이다.[4] 그런데도 이스라엘 자손은 부르짖는다.

> 이스라엘 자손이 여호와께 여쭈되 우리가 범죄하였사오니 주께서 보시기에 좋은 대로 우리에게 행하시려니와 오직 주께 구하옵나니 오늘 우리를 건져내옵소서 하고 자기 가운데에서 이방 신들을 제하여 버리고 여호와를 섬기매 여호와께서 이스라엘의 곤고로 말미암아 마음에 근심하시니라(삿 10:15~16).

이 말은 '하나님 마음대로 하십시오. 그렇지만 우리가 너무 힘들고 곤고가 심하니 오늘만 우리를 구해주십시오' 하는 말이다. 즉 진정한 회개, 철저한 회개, 자신들의 마음을 찢고 통회 자복하는 회개는 없었다.

이스라엘 공동체는 자신들의 문제가 무엇인지 상황 파악을 못 하고 있었다. 그들의 문제는 암몬 자손이 쳐들어왔다는 것이 아니라, 하나님을 버린 것, 우상을 숭배한 것, 그리고 진정으로 회개하지 않는 것이 문제였다. 그런데 회개도, 우상을 버리지도 않고, 또 하나님께로 돌아오지도 않으면서 '하나님, 이번 한 번만 도와달라'고 하는 것은 너무 뻔뻔스러운 태도였다.

셋째, 하나님은 구원자를 세워주지 않겠다고 말씀하셨고 이스라엘은 스스로 자기들의 구원자를 세웠다.

> 길르앗 백성과 방백들이 서로 이르되 누가 먼저 나가서 암몬 자손과 싸움을 시작하랴? 그가 길르앗 모든 주민의 머리가 되리라 하니라(삿 10:18).

길르앗 장로들은 당시에 싸움깨나 하는 건달들 두목 입다를 찾아갔다. 입다에게 "우리가 암몬 자손과 싸우려고 하니 당신이 우리의 장관이 되라"(삿 11:6)고 부탁했다. 그리고 입다를 자기들의 머리와 장관으로 삼았다(삿 11:11). 건달의 두목이었던 입다는 하루아침에 길르앗의 머리가 되고 군사를 이끄는 장관이 되었다.

이것이 무슨 문제가 되는가 싶을 것이다. 여기서 문제점은 하나님의 선택이나 하나님이 세운 것이 아니라 백성이 스스로 자기들의 머리, 즉 지도자를 세웠다는 점이다. 모든 주권이 하나님께 있는데, 그 주권을 자기들에게로 가져와서 '모든 주권은 우리에게 있다. 우리가 선택하고 주권을 행사하여 우리의 지도자를 세우자' 한 것이다. 하나님을 완전히 무시하고 배제해 버린 것이다. 이는 왕이신 하나님의 자리를 찬탈한 심각한 죄였고, 공동체가 얼마나 심각하게 타락했는지를 보여주는 단면이었다.

넷째, 입다가 전쟁하는 과정과 전쟁 후에 치명적인 문제가 나타났다. 그것은 하나님께 묻지도 않고 서원한 일이다.

> 그가 여호와께 서원하여 이르되 주께서 과연 암몬 자손을 내 손에 넘겨 주시면 내가 암몬 자손에게서 평안히 돌아올 때에 누구든지 내 집 문에서 나와서 나를 영접하는 그는 여

호와께 돌릴 것이니 내가 그를 번제물로 드리겠나이다 하
니라(삿 11:30~31).

입다의 서원은 하나님께서 바라시는 서원도 아니고, 또 사람을 번제물로 바치는 것은 성경적이지도 않다. 하지만 입다는 자신의 딸이 가장 먼저 나와 자신을 영접하자, 그대로 번제물로 바치고 만다.[5]

이 일은 입다의 신앙이 깊은 듯 보이지만, 실제로는 하나님을 아는 지식도, 하나님의 말씀에 대한 지식도 없는 영적 무지를 드러낸 행동이었다. 이는 입다 개인의 문제만이 아니라, 그 시대 이스라엘 공동체 전체의 영적 무지를 반영하는 사건이다.

다섯째, 암몬 자손과의 전쟁 후, 에브라임 지파와 내전을 했다. 에브라임 지파는 암몬과의 전쟁에 참여하지 않았다. 이스라엘 공동체 구성원으로서 마땅히 자기 동족을 도울 책임과 의무가 있음에도 불구하고 나 몰라라 하고 있다가, 전쟁에서 승리하니까 '왜 우리를 부르지 않았느냐'고 따지고 든 것이다. 에브라임 지파 사람들은 입다에게 자신들을 무시했다면서 "우리가 반드시 너와 네 집을 불사르겠다."고 위협했다.

이에 입다는 길르앗 사람들을 동원해 에브라임과 내전을 벌였다. 에브라임 지파 사람들이 밀리자 입다는 재빠르게 도망가는 루트를 장악했다. 바로 요단강 나루턱이다. 그리고 요단강을 건너고자 하는 사람들에게 '쉽볼렛'이라고 발음해 보라고 해서 '쉽볼렛'을 하지 못하고 '십볼렛'이라고 발음하면 그 사람을 잡아 쳐 죽였다. 에브라임 사람들은 '쉽'이라는 발음을 못 했기 때문이다. 이때 죽은 사람이 42,000명이나 되었다.

결국, 내전으로 남은 것은 상처와 죽음, 그리고 이스라엘 공동체가 와해되는 것뿐이었다. 지파 동맹이 무너지는 한 사건을 만든 것이 바로 이스라엘의 지도자 사사였다. 이스라엘 역사에서 이와 비슷한 사건이 몇 번 일어나면서, 후에는 이스라엘 열두 지파 공동체는 와해되고 결국 남북으로 갈라져 분단의 국가가 되고 만다.

사사 삼손의 타락한 모습 : 구별됨을 잃은 나실인

사사 삼손은 타락한 이스라엘 공동체와 사사들의 '종합판'이라고 할 수 있다. 그는 태어날 때부터 인간의 능력이 아닌 하나님의 계획과 섭리 속에서 태어났다. 이스라엘이 하나님에 의해서 하나의 커다란 민족이 되고, 하나님의 백성으로 태어난 것처럼 말이다.

삼손은 태중에서부터 나실인으로 구별되어 태어났다. 나실인이라는 인물이 갖는 특징은 구별됨이다. 이스라엘 백성이 세상의 여러 민족 가운데서 하나님의 선택을 받아 구별됨과 같다. 나실인의 삶은 나실인의 법규를 지키면서 자신을 구별되게 하고 거룩하게 사는 것이다. 이스라엘 백성이 하나님의 법을 지키면서 공의와 정의, 그리고 거룩한 삶으로 모든 민족에게 빛이 되어야 했던 것도 동일하다.

그렇지만 삼손은 성장한 후 나실인의 모습을 완전히 버렸다. 그는 블레셋 여인과 결혼함으로 이방 여인과 결혼하지 말라는 하나님의 법을 어겼다. 그는 '포도원'으로 들어가고 거기서 사자를 찢어 죽인 것, 그리고 며칠 후에 꿀을 먹기 위해 사자의 '시체'와 접촉한 것, 또 '나귀 뼈'로 블레셋 사람을 죽인 것, 결혼 잔치에서 '포도주를 마신 것', 들릴라에 의해서 '머리에 삭도'를 대게 된 것 등, 그의 일거수 일투족이 모두 나실인의 법규를 어기는 삶이었다.

이스라엘 백성도 삼손처럼 하나님의 법과는 무관하게 살았다. 공의와 정의를 행하지 않았고, 거룩함과 구별됨도 없었다. 삼손은 하나님의 영에 휘둘렸지만 동시에 자기 욕망에 휘둘린 사람이다. 그가 이렇게 살게 된 것은 '자기 눈에 좋아 보이는 것'을 쫓아갔기 때문이다(삿 14:1; 15:1; 16:1). 이스라엘 백성도 자기 눈에 좋아 보이는 것, 즉 '자기 소견에 옳은 대로 행동'했다(삿 17:1, 6; 21:25). 여호와가 자기들의 왕이었음에도 불구하고 여호와의 왕 되심을 부인하며 대신에 자기가 왕이 된 것이다.

세상에 현혹되지 말라

지금까지 사사 시대의 총체적인 부패상을 살펴보았다. 사사 시대의 타락상은 여기에 다 담지 못했지만, 지금까지 살핀 내용만으로도 그 시대의 영적 현실을 충분히 알 수 있다. 사사 시대는 이스라엘 자손을 이끄는 몇몇 사사를 제외하고는 총체적으로 부패했다. 이스라엘 자손의 공동체도, 백성들 개개인도 모두 마찬가지였다.

사사들은 당시 세상 사람들이 그랬듯이 사회적 최고 지도자가 되고자 했다. 심지어 왕이 되려는 욕망까지 드러냈다. 길르앗 백성과 방백들은 하나님의 뜻과 상관없이 입다를 자신들의 머리로, 장관으로 삼았다.

또 사사들은 재물과 부를 추구했고 그 부를 대물림했다. 얼마나 재물이 많은지를 과시했다. 사사들 또한 당시 세상 사람들이 갖고 싶어 하는 나귀나 성읍과 같은 부와 권력을 추구했다. 더 많은 여인과 결혼을 통해 재력과 자기 능력을 과시하려 했다.

이들은 하나님과 하나님의 언약을 버렸다. 하나님의 백성으로서의 구별됨, 하나님의 말씀에 따라서 사는 특별한 삶도 버렸다. 가나안 땅에서 여호와 하나님만 섬기면서 하나님의 언약(하나님의 법)을 따라서 살아야 하는 자신들의 사명을 저버렸다. 세상과 다른 삶의 모습, 즉 거룩하고 성결하며 의와 공도의 삶을 보여주어야 했는데 그렇지 못했다.

대신에 이스라엘 백성들은 가나안 땅에 살던 세상 사람들을 닮아갔다. 그들의 아들과 딸들과 결혼하면서 그들의 삶의 방식으로 살고, 그들이 섬기는 신들을 섬겼다. 가나안 사람들이 눈에 보기에 좋은 것을 취하는 것처럼, 이스라엘 백성들도 하나님의 뜻이나 말씀이 아닌 '자기 소견에 옳은 대로 행동하며 살았다.' 사사 시대의 이스라엘 백성들은 가나안 문화와 가나안 사람들의 삶의 방식, 그리고 이방 민족들이 섬기는 신들에 현혹된 것이다. 그래서 하나님을 버리고 여호와의 목전에서 악을 행한 것이다.

세상에는 우리의 눈을 현혹할 만한 것들이 얼마나 많은가? 우리는 '자기가 보기에 좋은 것', '자기 소견에 옳다고 여겨지는 것'을 쫓아서는 안 된다.

예를 들어, 자신이 최고가 되고 싶은 욕망, 왕이 되고 싶은 마음, 권력과 권세를 손에 쥐고 마음대로 휘두르고 싶은 욕심, 더 많은 부와 재물을 소유하고 그것으로 힘과 능력을 과시하려는 마음, 그리고 재산을 자자손손 대물림하며 자기 세계를 구축하려는 욕망 등이다. 여기에 성적인 것들에 현혹되는 마음까지 더해진다. 이런 것들은 오늘을 사는 우리들에게도 여전히 매력적이며, 수많은 그리스도인이 이것들에 현혹되어 세상 사람처럼 살고 있다.

세상의 권력이나 권세, 그리고 재물은 분명 우리에게 힘과 즐거움을 준다. 그래서 교회가 세상 것에 현혹되면 권력과 권세를 추구하고 번영을 추구하게 된다. 섬김과 십자가를 지고 대신 속죄의 삶을 사셨던 예수 그리스도와 멀어진다. 예수 그리스도를 닮지 못하고 세상을 닮아가며, 세상과 구별이 없어진다.

아굴은 잠언 30:7~9에서 "가난하게도 마옵시고 부하게도 마옵시고 오직 필요한 양식으로 먹이시옵소서"라고 기도했다. 아굴의 기도는 예수님께서 "일용할 양식을 주시옵고"(마 6:11)라는 기도와 일치한다.

왜 예수님과 아굴은 이렇게 기도했는가? 그것은 욕심이

세상 것에 반응하고 미혹된다는 것을 알기 때문이다. 욕심이 우리를 예수 그리스도에게서 멀어지게 한다. 세상 것에 대한 탐심이 우리를 하나님 나라와 동떨어진 생활을 하게 한다. 그러므로 자기 마음을 다스리고 세상 것에 현혹되지 않도록 주의가 필요하다.

우리를 유혹하는 세상의 것들이 몇 가지가 더 있다. 요한일서 2:16에서 말씀하는 바처럼 "이는 세상에 있는 모든 것이 육신의 정욕과 안목의 정욕과 이생의 자랑이다." 이것은 "다 아버지께로부터 온 것이 아니요, 세상으로부터 온 것"이다. 이런 것들이 우리를 유혹한다.

그리고 육신의 일(롬 13:14), 육체의 일도 우리를 유혹한다.

> 육체의 일은 분명하니 곧 음행과 더러운 것과 호색과 우상 숭배와 주술과 원수 맺는 것과 분쟁과 시기와 분냄과 당 짓는 것과 분열함과 이단과 투기와 술 취함과 방탕함과 또 그와 같은 것들이라. 전에 너희에게 경계한 것 같이 경계하노니 이런 일을 하는 자들은 하나님의 나라를 유업으로 받지 못할 것이요(갈 5:19~21).

마지막으로 가장 경계해야 할 것은 바로 마음이 원하는

대로 하고자 하는 변질된 자유이다.

> 전에는 우리도 다 그 가운데서 우리 육체의 욕심을 따라 지내며 육체와 마음의 원하는 것을 하여 다른 이들과 같이 본질상 진노의 자녀이었더니(엡 2:3).

이것은 우리 시대에 종종 자율과 자유라는 이름으로, 그리고 인권과 주권이라는 이름으로 다가온다. 자율과 자유, 인권과 주권은 본래 귀하고 존중해야할 가치들이다. 그러나 그것이 변질될 때 문제가 된다. 하나님과 예수님, 그리고 다른 사람과 사회에 대한 고려 없이, 단지 '내 맘대로!'를 외친다면 큰 문제가 된다. 육체와 마음이 원하는 욕망을 자유와 인권이라는 이름으로 정당화할 때, 그것은 가장 강력한 유혹으로 작용하기도 한다.

분명한 것은 세상은 육신의 정욕과 안목의 정욕과 이생의 자랑거리들을 최고 가치로 삼고, 그것을 추구하며 살아간다는 사실이다. 그들은 거리낌 없이 육체의 일을 행하며, 육체와 마음이 원하는 대로 사는 것을 당연하게 여긴다. 나아가, 그렇게 사는 것이야말로 진정한 행복이요 인생의 즐거움이라고 말한다.

예수 그리스도를 따르는 우리도 때로는 이러한 유혹 앞에서 방심할 수 있다. 세상과 달라야 한다는 사실을 잊거나, 세상의 방식과 비슷하게 살고 싶다는 마음이 생길 때가 있다. 하나님의 진리를 충분히 알지 못하면, 세상의 가치가 진리처럼 느껴지고 현혹되기도 한다.

그렇기에 우리는 삶의 자리마다 세상과 구별된 모습을 지키려는 성찰이 필요하다. 먹고 마시고 일하며 살아가는 매일의 자리에서, 세상의 가치가 아닌 하나님의 가치를 좇는 삶을 선택할 때, 우리의 삶은 자연스럽게 빛을 발한다. 그 빛은 주변 사람들에게 하나님을 떠올리게 하고, 영광을 돌리게 한다.

> 이같이 너희 빛이 사람 앞에 비치게 하여 그들로 너희 착한 행실을 보고 하늘에 계신 너희 아버지께 영광을 돌리게 하라(마 5:16).

5.
세상의 것이 아닌 여호와를 기뻐하라

에베소서 4:17~20

즐길 거리가 많은 세상, 그 유혹 속에서

세상에는 즐길 거리가 참 많다. 물론 과거에도 사람들은 즐거움을 찾기 위해 애썼다. 성경을 보면 악기를 개발한 사람이 등장한다.

> 그의 아우의 이름은 유발이니 그는 수금과 통소를 잡는 모든 자의 조상이 되었으며(창 4:21).

음악이 주는 흥겨움, 기쁨, 그리고 우리의 감정을 어루만져 주는 위로와 감동이 있기 때문에 사람들은 음악의 즐거움에 빠진다. 음악은 세상이 멸망할 때까지 계속될 것이다.

또 노아 홍수 후, 노아가 포도주를 만들어 마시고 취하여 벌거벗은 채 잠든 사건 이후로 온갖 종류의 술들이 만들어졌다. 술이 주는 일시적인 위로와 기쁨과 즐거움이 있다. 술취함이 초래하는 폐단이 많음에도 불구하고 술은 여전히 사람들이 찾는 것이고, '적당히만 마시면'이라는 말로 스스로 위로하면서 계속해서 찾고 있다.

'안목의 정욕'이라고 말할 수 있는 보는 즐거움은 어떤가? 그림과 영화를 비롯해, 세상 구석구석을 여행하면서 온갖 아름다운 풍경을 보는 즐거움도 크다. 하지만 봐서는 안 될 것을 습관적으로 본다거나 몰래, 그것도 상습적으로 훔쳐보거나 엿보는 것은 큰 죄가 된다. 오늘날 '스토킹 처벌법'에 해당하는 범죄행위들이다.

먹는 즐거움도 끊을 수 없는 중독성이 있다. 보리밥이라도 배불리 먹었으면 한이 없겠다던 사람이, 이제는 쌀밥과 산해진미를 먹고도 맛이 없다고 불평하는 것이 인간이다. 세상은 끊임없이 맛있는 것을 개발하고 만들어낸다. 배를 불리기 위한 음식에서부터 커피 한 잔 마시는 기호식품에 이르기까지, 먹고 마시는 온갖 것들이 먹는 즐거움을 위해

좀 더 맛있게 만들어지고 있다.

사람이 즐기는 것 중에서 머리로 즐기는 것들도 있다. 생각하고 추리하며 답을 찾아가는 즐거움, 책을 읽거나 게임을 하면서 얻는 즐거움, 그리고 다양한 정신적·지적 활동에서 오는 즐거움 등, 머리를 즐겁게 하는 것들도 많다.

몸으로 즐기는 것도 매우 많다. 하늘이나 육지나 물에서 하는 스포츠는 물론이고, 룰을 정해서 치고박고 싸우는 격투기에 이르기까지, 그리고 걷고 뛰고 달리고 산을 오르면서 즐기는 것들도 정말 많은 사람들이 찾는 즐거움이다. 몸을 써서 기쁨과 즐거움을 누리는 것 중에는 성적 쾌락도 있고, 아무것도 하지 않는 편안함, 안락함도 있다.

그렇다면 기독교인은 어떻게 살아야 하는가? 세상을 살면서 모든 즐거움을 단절하고 무미건조하게 살아야 기독교인다운 삶인가? 아니다. 하나님의 형상으로 지음을 받았고 육체와 이성을 가지고 있는 인간은 하나님께서 천지 만물을 만드시고 '보시기에 좋았더라' 하신 것처럼 보고 먹고 마시고 체험하면서 즐기는 것이 정상이다.

그러면 무엇이 문제인가? 그것은 도를 넘는 것이다. 즐기는 것에 지나치게 집착하거나 몰빵하는 것, 세상의 즐거움에서 절제도 자제도 할 수 없는 것, 중독되는 것, 이것이 문제이다. 우리를 창조하신 하나님을 잊어버리고 세상 즐거움에 취해 산다거나, 우리의 구원자 되신 예수님을 망각하고 세상 즐거움에 취해 사는 것이 문제이다. 이 세상에서 하나님의 뜻과 하나님께서 주신 사명을 저버리면서 세상 즐거움에 집착하며 사는 것이 문제이다. 다시 말하면 하나님도, 하나님의 말씀도, 예수님도, 성령도 무시하고 '방탕하게 사는 것', 죄를 짓는 것이 문제이다.

"술 취하지 말라. 이는 방탕한 것이 성령으로 충만하라"는 말씀처럼, 성령으로 충만해야 할 그리스도인이 술로 충만한 생활을 하는 것, 육신의 정욕과 안목의 정욕과 이 세상의 자랑거리로 충만하기를 바라고 브레이크 없이 고속 질주하듯 살아가는 삶이 문제다.

흔들리는 그리스도인과 무력한 교회

세상은 끊임없이 즐길 거리를 개발한다. 이유는 돈과 관련 있기 때문이다. 즐길 거리가 있는 곳에 사람들이 몰리고, 사람들이 몰리면 돈이 따라온다. '즐기는 것은 곧 돈이다'라는 말이 어색하지 않을 정도로, 세상 대부분의 즐거움은 돈과 깊이 연결되어 있다. 그리고 수많은 사람들이 기꺼이 돈을 지불하면서 즐거움을 느끼려고 한다.

이런 현상이 매일 일어나는 세상 속에 그리스도인이 살고 있다. 그리스도인은 자기 나름의 삶의 기준을 가지고 있다. 삶의 목표도, 사는 방식도, 우선순위도 하나님의 말씀에 입각해서 세워진다. 그래서 하나님을 영화롭게 하는 생활을 소망하고, 예수님의 말씀처럼 날마다 자기 십자가를 지고 예수님을 따라가려고 한다.

문제는 무엇인가? 이런 그리스도인의 생활, 흔히 경건한 생활이라고 부르는 것이 현실과 너무 동떨어져 있다는 사실이다. 세상을 보면 사람답게 사는 것 같은데 반해, 경건한 생활은 마치 세상과 동떨어진 수도원 생활과 같다는 것이다. TV를 켜거나 고개를 조금 돌리면 온갖 즐길 거리가 가득한데, 그것들을 외면하며 사는 것이 경건한 삶처럼 여겨진다. 여기서 괴리감이 생기고 신앙생활이 비현실적으로 느껴지게 된다. 세상에 속하지는 않았지만, 세상에서 활동하고 생활하는 그리스도인은 세상의 유혹을 받지 않을 수 없다. 그리고 그런 유혹이 올 때마다 흔들리는 것이 그리스도인이다.

결국 어떤 신자는 적당한 선에서 타협한다. 혹은 주일에는 교회에서 경건한 신자의 생활을 하지만, 주중에는 세상 사람들과 어울리면서 세상의 삶을 사는 이중적인 생활을 한다. 아니면 세상과 동떨어진 상태에서 하나님과 예수님만 바라보고 경건하게(?) 산다. 세상과 타협하며 사는 세상적인 신앙생활도 문제지만, 세상으로부터 고립된 나 홀로, 혹은 고독한 경건주의도 문제다. 진정한 경건은 세상 속에서, 하나님과 예수님처럼 구별된 삶을 사는 것이다.

안타까운 것은 오늘날 교회는 이렇게 흔들리는 신자들을 강하게 붙잡아주지 못하고 있다는 점이다. 신자들을 진리로 인도하고, 복음에 합당한 삶으로 이끌어주지 못하고 있다.

교회가 세상에 대항할 힘이 없다는 것도 문제지만, 더 큰 문제는 교회가 오히려 세상을 흉내 내고 세상처럼 한다는 점이다. 세상이 추구하는 기쁨과 즐거움을 교회도 추구한다. 복음을 선포하고 진리를 외쳐야 할 강단에서, 오히려 웃음을 유도하기에 급급하다.

언제부턴가 '은혜'라는 말이 퇴색되었다. 하나님의 뜻과 진리를 알고 하나님의 말씀에 순종하는 생활을 하면 '은혜 받았다'고 말하던 은혜가, 이제는 설교 시간에 실컷 웃고 감동하고 스트레스를 풀기만 해도 '은혜받았다'고 말하는 시대가 된 것이다.

오늘날 사람들이 교회를 좋아하는 이유가 옛날과 다르다. 옛날에는 교회에서 진리를 배우고 하나님을 알 수 있었기 때문에 교회를 찾았다. 죄 사함과 구원을 얻기 위해 교회에 나갔고, 새 사람이 되기 위해, 옛 삶을 버리고 새 삶을 살기 위해 교회를 소중히 여겼다.

그런데 지금은 좋은 프로그램이 있고, 봉사하는 삶, 자신의 삶을 이기적이지 않고 이타적으로 만들어 줄 수 있는 프로그램들이 있어서 교회를 좋아한다. 자녀도 양질의 교육을 받을 수 있어서 보낸다.

교회도 사람들이 좋아할 만한 흥미 위주의 프로그램들을 많이 만든다. 사람들이 교회를 쉽게 드나들 수 있도록 문턱을 낮추기 위해서다. 믿지 않는 사람들에게 다가가기 위해서, 그들이 좋아할 만한 것들을 끌어들이고, 그에 맞춘 행사들을 기획한다.

하지만 조심해야 한다. 전도와 복음을 전한다는 미명 아래 진행되는 행사들이 우리도 모르는 사이에 세상 사람들이 하는 것을 따라 하는 것일 수 있기 때문이다. 우리와 세상을 구분 짓고 구별하는 것, 즉 삼위 하나님, 성경, 복음, 십자가와 부활, 종말과 심판, 오는 세상, 즉 장차 도래할 하나님의 나라(마 12:32; 히 2:5) 등을 상실할 수 있기 때문이다.

알고 행하라 : 구별된 사람을 위한 지침

우리는 세상 사람들이 좋아하고 즐거워하며 추구하는 것들의 위험성을 정확히 아는 것이 중요하다. 에베소서 4:17~20은 이 부분에 대해 분명하게 말씀한다.

> 이제부터 너희는 이방인이 그 마음의 허망한 것으로 행함 같이 행하지 말라. 그들의 총명이 어두워지고 그들 가운데 있는 무지함과 그들의 마음이 굳어짐으로 말미암아 하나님의 생명에서 떠나 있도다. 그들이 감각 없는 자가 되어 자신을 방탕에 방임하여 모든 더러운 것을 욕심으로 행하되 오직 너희는 그리스도를 그같이 배우지 아니하였느니라.

이 말씀은 다음 몇 가지 사실을 우리에게 교훈한다.

첫째, 이방인들, 즉 하나님을 경외하지 않는 사람들은 마음의 허망한 것을 따라 산다. 여기서 말하는 '허망한 것'은 삶의 목적이나 목표가 없는 것을 말한다. 즉, 맹목적인 것이다. 또는 '헛된 것, 열매 없는 것',[1] '무익한 대상과 거짓된 교훈'[2]을 가리켜 '허망한 것'이라고 말한다.

반면에 그리스도인은 분명한 목적과 목표를 가지고 사

는 사람들이다. 우리는 먹든지 마시든지 무엇을 하든지 다 하나님의 영광을 위해서 하고, 하나님의 나라와 의를 구하며 산다. 또 예수 그리스도를 더 많이 더 깊이 알며, 어떻게 하든지 예수 그리스도의 고난과 부활의 권능에 참여하고자 하는 뚜렷한 목표를 갖고 사는 사람들이다. 우리가 행하는 모든 것으로 예수 그리스도를 존귀하게 하고자 한다. 더 나아가 우리는 하나님의 말씀과 예수 그리스도의 가르침을 따라 우리가 사는 삶의 자리에서 공의와 정의를 실현하려는 사람들이다. 그러므로 맹목적이거나 허망한 마음으로 사는 것은 우리의 존재 목적과 정면으로 어긋나는 일이다.

둘째, 이방인들, 즉 하나님 없이 사는 사람들은 총명이 어두워지고 무지하다. '총명이 어두워졌다'는 표현은 어둠, 암흑 상태를 말한다. 무지는 아무것도 알지 못한 암흑 상태다.

여기서 말하는 '무지'는 세상 지식이 부족하다는 뜻이 아니라, 하나님을 아는 지식에 대한 무지요, 영적 진리에 대한 무지를 말한다. 세상에 속한 사람들은 하나님, 하나님의 생명, 그리고 진리에 대해 아무것도 알지 못한다. 하나님께서 말씀하신 인생의 이유와 목적에 대해서도 무지한 상태에 머물러 있다. 그래서 세상 사람들은 그들이 행하는 것이나 추구하는 것이 어떤 결과를 만들지 제대로 알지 못하고 분별하지도 못하면서 그런 생활을 하는 것이다.

그러나 그리스도인 된 우리는 그렇지 않다. 우리는 우리를 창조하신 하나님의 형상을 따라, 우리의 지식이 끊임없이 새롭게 된다. 그래서 '의와 진리와 거룩함'을 안다.

> 새 사람을 입었으니 이는 자기를 창조하신 이의 형상을 따라 지식에까지 새롭게 하심을 입은 자니라(골 3:10).

더구나 하나님께서는 우리에게 지혜와 계시의 영, 곧 성령을 주시고, 우리의 마음의 눈을 밝혀주셔서(엡 1:17~18), 하나님을 알게 하셨다. 하나님이 행하신 일들과 하실 일들, 그리고 진리가 무엇이고, 사람다운 참된 삶이 무엇인지를 알게 해 주셨다. 그러므로 우리는 분별력을 갖고 있다. 우리는 무지의 암흑천지에서 헤매는 사람들이 아니다. 우리는 생명과 진리의 빛을 비춤 받은 사람들이다. 따라서 분별력 없이 사는 것은 우리의 정체성과 맞지 않는다.

셋째, 이방인들, 즉 예수님을 믿지 않은 사람들은 마음이 굳어지고 하나님의 생명에서 떠나 있는 사람들이다.

> 그들의 마음이 굳어짐으로 말미암아 하나님의 생명에서 떠나 있도다(엡 4:18).

여기서 '마음이 굳어졌다'는 것은 마음이 완고한, 또는 양심이 마비되었거나 아무것도 느낄 수 없는 죽은 상태를 뜻한다. 이들은 하나님의 생명에서 떠나 있기 때문에 하나님의 뜻에 반응하지 못하고, 생명이 아닌 죽음을 생산하며 산다.

반대로, 믿음을 가진 우리는 하나님의 생명을 지니고 있다. 이 생명은 거룩함과 진실함으로 살아가게 하며, 하나님의 뜻에 민감하게 반응하며 살도록 이끈다. 따라서 마음이 굳어지는 것을 방치하기보다, 매일 성령의 인도하심에 주의를 기울이며 마음을 살피는 성찰이 필요하다.

넷째, 이방인들, 즉 세상 사람들은 모든 더러운 것을 욕심으로 행하는 사람들이다.

> 그들이 감각 없는 자가 되어 자신을 방탕에 방임하여 모든 더러운 것을 욕심으로 행하되

이들은 "감각이 없다". 옳고 그름, 선과 악, 의와 불의,

거룩과 부정함에 대한 감각이 무뎌져 있다. 그리고 그 무감각 속에서 자신을 방탕에 방임하며 산다. '방임'은 절제도, 자제도, 통제도 없는 상태이다. 이것이 그들의 현실이다. 그들은 자신들이 제대로 살고 있다고 말하지만, 실상은 방탕한 삶이다. 자신들이 자유롭게 산다고 말하지만, 실상은 방임이다.

그들이 깨끗한 것, 성결하고 거룩한 것, 좋은 것, 선한 것, 의로운 것, 영광스러운 것들을 욕심으로 행하면 얼마나 좋겠는가? 그러나 현실은 모든 더러운 것을 욕심으로 추구하며 산다.

문제는, 많은 사람들이 자신이 행하는 것이 잘못된 것인지조차 깨닫지 못한다는 데 있다. 그들은 하나님의 기준이 아닌, 자신의 기준으로 모든 것을 판단하고, 정당화하기 때문이다. 어쩌면 자신은 욕심으로 행하는 것이 아니라고 말할 수도 있다. 그러나 사람의 기준이 아닌, 하나님의 기준으로 바라보면, 육체와 마음이 원하는 대로 살아가는 삶은 결국 욕심에 이끌린 삶이다. 자신의 마음이 향하는 방향, 욕망이 이끄는 길을 따라 살아가는 것이다.

욕망의 바다는 끝이 없다. 끝이 없는 욕망의 바다에서 욕심에 이끌려 살아가는 것은 곧 표류하는 삶과 같다. 그렇게 살면 이 세상에서도 삶의 방향을 잃고, 결국에는 하나님의 영원한 심판 앞에 자신을 드러내게 될 것이다.

이 때문에 우리는 삶을 살면서 방향과 기준을 갖는 것이 중요하다. 마음의 허망함에 휘둘리고, 기준 없는 무분별한 삶 속에 자신을 맡기는 것은 점점 자신을 방탕에 맡기는 길이 될 수 있다. 특히 더러운 것에 끌려 욕심으로 살아가는 삶은, 점점 멀리 표류하게 한다.

그리스도인은 진리를 따라 사는 사람들이다. 우리는 예수 그리스도처럼 의와 진리와 거룩함으로 살아간다. 우리는 세상의 관습이 아니라 예수 그리스도의 발자취를 따라가는 사람들이다. 우리는 세상 유행을 따라 살지 않고, 하나님의 말씀과 예수 그리스도의 가르침을 따라 사는 사람이다.

우리 속에는 진리가 있고, 성령이 역사하며, 하나님의 생명이 살아 움직인다. 그래서 세상이 즐거워하는 것들을 좇는 대신, 우리는 하나님 안에서 참된 기쁨을 발견하고, 예수 그리스도를 기뻐하며 살아간다.

이러한 성찰 속에서 우리는 자신이 어디로 향하고 있는지, 어떤 가치를 좇아 살아가고 있는지 스스로를 살펴볼 수 있다.

여호와를 기뻐하라 : 참된 기쁨의 원천

하박국 선지자가 수금에 맞춰 노래하면서 이렇게 고백했다.

> 비록 무화과나무가 무성하지 못하며 포도나무에 열매가 없으며 감람나무에 소출이 없으며 밭에 먹을 것이 없으며 우리에 양이 없으며 외양간에 소가 없을지라도 나는 여호와로 말미암아 즐거워하며 나의 구원의 하나님으로 말미암아 기뻐하리로다. 주 여호와는 나의 힘이시라. 나의 발을 사슴과 같게 하사 나를 나의 높은 곳으로 다니게 하시리로다(합 3:17~19).

하박국 선지자의 고백은 무엇을 소유해서 기쁘다고 말하지 않는다. 무화과 열매가 무성하거나 포도나무의 열매가 무성해서 기뻐하는 것이 아니다. 소와 양이 많아서, 많은 재물을 가져서 즐거워하는 것이 아니다. 그는 '여호와로 말미암아 즐거워하며 나의 구원의 하나님으로 말미암아 기뻐하리로다'라고 말한다.

우리는 얼마나 소유에 집착하는가? 넓은 집이나 많은 재산이 있어야 자신의 가치와 위상이 높아진다고 생각한다. 멋진 자동차를 타고 돈 자랑을 해야 행복하다고 생각한다. 반대로 가진 것이 없으면 불행하다고 여긴다. 그러나 하박국 선지자는 소유물 때문이 아니라 여호와 하나님 때문에 기뻐하고 즐거워한다.

시인도 마찬가지다. 그는 기쁨에 겨워 "너희 의인들아, 여호와를 기뻐하며 즐거워할지어다. 마음이 정직한 너희들아, 다 즐거이 외칠지어다"(시 32:11) 하고 외친다.

우리의 기쁨은 세상에 있는 것이 아니다. 육신의 정욕과 안목의 정욕과 이생의 자랑거리가 아니다. 우리의 기쁨은 여호와 우리 하나님이시다(신 27:7).

> 오히려 너희가 그리스도의 고난에 참여하는 것으로 즐거워하라. 이는 그의 영광을 나타내실 때에 너희로 즐거워하고 기뻐하게 하려 함이라(벧전 4:13).

우리에게는 장차 누릴 영광이 있다. 현재의 고난과 비교도 할 수 없는 영광이다. 그리고 우리는 날마다 여호와 앞에서 살고 있다. 그러니 기뻐하고 즐거워할 것이다.

6.
예수의 정신으로 무장하고 따르라

마가복음 10:50-51

　마가복음 10장 전체 내용을 보면, 예수님과 바리새인들, 예수님과 제자들 사이에 팽팽한 긴장감이 흐른다. 그 이유는 그들이 생각하고 주장하는 것과 예수님이 말씀하시고 가르치는 것이 서로 다르기 때문이다.

　마가는 마가복음 10장에서, 예수님을 믿고 따르는 자들이 경계해야 할 것과 추구해야 할 것을 명확히 제시한다. 다시 말해, 당시 사람들의 세계관, 인생관, 가치관, 그리고 사람과 물질을 보는 관점 등 모두 예수님과 달랐다. 그래서 예수님은 사람들이 일반적으로 생각하는 것들을 바로잡아 주면서, 제자들에게 예수님의 정신으로 무장하고 예수님을 따를 것을 요구하셨다.

　그렇다면 사람들과 제자들이 일반적으로 가지고 있었던

세계관, 인생관, 가치관, 물질관은 무엇이었을까? 그리고 예수님을 따르는 우리가 추구해야 할 정신은 무엇일까?

사람은 '그 무엇'이 아니라 '사람'이다

먼저 사람에 대한 관점이다. 어느 날, 부모들은 예수님께서 자기 자식을 만져주시기를 바라고 어린아이들을 데려왔다. 그러나 제자들은 그들을 꾸짖었다. 이에 예수님은 "그렇게 하지 말라"고 하시며, 어린아이를 안고 안수하시고 축복해 주셨다(막 10:13~16).

제자들이 그들을 꾸짖는 데는 어린아이에 대한 왜곡된 가치관이 깔려 있다. 예수님의 말씀처럼 어린아이는 '작은 자들'이다(마 18:6). 그들은 강하지 않고 약하며, 자립하지 못하고, 온갖 약점을 지닌 존재들이다. 정상적이고 건강한 사람의 기준에서 벗어나 있다. 더구나 어린아이는 사회적으로 존경받을 만한 대상이 아니다.

이들은 비생산적이고 미숙하며 돌봄이 필요한 존재들이다. 다시 말해, 강하거나 똑똑하거나 부유한 것과는 거리가 멀다. 세상의 가치 기준으로 보면, 유익보다는 손실이, 이익보다는 비용이 더 많이 드는 존재들이다. 어린아이는 인구 수를 셀 때조차 포함되지 않았다. 있으나 없는 존재, 아니 오히려 존재함으로 인해 더 많은 신경을 써야 하는 부담스러운 대상으로 여겨졌다. 그래서 어린아이를 '사람'으로 보기보다, 가치가 없는 '그 무엇'으로 보았다.

예수님 시대에도 그랬지만, 지금 우리가 사는 세상도 크게 다르지 않다. 세상은 사람을 진정한 인격체로 보기보다, 이익과 손실의 관점에서 판단하려는 경향이 있다.

직설적으로 표현하자면, 사람을 '돈'으로 본다. '이 사람이 돈이 많은가? 이 사람이 내게 돈을 벌 수 있게 해주는가? 이 사람이 오면 내 수입이나 지위가 올라갈 수 있는가? 이 사람은 금전적으로 얼마의 가치가 있는가?' 이런 기준으로 사람을 평가한다.

또는 사람을 자기 유익의 관점에서만 판단한다. 자신의 위상을 높여줄 수 있는 사람인지, 함께 있으면 자신의 명예나 사회적 지위가 높아지는지를 기준 삼는다. 이처럼 사람을 '사람'으로 보지 않고, 다른 어떤 수단이나 조건, 또는 목적을 위한 매개체로 여긴다.

그래서 세상은 어린아이와 같은 존재들, 조금 더 확대하면 나이 들어 늙은 사람, 신체적 장애가 있는 사람, 병든 사람, 가난한 사람, 배우지 못한 사람, 심지어 죄를 지은 사람

등은 멀리한다. 아니, 자기 삶의 울타리 안에 받아들이는 것조차 거부한다. 이는 마치 제자들이 어린아이를 예수님에게로 데려오는 것을 꾸짖던 모습과 같다.

세상은 사람을 '가치'로 판단했지만, 예수님은 사람을 '존재 그 자체'로 바라보셨다. 누구든지 예수님에게로 오는 것을 막지 않으셨고, 제자들이 거부했던 어린아이조차 품에 안으시고 안수하며 축복해 주셨다.

예수님은 제자들의 왜곡된 관점과 가치관을 바로잡으시며, 하나님의 나라가 이런 사람의 것이라고 말씀하셨다. 그리고 이어서 하나님의 나라에 들어가려면 어린아이처럼 그것을 받아들이는 자라야 한다고 말씀하셨다.

예수님은 사람을 '자신과 같은 존재'로 보셨다. 남녀노소 빈부귀천을 가리지 않고 모두 용납하고 사랑하셨다. 어리다고 무시하지 않았고, 늙었다고 박대하지 않았다. 병들었다고, 냄새난다고 멀리하지 않았다. 오히려 그들의 아픈 몸을 만져주시고 병을 고쳐주셨다. 무식하다고 가난하다고 차별하지 않았다. 오히려 불쌍히 여기고 사랑하셨다. 그들에게 먹을 것과 입을 것을 주시면서 고달픈 삶을 위로해 주셨다.

예수님은 의인들하고만 어울리시지 않았다. 죄인이라고

정죄하거나 자신의 생활 범주 밖으로 밀어내지 않았다. 오히려 죄인을 위해 이 세상에 오셨고 죄인을 용납하고 그들의 죄를 용서해 주셨다. 큰 사랑으로 죄인을 사랑해 주셨다. 예수님은 그들과 함께 먹고 마시면서 '죄인의 친구'(마 11:19; 눅 7:34)라는 비난도 상관하지 않고 죄인의 친구로 생활하셨다. 마침내 죄인을 위해 자기 목숨을 내어주셨다.

예수님은 사람을 외모로 판단하지 않으셨다. 예수님은 사람을 사람 그 자체로 보고 대하셨다. 반면에 세상의 정신은 사람을 자꾸만 '그 무엇'으로 전락시킨다. 돈, 지위, 유익이라는 기준으로 사람을 평가하고 소비하려 한다.

그러나 예수님은 사람을 사람으로 보셨다. 남녀노소 빈부귀천을 떠나 사람을 사람으로 보셨다. 인종과 민족과 피부색을 떠나 하나님의 형상을 지닌 귀한 존재로 보셨다. 사람을 사람으로 보는 것, 이것이 바로 예수님의 정신이다.

재물은 축적하는 것이 아니라 나누는 것이다

마가복음 10:17~31 말씀은 한 젊은 부자가 예수님을 찾아와 "내가 무엇을 해야 영생을 얻을 수 있습니까?"라고 묻는 장면이 나온다. 이 내용은 영생, 재물, 나눔, 예수님을 따름, 하나님의 나라 등 여러 핵심 주제를 담고 있다.

예수님은 "재물이 있는 자는 하나님의 나라에 들어가기가 심히 어렵다"(막 10:23)라고 말씀하셨다. 이 말씀은 재물이 하나님 나라에 들어가는 결정적인 열쇠가 아니라, 오히려 걸림돌이 될 수 있다는 뜻이다. 즉, 하나님 나라에 들어가고 싶어도 재물 때문에 그 문을 통과하지 못할 수도 있다는 말씀이다.

우리가 사는 세상을 보라. 세상 사람들이 가장 원하고 추구하는 것이 무엇인가? 그것은 바로 돈이다. 재물이다. 부자가 되는 것이다.

사람들은 이것을 위해 새벽같이 일어나서 밤 늦게까지 일한다. 돈을 벌 수 있다면 체면이나 양심도, 그 일이 의로운지 불의한지, 선한지 악한지 따지지 않는다. 심지어 자신의 신앙까지도 뒷전이 된다. 다른 것은 다 포기할 수 있어도 절대로 포기하지 않는 것이 돈이고 재물이다. 돈은 모든 것의 기준이며, 목표가 되어버렸다.

예수님을 찾아온 그 부자도 영생을 얻고 싶어 했다. 예수님은 "네게 있는 것을 다 팔아 가난한 사람들에게 주라. 그리하면 하늘에서 보화가 네게 있으리라. 그리고 와서 나를 따르라"(막 10:21)고 영생 얻는 방법을 알려주셨다. 하지만 그 사람은 슬픈 기색을 띠고 근심하며 갔다. 이유는 단 하나, 재물이 많았기 때문이다(막 10:22).

이 사람이 예수님의 말씀대로 했는지 안 했는지 성경에는 기록이 없다. 그러나 이어지는 마가복음 10:23~31 말씀의 흐름을 보면, 그는 예수님의 말씀을 따르지 않았을 가능성이 높다.

예수님의 가르침과 하나님의 말씀은 재물에 대해 다음과 같이 말한다. 재물은 '쌓기 위해 있는 것'이 아니라 '나누기 위해 있는 것'이라고 가르친다. 재물은 자신만을 위하는 것이 아니라, 가난한 사람과 '더불어 살아가기 위한 수단'이라는 것이다.

사람이 이 땅에 사는 동안에는 가난한 사람, 아픈 사람, 아무리 노력해도 경제적으로 빈곤한 사람들이 항상 있기 마련이다. 그들은 능력이 부족해서 가난할 수도 있고, 일하고 싶어도 일자리가 없어서 끼니 걱정을 할 수도 있다. 또한 사회적으로 큰 문제가 있어서, 예를 들면, 전염병이나 지진, 한파나 가뭄, 기근, 전쟁과 같은 사회적 재난으로 하루하루를 힘겹게 살아갈 수도 있다.

재물은 이런 사람들을 위해 사용하라고 하나님이 주신

선물이다. 재물은 자기 자신만을 위해 쓰라고 주신 것이 아니다. 다른 사람의 삶을 돕고, 나눔을 실천하고, 영혼을 살리기 위한 선물이다. 그러나 누가복음 12장에 나오는 한 부자는 '자기 영혼을 위해 재물을 쌓았다.'

> 영혼아, 여러 해 쓸 물건을 많이 쌓아 두었으니 평안히 쉬고 먹고 마시고 즐거워하자(눅 12:19).

예수님은 이 부자를 가리켜 '어리석은 부자'라고 하셨다. 다음과 같은 이유 때문이다.

첫째, 생명은 재물에 있는 것이 아니라 하나님 손에 있다는 것을 알지 못하기 때문이다. 오늘 밤에 죽을 수도 있는데, 마치 재물이 많이 있으면 천년만년 살 것처럼 착각하고 있다. 둘째, 재물은 하나님의 선물인데, 마치 자신이 만들고 이룬 결과처럼 자랑하기 때문이다. 셋째, 하나님께서 재물을 많이 주시는 목적은 '나누기 위해서'인데 그는 자기만을 위해 소비하려 하기 때문이다. 하나님을 대신해 사회적 약자를 돌보고 책임지는 것인데, 이 부자는 자기가 편안히 쉬고 먹고 마시고 즐기자고 하고 있다. 그래서 어리석다는 것이다. 넷째, 이 부자는 재물은 많이 가진 사람이다. 그런데 결정적으로 하나님을 가지지 못했다. 재물에는 부자인데, 하나님에 대해서는 가난했다. 그래서 무엇이 중요한지, 무엇이 가치 있는지를 모르기 때문에 어리석다.

예수님은 마가복음 10:21에서 "재물을 팔아 가난한 자들에게 나눠주면 하늘에서 보화를 얻게 된다"고 말씀하셨다. 땅의 재물보다 더 가치 있고 중요한 것은 하늘의 보화이다. 이 하늘의 보화는 땅에서 재물을 모아서 자기만 편안하게 살면 얻는 것이 아니다. 오히려 재물을 팔고 나눠서, 가난한 사람들을 돌볼 때 얻는 보화이다.

세상의 정신은 '더 많은 재물을 모으자!'이다. 그러나 예수님의 정신은 '재물을 모으되, 그것을 팔아서 나누자!'이다. 가난한 자와 사회적 약자들에게 나눠서 함께 살아가는 것, 이것이 바로 예수님의 정신이다.

눈에 보이는 것보다 보이지 않는 것이 중요하다

다시 젊은 부자 이야기로 돌아가자. 그는 예수님으로부터 영생 얻는 방법을 들었지만, 결국 슬픈 얼굴로 근심하며 돌아갔다. 이유는 재물을 포기할 수 없었기 때문이다. 그는 자기 재물을 팔아 가난한 자들에게 나누지 못했다.

그리고 예수님을 따라나서지도 못했다. 그는 자신의 재물을 포기하는 대신에 영생을 포기했다. 그는 가난한 자 대신에 재물을 선택했다. 예수님을 따르는 대신에 재물을 따르고 평소 자기 삶을 따랐다. 그는 하나님 나라를 눈앞에 두고서도 그것을 외면하고 재물을 선택한 사람이다.

세상에 속한 사람들은 보이지 않는 것보다 보이는 것을 더 중요하게 여긴다. 내일보다 오늘을, 앞으로 얻을 것보다 지금 손에 쥔 것에 더 집착한다. 마가복음 10장에 등장하는 이 부자처럼 말이다.

그에게 재물은 자기 눈에 보이는 것이요 손으로 만질 수 있는 것이다. 또 직접 사용할 수 있는 수단이며, 재물이 주는 힘과 능력을 일상에서 체감하고 있다.

그러나 영생은 보이지 않는다. 하나님의 나라는 손으로 만질 수도 없고, 하늘의 보화도 육안으로 확인되지 않는다. 재물은 지금 당장이라도 자신이 원하는 것을 충족시켜주지만, 영생은 죽은 이후의 미래적인 일이다.

하나님의 나라는 재물처럼 즉각적으로 경험하는 방식이 아니라, 다른 방식으로 체험하는 세계이다. 영생을 간절히 원하지만 재물처럼 자신이 원하는 것을 '즉시' 충족시켜 주지 않는다.

그래서 수많은 사람들이 보이지 않는 영원한 것보다, 눈에 보이는 현실적인 것을 더 선호한다. 지금 만질 수 있고, 당장 경험하고 누릴 수 있는 것을 따라간다. 그 결과, 예수님을 따르기보다 세상을 따라가는 길을 택하게 된다.

하지만 예수님의 정신은 세상의 정신과 전혀 다른 방향을 가리킨다. 예수님은 이렇게 말씀하셨다.

> 먼저 된 자로서 나중 되고, 나중 된 자로서 먼저 될 자가 많으니라(막 10:31).

이 말씀은 세상적 기준을 뒤집는 역설의 논리이다. 지금이 아닌 미래가 중요하고, 눈으로 보이는 것이 아닌 보이지 않는 것이 더 가치가 있다. 지금 내가 원하는 것을 충족시켜 주는 것이 아니라 하나님이 원하시는 것을 누리고 경험하는 삶이다.

세상에 속한 사람들은 현세의 삶에 집중하지만, 예수님은 내세를 바라보라고 말씀하신다. 땅의 보화가 아니라 하늘의 보화를 바라보며 살라고 말씀하신다. 왜냐하면, 영생과 하나님 나라의 삶은 그 보이지 않는 보화에 달려 있기 때문이다.

권력과 권세는 군림이 아니라 섬김이다

예수님께서 예루살렘으로 올라가셨다. 고난당하고 죽기 위해서였다. 예수님은 자신의 운명, 자기 사명의 길을 걷고 계셨다. 그 길은 대제사장과 서기관들에게 넘겨지고, 능욕과 침 뱉음과 채찍질을 당하며, 십자가에 못 박혀 죽는 길이었다. 바로 자기 목숨을 많은 사람의 대속물로 주는 길이었다(막 10:45). 이때 세베대의 아들 야고보와 요한이 예수님 앞으로 나아왔다. 그리고 이렇게 요청한다.

> 주의 영광 중에서 우리를 하나는 주의 우편에, 하나는 주의 좌편에 앉게 하여 주옵소서(막 10:37).

이 말을 함께 들은 다른 제자들이 야고보와 요한에게 화를 냈다. 이유는 예수님이 가시는 길을 이해하지 못해서가 아니라, 그 자리는 자신들도 원했던 자리였기 때문이다.

그래서 예수님은 제자들에게 중요한 가르침을 주셨다. 예수를 믿고 따르는 자들의 삶의 방식은 세상 사람들의 방식과 다르다는 것이다.

세상에 속한 사람들은 권력과 권세를 가지려 한다. 그

이유는 권력과 권세를 가지면 자기 마음대로 할 수 있기 때문이다. 고관들에게 권세를 부리며 명령하고, 주도권을 가질 수 있다(막 10:42).

세상은 '집권자'가 되기를 원한다. 용의 머리가 되면 최고의 자리에 오른 것이고, 머리가 아니면 의미가 없다고 여긴다. 다시 말해, 용의 꼬리가 되느니 차라리 뱀의 머리가 되겠다는 것이다. 이유는 머리는 곧 집권자의 위치이기 때문이다. 비록 작고 하찮은 권력이더라도, 그것으로 누군가를 다스리고 통제할 수 있다면 그것이 가치 있다고 여긴다. 이것이 세상이다.

그러나 예수님은 다르게 말씀하신다.

> 너희 중에는 그렇지 않을지니 너희 중에 누구든지 크고자 하는 자는 너희를 섬기는 자가 되고 너희 중에 누구든지 으뜸이 되고자 하는 자는 모든 사람의 종이 되어야 하리라(막 10:43~44).

예수님의 말씀은 사람들 위에 군림하는 것이 아니라, 낮아져서 무릎 꿇고 섬기라는 의미이다. 권력과 권세를 가지고 자기를 높이는 것이 아니라 다른 사람을 섬기는 수단이 되어야 한다. 낮아짐과 섬김, 이것이 예수님의 정신이다. 크고자 하는 것, 으뜸이 되고자 하는 것, 집권자가 되는 목적은 마음대로 주관하는 것이 아니라 섬기기 위해서다.

하나님과 예수님의 관점에서, 집권자의 위치는 자기 마음대로 통치하는 위치가 아니라 모든 사람을 섬기고 책임지는 자리이다. 모든 사람이 집권자를 섬기는 것이 아니라 집권자가 모든 사람의 종이 되어 섬기는 것이다. 이것이 예수님의 정신이다.

우리에게 집권자가 될 수 있는 기회가 주어진다면 활용하는 것도 나쁘지 않다. 모든 사람을 섬기기 위해서, 우리 자신이 종이 되기 위해서 말이다.

우리는 사회적 지위가 무엇이든 상관없이 모든 사람을 섬기는 종이 되는 데 집중하고 그런 삶을 살아야 한다. 이것이 예수님의 정신으로 살아가는 삶이다.

대신 고난받고 죽는 십자가의 정신으로 무장하라

마가복음 10:32~34 말씀을 보면, 예수님께서 예루살렘으로 올라가시며 자신이 당할 일을 제자들에게 말씀하신다.

> 보라. 우리가 예루살렘에 올라가노니 인자가 대제사장들과 서기관들에게 넘겨지매 그들이 죽이기로 결의하고 이방인들에게 넘겨 주겠고 그들은 능욕하며 침 뱉으며 채찍질하고 죽일 것이나 그는 삼 일 만에 살아나리라 하시니라.

한 마디로 예수님은 고난받고 십자가에 못 박혀 죽으시기 위해 예루살렘으로 올라가신다는 뜻이다.

우리도 그렇지만 세상 사람도 원하지 않고 싫어하는 것이 있다. 그것은 바로 고난받는 것이요, 능욕당하고 모욕당하는 것이며, 매 맞고 죽임을 당하는 것이다. 간혹 선한 사람이나 의인을 위해 자원하는 사람이 있을지 모르지만, 죄인을 위해 대신 고난받고 죽으려는 사람은 아무도 없다.

세상에 속한 사람들이 원하는 것은 지금 예수님이 말씀하신 것과 정반대다. 능욕과 모욕받는 삶이 아닌 대접받는 삶, 인정받는 삶이다. 고난이 아니라 평안한 삶, 이 사람 저 사람에게 물건처럼 넘겨지는 삶이 아니라 명령하고 권세를 행사하는 삶이다. 그리고 죽는 것이 아니라 오래오래 행복하게 사는 것이다. 이것이 세상의 정신이다. 세상에 속한 사람들은 이러한 세상의 가치관으로 무장하고, 자신이 원하는 인생을 향해 돌진한다.

그러나 예수님은 상품처럼 이 사람 저 사람 손에 팔리고 넘겨지기 위해, 능욕과 모욕을 당하기 위해, 매와 채찍에 맞고 고난을 겪기 위해, 십자가에 죽기 위해 예루살렘으로 올라가신다. 이유는 죄인을 구원하시기 위함이며, 하나님의 영광을 위해서다.

우리가 따라야 할 예수님의 정신은 바로 '십자가의 정신'이다. 죄인을 위해 대신 죽으신 '대속의 정신'이다. 예수님은 마가복음 8:34~35에서도 명확하게 말씀하셨다.

> 무리와 제자들을 불러 이르시되 누구든지 나를 따라오려거든 자기를 부인하고 자기 십자가를 지고 나를 따를 것이니라. 누구든지 자기 목숨을 구원하고자 하면 잃을 것이요 누구든지 나와 복음을 위하여 자기 목숨을 잃으면 구원하리라.

예수님이 걸어가신 길은 십자가를 지는 길이며, 죄인을 섬기기 위해 대신 죽는 대속의 길이었다. 그리고 예수님의 제자된 우리에게 그 길을 따라오라고 하신다. 예수님의 정신으로 무장하고 예수님을 따라야, 우리도 그분의 사명에 동참할 수 있다.

예수님의 정신을 갖고 예수님을 따르라

마가복음 10:46~52 말씀은 소경 바디매오가 예수님에게 고침받고, 예수님을 따르는 내용이 기록되어 있는 말씀이다. 52절 말씀이다.

> 예수께서 이르시되 가라, 네 믿음이 너를 구원하였느니라 하시니 그가 곧 보게 되어 예수를 길에서 따르니라.

이 말씀을 읽을 때, 당신 눈에 가장 먼저 들어온 단어는 무엇인가? '가라'인가? '구원'인가? 아니면 '따른다'는 말인가? 마가복음을 기록한 마가는 소경 바디매오가 고침받고 또 구원받았다는 말도 하지만, 강조하고자 하는 말은 "그가 곧 보게 되어 예수를 길에서 따르니라"이다. 특히 '길에서 따르다'는 것을 강조하고 있다.

여기서 말하는 '길'은 분명 사람들이 걸어 다니는 물리적인 길이지만, 그것만을 의미하지 않는다. 지금 예수님께서 가고 계신 길은 고난받고 죽으시기 위해 예루살렘으로 올라가는 길이다. 따라서 예수님이 가시는 길은 죄인을 구원하기 위해 대신 죽으러 가는 죽음의 길이요, 사명의 길이다. 바디매오는 그 길에서 예수님을 따랐다. 예수님이 걸어가고 계신 그 운명의 길을 바디매오가 함께 걷기 시작한 것이다.

우리도 예수님을 따르는 사람들이다. 문제는 어떤 길을 걸으면서 예수님을 따르고 있느냐는 것이다. 어떤 사람은 세상 정신과 가치관을 품고 예수님을 따르려고 한다. 마가복음을 기록한 마가의 시각에서, 그것은 진정으로 예수님과 함께 걷는 길이 아니다. 마가가 말하고자 하는 길은 예수님의 정신을 갖고, 예수님의 운명과 사역에 동참하는 길을 걷는 자라야 진정한 예수님의 제자라고 한다. 예수님이 걸어가신 길은 고난과 십자가의 길이며, 죽음을 향한 자기부인의 길이었다. 우리 또한 그 길을 따라가며, 예수님과 함께 걸어야 할 것이다.

당신은 지금 어떤 길을 걷고 있는가? 세상의 정신으로 무장하고 세상의 길을 걷고 있는가? 아니면 세상 정신을 품고 예수님의 길을 걷고 있는가?

그러나 분명히 말하건대, 세상 정신을 갖고는 예수님이 걸어가신 그 길에서 예수님을 따라갈 수 없다. 예수님의 길을 예수님과 함께 걷기 위해서는 반드시 예수님의 정신으로 무장해야 한다. 그래야 우리도, 예수님이 걸어가신 십자가의 길을 걸을 수 있다. 예수님의 사명과 운명에 동참할 수 있다.

7.
세상을 본받지 말고 구별되게 살아라

로마서 12:1~2

숲을 들여다보면 그곳에 살고 있는 짐승과 식물, 그리고 눈에 잘 보이지 않는 곤충에 이르기까지 쉼 없이 긴장과 갈등, 그리고 싸움이 있다. 이 싸움은 살아남기 위한 치열한 생존 싸움이다.

생태계의 생존 방식은 다양하다. 허버트 스펜서(Herbert Spencer)는 『생물학 원론(Principle of Biology)』에서 환경에 잘 적응하는 생물만 살아남는 적자생존(Survival of the fitter)의 방식이 있다고 했다. 그런가 하면 약육강식(弱肉强食)의 방식도 있다. 도마뱀처럼 위기에 처하면 자기 꼬리를 내 주고 생존하는 단미구생(斷尾求生)의 방식도 있다. 또 묘서동면(猫鼠同眠), 즉 쥐와 고양이가 함께 자며 서로 공생(共生) 하는 방식을 택하기도 한다. 또는 힘이 세거나 빠르고 날렵하거나 혹은 덩치를 크게 해서 생존하는 방식도 있다. 1976년 리처드 도킨스는 『이기적 유전자(The Selfish Gene)』라는 책을 냈다.[1] 그는 이 책에서 인간을 포함한 모든 생물은 '유전자의 꼭두각시'이고 "인간은 이기적 유전자의 복제 욕구를 수행하는 생존 기계"이며, 자기의 유전자를 다음 세대에 남기려는 이기적인 행동을 수행하는 존재라고 주장했다.

여러 가지 생존 방식에서 가장 흔하고 일반적인 것이 두 가지다. 하나는 '튀면 죽는다. 그러니 튀지 말아야 한다'는 것이다. 눈에 띄지 않게 보호색으로 자신을 보호하고 위장하여 생존한다. 이 생존 방식의 대표적인 예가 바로 카멜레온이다.

또 다른 방식은 '튀어야 산다!'이다. 이 생존 방식은 끊임없이 광고하는 것이나 노이즈 마케팅처럼 차별화된 전략으로 통한다. 무당개구리(Bombina orientalis)는 배 쪽에 붉은색과 주황색, 그리고 몸 전체에 검정색 반점의 화려한 무늬를 갖고 있다. 등과 다리에는 둥글고 작은 돌기가 조밀하게 나 있다. 이렇게 튀는 색과 모양은 포식자에게 "내가 독이 있다"는 경고 메시지를 보내는 신호색(아포메티즘) 역할을 한다. 위협을 느끼면 배를 들어 올려 화려한 색채를 노출하며 방어 행동을 한다. 무당개구리는 독성 분비물도 가지고 있어 포식자가 쉽게 잡아먹지 못하게 한다.[2] 이는 '튀어야 산다'는 전략의 대표적 사례다.

한편, 꿩은 암컷과 수컷이 각기 다른 생존 전략을 가진다. 암컷인 까투리는 천적의 눈에 띄지 않기 위해 몸 색깔로 위장하며 알과 새끼를 보호하는 '숨는' 전략을 쓴다. 반면 수컷인 장끼는 화려한 깃털과 강한 울음소리로 암컷의 주목을 끌어 짝짓기에 성공하는 '튀는' 전략을 가진다. 이렇게 각자의 방식으로 생존과 번식을 이어간다.

그렇다면 사람은 어떨까? 사람도 마찬가지인 듯 보인다. 어떤 사람은 튀지 않고 있는 듯 없는 듯 묻혀 사는 사람이 있다. 회색 도시에 회색 인간으로 사는 것이다. 반대로 튀려고 애쓰는 사람이 있다. 남보다 앞서려 하고, 경쟁에서 이기려 하며, 반드시 승자가 되려는 사람들이다. 이 모든 행동은 결국 생존을 위한 것이다.

하나님의 명령과 요구 : 구별된 삶

하나님께서 그리스도인 된 우리에게 요구하는 생존 방식은 무엇일까? 로마서 12:2 말씀은 우리가 세상에서 어떤 삶의 방식을 취해야 하는지를 명확히 알려준다.

> 너희는 이 세대를 본받지 말고 오직 마음을 새롭게 함으로 변화를 받아 하나님의 선하시고 기뻐하시고 온전하신 뜻이 무엇인지 분별하도록 하라.

하나님은 우리가 세상에 묻히거나 세상에 혼합되어 살기를 원하시지 않는다. 하나님은 우리가 세상과 세상 사람들과 구별될 것을 원하신다. 즉, 튀어야 한다는 말씀이다. 예수님께서도 제자들에게 말씀하실 때 "너희는 세상의 소금이다"(마 5:13), "너희는 세상의 빛이라"(마 5:14)라고 말씀하시면서 "사람이 등불을 켜서 말 아래에 두지 아니하고 등경 위에 두나니 이러므로 집 안 모든 사람에게 비치느니라" (마 5:15)라고 덧붙였다. 이는 모든 사람이 알 수 있도록 드러나야 하고 두드러져야 한다는 말씀이다.

로마서 12:2 말씀은 두 가지를 명령한다. 하나는 이 세대를 본받지 말라는 명령이고, 또 다른 하나는 마음을 새롭게 함으로 변화되라는 명령이다. 이렇게 명령하는 이유는 하나님의 뜻이 무엇인지 분별하며 살기 위해서다. 하나님의 선하시고 기뻐하시고 온전하신 뜻대로 살기 위해서 분별력이 필요하고, 그 분별력은 이 세대를 본받지 않음과 마음을 새롭게 함으로 변화되는 데서 온다.

하나님은 우리가 세상 사람들과 구별되게 생활하라고 우리를 부르셨고 구원하셨으며 하나님의 백성으로 삼으셨다.

'이 세대를 본받지 말라'는 말씀은 세상에 속한 사람들이 사는 삶의 방식, 사고나 행동 방식, 세상 사람들이 다 그렇게 행하는 어떤 유행이나 패턴, 시대적 흐름을 따라가지 말라는 말씀이다. 만일 하나님을 믿는 우리가 세상 사람들의 삶의 방식을 따라 산다면 그들과 구별되고 다른 것이 없어진다.

'이 세대를 본받지 말라'는 말씀은 '세상과 같아지지 말고 다르게 살아라'는 말씀이며, '구별됨'은 단순히 분리됨뿐 아니라 '다름'을 의미한다. 우리는 세상에서 하나님의 것으로, 그리고 거룩한 하나님을 위해 살도록 구별되었다. 우리가 세상 풍조를 본받지 않아야 하는 이유는 세상에 속한 사람들과 '다른 사람들'이기 때문이다.[3]

따라서 우리는 세상 방식이 아닌 하나님의 방식으로 살아야 한다. 하나님의 방식으로 사는 것이 어떤 것인지 로마서 12:2에서 명확하게 말씀하신다. 그것은 "하나님의 선하시고 기뻐하시고 온전하신 뜻"을 따라 사는 삶의 방식이다. 그래서 매일 우리 몸을 하나님이 기뻐하시는 산 제물로 드리는 생활 방식이다.

하나님의 뜻대로 사는 삶의 세 가지 특징

하나님의 선하신 성품과 일치된 삶

가장 먼저는 하나님의 선하신 성품과 일치된 생활을 하는 것이다. 세상 사람들은 자신을 위해서 온갖 불의와 악을 행하고, 자신의 탐욕을 채우기 위해 악을 꾸미며 모략의 삶을 산다. 하지만 하나님의 백성 된 우리는 하나님의 선하심을 따라 선하게 생활한다.

선하게 살다 보면 때로는 이용당하고 손해 보며 뒤처질지라도, 하나님의 선하심을 따라 선하게 사는 것이 그리스도인의 삶의 방식이다. 세상 사람들이 악을 행하면서 자신의 야망을 이룰지라도 그런 방식을 따라 하지 않고 오히려 악을 선으로 바꾸며(창 50:20) 산다. 그리고 악을 악으로 갚지 않고 선으로 갚고, 항상 좋은 일을 하며 산다. 악은 어떤 모양이라도 버리고 범사에 좋은 것을 선택하며 사는 방식이다(살전 5:21~22). 세상 사람들의 삶의 방식과 다르게, 선하신 하나님의 성품과 일치되게 사는 것, 이것이 우리가 세상을 살아가는 삶의 방식이다.

하나님이 기뻐하시는 삶

다음으로는 하나님이 기뻐하시는 것을 따라 사는 것이다. 하나님께서 기뻐하시는 삶은 하나님의 뜻과 하나님의 말씀에 순종하는 삶이다. 자기 마음대로 살지 않고 하나님에게 맞추어 사는 삶이다. 하나님께서 기뻐하시는 것은 우리가 예수님의 마음을 품고 사는 삶의 방식이다.

하나님께서 기뻐하시는 것은 거짓말하고 남을 속이는 것이 아니라 정직하고 진실한 삶이다. 사람을 대할 때 불공평하게 대하는 것이 아니라 공평하게 대하는 것이며, 불의를 행하는 것이 아니라 공의와 정의를 행하는 것이다. 남을 미워하는 것이 아니라 사랑하는 것이다.

하나님께서 기뻐하시는 것은 교만하고 오만한 것이 아니라 겸손한 태도이다. 자기 마음대로 주도하는 것이 아니라 섬기는 자세이다. 하나님께서 기뻐하시는 것은 하나님의 말씀과 뜻에 순종하는 것이며, 재물이나 우상을 숭배하는 것이 아니라 하나님만 섬기며 경배하는 마음이다.

구약 성경을 읽으면 하나님께서 사람들 때문에 굉장히 힘들어하시는 모습들이 종종 나온다. 심지어 인간을 창조하신 것을 한탄하시고 슬퍼하시는 장면도 나온다.

무엇이 이토록 하나님을 마음 아프게 하고 후회하게 만

드는가? 그것은 다름 아닌 인간이 하나님을 버리고 자기 마음대로 살면서 죄를 지을 때이다. 노아 홍수도, 바벨탑 심판도, 소돔과 고모라 성의 심판도, 그리고 북 이스라엘과 남 유다 왕국이 멸망할 때까지 공통으로 등장하는 것은 하나님을 버리고 우상을 숭배하는 것과 하나님의 말씀이 아닌 자기 마음대로 생활했다는 점이다. 사람들은 하나님께 계속해서 죄를 지으며 하나님의 진노를 자극했다.

하나님께서 기뻐하시는 것은 하나님을 버리는 것이 아니라 하나님을 경외하며 하나님만 섬기는 삶이요, 하나님의 입에서 나온 말씀으로 사는 생활이다.

하나님은 당신의 백성이 세상과 구별되고 다르게 살도록 부르셨다. 하나님의 법과 규례를 따라 의와 공도를 행하며 살라고 부르셨다. 하나님의 통치에 순종하면서 복되게 살라고 부르셨다. 그래서 세상 사람들이 그런 하나님의 백성들의 삶을 보고 하나님 앞으로 나아와 구원을 받도록 계획을 세웠다.

그런데 하나님의 백성들이 세상 사람들과 구별됨이나 다름이 없고 똑같아졌으니 얼마나 슬프고 가슴 아팠겠는가?

지상의 모든 사람에게 사람이 사람답게 사는 것이 무엇

인지, 어떻게 사는 것이 참 행복에 이르는 삶인지, 사람이 살아야 할 이유와 목적에 합당하게 사는 것이 어떤 것인지를 모델처럼 보여줘야 했는데 그렇지 않았다. 삶의 모범을 보여주면서 "이렇게 사십시오." 혹은 "나를 본받으십시오. 그러면 됩니다" 하라고 하셨는데 도리어 세상 사람이 되어 버렸다.

하나님은 '세상화'되는 삶을 기뻐하지 않으신다. '세상화'는 하나님을 버리고 자기 마음대로 살면서 하나님이 지긋지긋하게 싫어하는 죄를 지으며 사는 것이다.

하나님께서 우리에게 요구하시는 것은 세상에 속한 사람과는 다른 삶이다. 바로 하나님을 경외하며 경배하는 삶이다. 정의를 행하며, 인자를 사랑하며, 겸손히 하나님과 함께 행하는 것이다(미 6:8; 마 23:23). 이것이 하나님께서 요구하시는 삶이다.

하나님의 온전하신 뜻을 따라 사는 삶

마지막으로 하나님의 온전하신 뜻을 따라 사는 생활이다. '온전하다'는 말은 흠이나 결점이나 모남, 또는 부족함이 없다는 의미이다. 잘못됨이나 그릇됨이 없다는 말이다.

하나님은 완전하시다. 하나님의 뜻도 온전하다. 어디 하나 결점이 있거나 부족하거나 잘못됨이 없다.

따라서 하나님의 온전하신 뜻이 무엇인지 분별하며 살라는 말씀은 온전하신 하나님을 반영하는 삶이 아닐까 싶다. 다시 말해, 우리의 삶은 하나님을 닮고, 하나님을 드러내는 모습이어야한다. 우리는 하나님처럼 완전하지 못하기 때문이다. 그래서 최선과 최대의 노력으로 온전하신 하나님을 드러내고 반영하는 생활을 하는 것이다. 그러면 그런 우리의 삶도 온전함에 가까워지기 때문이다.

이런 삶의 모습은 세상 사람들이 사는 방식과 완전히 다른 삶의 방식이다. 그리고 이렇게 살면 그리스도인 된 우리는 세상 사람들로부터 '너희는 왜 유별나게 사느냐'는 소리를 들을 것이다. 그들과 다르게 사는 것이 이상하게 보이거나, 불편함을 느껴질 수도 있다. 혹은 우리가 그들과 다르게 사는 데서 희망을 발견하고 하나님 앞으로 나아오는 사람들도 있을 것이다.

> 이같이 너희 빛이 사람 앞에 비치게 하여 그들로 너희 착한 행실을 보고 하늘에 계신 너희 아버지께 영광을 돌리게 하라(마 5:16).

이처럼 하나님께서 기대하시는 일이 현실에서 일어난다.

우리가 경계해야 하는 것은 세상을 본받는 것이다. 세상과 같아지는 것, 세상 사람들과 아무런 경계선도, 구분도, 구별도, 다름도 없이 사는 삶이다.

세상에서 드러나지 않는 그리스도인은 자신이 진정한 그리스도인인지 돌아봐야 할 것이다. 진실로 하나님과 예수님을 믿고, 하나님과 예수님의 뜻을 받들어 산다면, 구분되고 구별되며, 다르게 살 수밖에 없기 때문이다. 진정으로 회개하고 하나님과 예수님을 믿는다면, 세상에서 돋보일 수밖에 없다.

구별되지 않은 삶의 사례: 나실인 삼손과 왕을 요구한 이스라엘

구별이 안 되는 나실인 삼손

'사사기'를 생각하면 대표적인 사사 몇 사람이 떠오른다. 옷니엘, 기드온, 삼손 등이다. 그런데 삼손의 경우는 성경에 대한 조금의 지식만 있어도 아는 인물이다. 그 이유는 그가 힘이 세고, 들릴라와 얽힌 이야기가 많이 회자되기 때문이다. 톰 존스(Tom Jones)가 부른 「딜라일라(Delilah)」를 조영남 씨가 번안해서 불렀고, 삼손과 들릴라를 주제로 하는 연극이나 오페라,[4] 영화,[5] 그리고 그림[6]이나 소설도 많기 때문이다.

나실인의 삶은 일반인의 삶과는 완전히 다른 삶이다. 이것이 시사하는 바는 하나님의 백성의 삶은 다른 민족의 삶이나 세상 방식과 완전히 다르다는 것이다.

민수기 6:1~21에서 언급하는 나실인의 삶의 방식은 매우 특별하다. 나실인은 포도주나 독주를 멀리하고 포도즙은 물론이고 생포도나 건포도도 먹지 않는다. 심지어 포도나무의 씨나 껍질도 먹지 않는다. 그리고 머리에 삭도를 대지 않고 머리를 기른다. 또 시체를 가까이하지 않는다. 심지어 부모나 형제가 죽을 때에도 시체를 가까이해서 자기 몸을 더럽히면 안 된다. 만일 나실인이 자기 몸을 더럽히면 정결 의식을 행한 후 새로 나실인의 삶을 시작해야 한다.

삼손은 태어날 때부터 나실인이었다. 그것도 일정 기간만 나실인으로 사는 것이 아니라 평생을 나실인으로 살아야 했다. 그리고 그는 이스라엘을 구원하는 사사였다.

그렇지만 삼손의 삶은 나실인의 삶과는 너무나 멀었다. 이방인과 혼인하지 말라는 하나님의 언약을 무시하고 블레셋 여인을 향한 끊임없는 욕망을 드러냈다. 그리고 포도원에 들어가는 것은 물론이고, 술을 마시고 부정한 시체를 밥 먹듯이 가까이했다. 그는 자신이 부정하게 되었다는 것이나 정결 의식 같은 것에는 관심도 없었다. 그러다가 들릴라의 꾀임에 넘어가 머리카락까지 잘리게 되었다.

삼손은 나실인이었지만, 나실인의 삶을 살지 않았다. 다른 사람과 구별되게, 다르게 살아야 했는데도 다른 사람과 똑같은 삶을 살았다. 아니 달라지려고 하지 않고 오히려 같아지려고 했다. 특히 블레셋 사람들과 같아지려고 했다. 그래서 그들을 본받았고 블레셋 여인과 결혼했다.

삼손의 모습은 사사 시대 이스라엘 백성의 모습을 떠올리게 한다. 하나님의 백성으로서 구별되고 다르게 살아야 함에도 불구하고, 주변 민족과 비슷해지려 하고 세상의 기준에 맞추려는 이스라엘 백성의 모습을 그대로 보여준다.

그 결과 삼손은 두 눈이 뽑히고 블레셋의 노예가 되어, 맷돌을 갈며 다곤 신전에서 재주를 부리는 신세가 되었다. 삼손은 죽기 직전 다곤 신전을 무너뜨려 많은 블레셋 사람을 죽였지만, 평생 나실인이면서도 나실인답게 살지 못한 대표적인 인물이다.

삼손의 삶은 오늘을 사는 우리에게 다음과 같은 교훈을

준다. 우리는 어떤 기준과 가치로 살아가고 있는가. 세상과 같아지려는 마음은 우리를 점점 멀리 표류하게 만들 수 있다. 반대로 하나님의 백성으로서 구별된 삶을 살 때, 우리는 세상의 기준이 아니라 하나님의 뜻을 바라보며, 거룩함과 순종 안에서 삶의 방향을 찾을 수 있다. 삼손의 삶은, 구별된 삶과 순종의 삶이 얼마나 중요한지를 돌아보게 한다.

세상을 본받으려는 백성들: 왕을 요구하다

이스라엘의 마지막 사사는 사무엘이다. 그는 선지자이면서 동시에 사사이다. 사사 사무엘이 이스라엘 백성들에게 하나님의 뜻을 가르치고 하나님의 백성을 하나님께 돌아오도록 인도했다. 그가 나이 많아 늙었을 때 이스라엘 백성의 장로들은 사무엘 선지자에게 이런 요구를 했다.

> 그에게 이르되 보소서 당신은 늙고 당신의 아들들은 당신의 행위를 따르지 아니하니 모든 나라와 같이 우리에게 왕을 세워 우리를 다스리게 하소서 한지라(삼상 8:5).

사무엘은 거절했지만, 장로들은 거듭해서 "아니로소이

다. 우리도 우리 왕이 있어야 하리니 우리도 다른 나라들 같이 되어 우리의 왕이 우리를 다스리며 우리 앞에 나가서 우리의 싸움을 싸워야 할 것이니이다"(삼상 8:19~20)라고 아주 강력하게 요구했다.

이스라엘 장로들이 왕을 요구할 때 꼬리표처럼 따라다니는 것이 있다. 그것은 "우리도 다른 모든 나라들같이 되어"라는 말이다. 하나님께서 이스라엘을 선택하고 자기 백성으로 삼은 것은 하나님이 그들의 하나님이 되시며 동시에 그들의 왕이 되시는 것이었다.

그런데 이스라엘 장로들은 하나님이 자신들의 왕이 되는 것을 거부했다. 왜냐하면 다른 나라에서는 신이 아닌 사람이 왕이 되었고, 때로 왕을 신처럼 섬겼기 때문이다.

그리고 전쟁이 나면 하나님께서 승리하게 해 주셨는데 조건은 하나님이 세운 사사나 구원자를 통해서 승리하게 해 주셨다. 이것은 잘 알 수도 없고(하나님만 아심) 불확실에서 오는 불안함이 있었다. 그렇지만 다른 민족은 전쟁이 나면 왕이 나가서 전쟁을 하니 참으로 편리하기도 했고, 장로들 입장에서는 신경 쓸 필요가 없었다. 그래서 "우리도 다른 모든 나라들같이 되어"라고 요구한 것이다.

이스라엘 장로들의 이러한 요구는 로마서 12:2에서 말씀, 즉 '이 세대를 본받지 말고'라는 말씀에 정면으로 역행하는 요구사항이다. 다른 민족과 구별되고 다른 삶, 하나님을 섬기고 하나님의 법과 규례와 말씀에 순종하는 생활, 구체적으로는 '하나님의 도를 따라 의와 공도를 따라 행하는 삶'(창 18:19)을 버리고 다른 민족들처럼 살겠다는 것이다. 즉, 하나님이 자신들의 왕이 되시는 것을 버리고, 다른 민족이 섬기는 신, 곧 사람을 왕으로 삼는 삶을 살겠다는 것이다.

이런 터무니없는 요구를 들었을 때 하나님은 마음이 매우 아팠다. 그렇지만, 이스라엘 백성은 자신들이 얼마나 무지하고 잘못된 선택을 하고 있는지 알지 못했다. 그래서 하나님은 실수와 잘못을 통해 배우도록 '그들의 말을 들어 왕을 세우라'(삼상 8:22)고 사무엘에게 말했다.

하나님의 허락이 떨어지기가 무섭게 사무엘 시대의 장로들은 자신들이 원하는 사람을 자신들의 왕으로 세웠다. 그가 바로 사울이다.

사울은 왕이 되고 난 후 철저하게 하나님을 무시했다. 하나님을 경외하고 섬기기보다 자신의 왕권과 왕의 자리를 더 섬겼다. 하나님을 의식하기보다 백성의 평판, 장로들의 지지를 의식했다.

심지어 골리앗이 전쟁을 걸어왔을 때 나가서 싸우지도 못했다. 결국 그는 하나님을 버리고 자신을 섬기는 삶을 살았다. 하나님 중심이 아닌 자기중심의 삶을 살았다. 권력과 권세를 자기를 위해 행사했다. 모든 백성으로 하여금 자신을 섬기도록 하고, 그 위에 군림하는 사람이 되었다. '사람의 왕'은 이렇게 되고 말았다.

그는 하나님 앞에서, 또 백성 앞에서 철저하게 실패한 왕이라는 것이 입증되었다. 하나님은 진정한 왕이신 하나님을 버리고 다른 나라처럼 사람을 왕으로 세우면 사울처럼 된다는 것을 알려주셨다.

구별되게 살아라: 그리스도인의 정체성

반면에 하나님이 세우신 왕 다윗은 어떠했는가? 그는 왕이 되었을 때, 잠시 죄를 범하기도 했지만, 그는 철저하게 회개했다. 그리고 하나님의 법에 순종하면서 공정한 통치로 나라를 세웠다. 하나님의 뜻이 이스라엘에 실현되도록 통치하여 '하나님의 마음에 합한 자'가 되었다. 그는 이스라엘 나라가 주변 나라와 다르다는 것을 보여준 통치자였다.

그리스도인은 자기 정체성을 버릴 수 없다. 우리가 어디에 살든지, 항상 하나님의 백성으로서 하나님을 경외하며 산다. 요셉이 애굽에서 살 때 그렇게 살았으며, 다니엘이 바벨론에 살 때에도 그렇게 살았다. 에스더와 느헤미야도 마찬가지였다. 이들은 세상으로 상징될 수 있는 애굽과 바벨론에서, 그들은 자신들이 다른 사람임을 믿음과 삶으로 보여주었다.

그리스도인은 하나님을 우리의 왕으로 모시고 사는 하나님의 백성이다. 성도는 하나님의 나라에서 하나님의 통치를 받는 시민이다. 예수님을 믿는 사람은 하나님의 입에서 나온 하나님의 법을 지키며 사는 하나님의 백성이다.

세상이 아무리 화려하고 또 좋아 보여도, 세상의 삶의 방식을 따라 살지 않는다. 우리는 특별한 사람들이고 하나님에 의해 구별된 사람들이다. 우리는 세상 사람들과 다르게 살도록 부르심을 받은 사람들이다. 소금처럼 빛처럼 살도록 말이다. 하나님의 선하시고 기뻐하시고 온전하신 뜻에 맞춰 살아가는 사람들이다.

그리스도인으로서 세상 방식과 다르게 사는 것을 결코 두려워할 필요가 없다. 세상 사람들과 다른 방식, 곧 하나님의 선하시고 기뻐하시고 온전하신 뜻을 따라 사는 것을 부끄러워할 필요도 없다. 예수 그리스도의 가르침을 따라 사는 것이 이상한 삶이 아니다. 날마다 자기 십자가를 지고 예수를 따르는 삶에서, 우리는 세상과 다른 방식, 하나님의 뜻에 따른 삶의 특별함을 경험하게 된다.

우리의 경쟁력은 세상이 말하는 것처럼 실력과 능력이 아니라, 세상과 '구별됨'이고 '다르게 사는 삶'이다. 하나님의 백성 된 우리를 우리답게 만드는 것은, 이 세대를 본받지 않고, 예수 그리스도의 가르침을 따라 구별되게 사는 것이다. 하나님의 선하시고 기뻐하시고 온전하신 뜻을 따라 '구별됨'과 '다름', 이것이 우리를 우리답게 만든다.

제3부

소망 없는 세상에 하나님의 선물을 전달하라

8.
소망 없는 세상에 하나님의 은총을 확산하라

에베소서 2:12~13

에베소서 2:12~13 말씀은 우리가 예수님을 믿기 전과 믿은 후의 극적인 변화를 선포한다. '그때'와 '이제'라는 대비를 통해 우리의 상태와 위치, 관계와 신분이 어떻게 바뀌었는지를 생생하게 보여준다.

예수님을 믿기 전의 우리는 이방인이었고, 할례받지 않은 무리라는 칭함을 받았다. '그때에는' 그리스도 밖에 있었고, 이스라엘 나라 밖의 사람이었으며, 하나님이 주신 약속과 언약과는 아무런 권리도 관계도 없는 외인이었다. 세상에서도 소망도 없고 하나님도 없는 자였다.

그러나 '이제는' 상황이 완전히 달라졌다. 우리는 예수 그리스도의 피로 하나님과 가까워졌다. "이제부터는…성도들과 동일한 시민이요 하나님의 권속"이 되었다(엡 2:19).

더 나아가 예수 그리스도 안에서 하나님이 거하실 처소, 곧 하나님의 집으로 함께 지어져 가고 있다(엡 2:20~21). 이렇게 우리는 예수님을 믿기 전과 후가 확연하게 달라진 존재가 되었다. 이것이 복음의 능력이다.

우리는 이렇게 놀라운 변화를 경험했지만, 수많은 사람들이 여전히 소망 없는 세상 속에서 살아가고 있는 현실을 마주한다. 우리는 그들에게 참된 소망을 전해줄 책임과 사명이 있다. 이를 위해 먼저 왜 세상에는 소망이 없는지 그 이유부터 이해할 필요가 있다.

세상에 소망이 없는 네 가지 이유

에베소서 2:12에서 우리가 예수님을 믿기 전에는 '세상에서 소망이 없었다'라고 말한다. 왜 우리는 세상에서 소망이 없는 자였는가? 문벌이 좋지 못해서, 신분이 미천해서, 능력이 부족하고 지식이 없어서 소망이 없었는가?

그렇지 않다. 세상에서 소망이 없는 이유는 단 하나, 세상에는 근본적으로 소망이 없기 때문이다. 소망 없는 세상이기 때문에 세상에서 소망을 찾을 수도, 가질 수도 없다.

세상은 진정한 소망을 주지 못한다

예나 지금이나 얼마나 많은 사람들이 소망 없는 세상에서 소망을 찾아 헤매는가? 세상은 사람을 웃고 울게 하고, 기쁨과 즐거움을 주는 온갖 것들이 가득하다. 하지만 삶의 진정한 소망은 없다. 세상이 주는 것들은 일시적인 효과를 나타내는 진통제나 환각제와 같은 것들뿐이다.

또 세상이 말하는 소망은 마치 신기루와 같다. 가까이 가려고 해도 닿을 수 없고, 손에 잡으려고 애를 써도 잡히지 않는다. 설사 어찌어찌해서 세상이 말하는 소망에 가까이 갔다 할지라도 그곳에는 아무것도 없다. 그 이유는 단 하나, 세상에는 소망이 없기 때문이다.

세상에는 절대적인 진리가 없다

둘째, 왜 세상에는 소망이 없는가? 그 이유는 세상에는 진리가 없기 때문이다. 사람들은 진리에 대해 많은 말을 한다. 이것이 진리다, 저것이 진리다, 내 말이 진리라고 말들을 많이 한다. 그런데 세상이 말하는 진리는 진리가 아니다. 세상은 절대 진리를 말하지 않는다. 시대가 변하고 상황이 변하면 세상이 진리라고 했던 것들은 더 이상 진리가 아니다. 또 다른 진리가 기존의 진리를 대신할 뿐이다.

진리는 오직 하나, "내가 곧 길이요 진리요 생명이라"고 말씀하신 예수님뿐이고, 진리이신 예수님을 보내신 하나님이 진리이다.

세상을 지배하는 신, 곧 공중 권세 잡은 자(마귀)는 진리가 없다. 그래서 진리에 서지 못하고 진리를 말하지 못한다. 그 속에는 거짓만 있을 뿐이다. 그는 거짓의 아비이다. 그래서 말할 때마다 거짓말만 한다(요 8:44; 딤전 4:1~2).

그러나 예수님은 거짓말을 하지 못한다. 예수님 안에는 거짓이 없고 진리로 충만하기 때문에 말씀하실 때마다 진리만 말씀하신다. 예수님은 진실하시고 솔직하시며 정직하시다. 간사한 것이나 속이는 것이나 거짓이 없다. 그래서 거짓말을 하지 않고 진리만 진실하게 말씀하신다.

그런데도 세상은 예수님이 말씀하신 진리를 받아들이지 않는다. 그리고 진리를 말씀하신 예수님을 믿지 않는다. 예수님은 그 이유를 이렇게 말씀하셨다.

> 내가 진리를 말하므로 너희가 나를 믿지 아니하는도다(요 8:45).

결국 세상의 상태는 나빠질 수밖에 없다. 세상에는 진리가 없고, 진리이신 예수님을 믿지 아니하므로 진리의 인도함을 받지 못한다. 그래서 세상에는 소망이 없다.

세상은 유일신 여호와 하나님을 믿지 않는다

셋째, 세상에 소망이 없는 이유는 세상은 여호와 하나님을 자기 하나님으로 모시지 않기 때문이다. 에베소서 2:12 끝부분을 보라.

> 세상에서 소망이 없고 하나님도 없는 자이더니

"하나님도 없는 자"라는 표현은 여호와 하나님을 자기의 신으로 믿지 않는다는 뜻이다.

세상에는 참으로 많은 신들이 있다. 우리가 자주 들어서 아는 신들도 있고 심지어 한 번도 들어보지도 못한 신들도 많다. 일본의 경우는 대략 인구가 1억 2천 명 정도 된다. 그런데 일본 사람들이 믿고 섬기는 신들은 1억 5천도 더 된다고 한다. 하늘의 신, 땅의 신, 바다의 신은 물론이고 학문의 신, 재물의 신도 있으며 심지어 화장실 신, 빗자루 신, 대장간 신도 있다. 조금 유명한 사람이 죽으면 그 사람은 신이 된다. 심지어 임진왜란 때 포로로 끌려간 조선 사람들도 신이 되었다. 그것도 많은 사람들이 신이 되었다. 그러니까 일본 사람들도 모르는 신들이 수두룩한 셈이다.[1]

일본의 경우만 이야기했지만, 세상에는 많은 민족이 살고 있고 그들이 섬기는 신들이 수도 없이 많다. 그런데도 세상에 소망이 없는 이유는 창조주이시고 모든 것을 주관하시는 살아계신 신, 유일신 여호와 하나님을 자기들의 하나님으로 믿고 섬기지 않기 때문이다.

세상의 신은 생명이 없다. 세상의 신은 이름만 신이다. 세상의 신은 나무나 돌로 깎고 쪼아서 만든 신이다. 세상의 신은 있는 것 같으나 없다. 우리가 소리쳐 기도해도 우리의 울부짖음을 듣지 못하고 도움을 요청해도 도와주지 못한다. 세상 사람들이 두려워하고 또 지극 정성을 다해 신을 달래며 섬기지만, 실상은 아무것도 아니다. 왜냐하면 그것들은 진정한 신이 아니기 때문이다.

참 신은 오직 여호와 하나님 한 분뿐이시다. 여호와 하나님만이 살아계신 유일하신 신이시다. 세상 만물을 창조하시고 인간을 창조하신 분은 여호와 하나님이시다. 여호와는 지금도 이 세상 만물을 보존하시고 통치하신다. 그리고 여호와 하나님만 처음과 나중이고 시작과 끝이며 알파와 오메가가 되신다. 세상의 운명은 여호와 하나님의 손에 달려 있다. 이런 하나님을 믿고 있지 않으니, 세상에는 소망이 없는 것이다.

세상에는 하나님의 생명이 없다

넷째, 세상에 소망이 없는 이유는 세상에는 하나님의 생명이 없기 때문이다. 에베소서 4:18 말씀에서 세상 사람들의 상태를 말하면서 그들은 "하나님의 생명에서 떠나 있도다"라고 말씀한다. 그렇다. 세상 사람들, 세상에는 하나님의 생명이 없다. 하나님의 생명은 하나님에게, 그리고 그분의 아들 되시는 예수 그리스도 안에 있다(요일 5:11~12).

세상 사람들은 '우리도 생명을 가지고 숨 쉬고 살고 있지 않느냐'라고 말할 것이다. 그렇다. 세상 사람들은 육체의 생명은 가지고 있다. 문제는 육체의 생명만 가지고 있을 뿐이다.

> 육에서 난 것은 육이요 영으로 난 것은 영이다(요 3:6).

하나님의 생명이 없다는 말은 죽어 있다는 말이다. 에베소서 2:1에서 "그는 허물과 죄로 죽었던 너희를 살리셨도다"라고 말씀하신 것처럼 예수 그리스도 밖에 있을 때, 즉 세상에 있을 때는 허물과 죄로 죽어 있는 자이다. 하나님의 생명에서 떠나 있고 죽어 있기 때문에 총명이 어두워지고 무지하며, 마음이 굳어지고 허망한 것을 쫓는다. 하나님의 생명에서 떠나 있기 때문에 감각 없는 자와 같고 자신을 방탕에 방임하며 모든 더러운 것을 욕심으로 행한다(엡 4:17~19). 하나님의 생명에서 떠나 있기 때문에 육체와 욕망을 따라 살며, 결국 공중 권세 잡은 마귀를 따른다.

하나님의 생명을 가진 자는 이렇게 살지 않는다. 하나님의 생명을 가진 자는 의와 진리를 안다. 거룩한 것과 더러운 것을 알고 선과 악을 알며, 진정한 신이 누구인지를 안다. 하나님의 생명이 그의 허망한 생각을 바로잡아 주고, 미련하고 어두워진 마음을 밝혀주며, 지혜 있게 하기 때문이다. 하나님의 생명을 가지면 무엇이 죄이고 허물인지를 알기 때문에 죽음을 자초하지 않는다. 하나님의 생명을 가지면 생명의 길, 즉 사는 길을 간다.

세상의 유일한 소망, 예수 그리스도

그러면 하나님의 생명은 어떻게 얻는가? 하나님의 생명은 하나님 안에 있는 생명이다. 하나님께서 그의 아들 예수 그리스도를 이 땅에 보내실 때 아들에게 생명을 주어 보내셨다. 그래서 누구든지 하나님의 아들 예수 그리스도를 영접하는 자는 하나님의 생명을 영접하여 자기 속에 하나님의 생명이 있게 된다.

> 또 증거는 이것이니 하나님이 우리에게 영생을 주신 것과 이 생명이 그의 아들 안에 있는 그것이니라. 아들이 있는 자에게는 생명이 있고 하나님의 아들이 없는 자에게는 생명이 없느니라(요일 5:11~12).

모든 무지와 파멸의 시작은 죄에서 비롯되었다. 죄가 죽음과 사망을 불러왔다. 그러나 참되게 분별하고 새로운 삶을 살 수 있게 하는 시작은 하나님의 생명에서 비롯된다.

하나님의 생명은 사람을 살린다. 그것도 영원한 생명으로 살게 한다. 하나님의 생명을 가질 때 비로소 죄와 허물로 죽은 자가 살아나게 된다. 그리고 새로운 삶, 새로운 인생을 시작하게 된다.

하나님의 생명을 가질 때 비로소 분별하게 된다. 참 하나님이 누구신지, 진짜 진리가 무엇인지, 우리의 소망이 무엇인지 분별하게 된다. 하나님의 생명을 가질 때 하나님의 영이신 계시의 영을 받는다. 그래서 계시의 영이신 성령님이 "하나님을 알게 하시고, 우리(너희) 마음의 눈을 밝히사 그의 부르심의 소망이 무엇이며, 성도 안에서 그 기업의 영광의 풍성함이 무엇이며, 그의 힘의 위력으로 역사하심을 따라 믿는 우리에게 베푸신 능력이 지극히 크심이 어떠한 것인지 알게 하신다"(엡 1:17~19).

그렇다면, 우리는 어떻게 해야 하는가? 우리는 과거, 세상에서 소망도 없고 하나님도 없는 자였지만, 이제 하나님의 가족이 되었고 성도들과 동일한 시민이 되었다. 그렇다면 당연히 해야 할 일이 있다. 바로 소망 없이 살아가는 세상 사람들에게 진정한 소망이 있음을 알려주는 것이다.

하나님은 소망의 하나님이시다(롬 15:13). 그리고 하나님의 아들 예수 그리스도도 진정한 소망이시다. 예수님을 믿을 때 비로소 산 소망이 있고(벧전 1:3), 하나님의 생명을 얻는다. 우리가 그랬듯이 하나님의 생명을 얻어야 하나님도 알고 진리를 알며 참된 소망을 누릴 수 있다.

결국, 소망 없는 세상에 하나님의 소망을 전하는 길은 예수 그리스도를 전하는 것이다. 예수 그리스도 안에 하나님의 생명이 있고, 그를 믿는 자만이 하나님의 생명을 얻기 때문이다.

9.
어둠의 세력과 싸우는 영적 전투에서 승리하라

에베소서 6:10~13

 예수님을 믿는 사람은 세상에 살고 있지만 세상 편에 서 있는 사람은 아니다. 세상에 정착하거나 세상 사람으로 살지 않고, 세상을 나그네처럼 사는 사람이다. 예수님을 믿는 그리스도인은 세상에 속한 사람이 아니라 예수님께 속한 사람이다. 세상이 요구하는 대로 살지 않고 예수님이 요구하는 대로 산다. 세상 기준을 갖고 살지 않고 예수님의 기준, 하나님의 기준을 갖고 일생을 사는 사람이다.

 따라서 예수님을 믿는 사람은 세상 편에 서 있지 않기 때문에 종종 세상과 충돌하고 갈등한다. 심할 경우에는 세상과 전쟁도 한다. 세상이 요구하는 가치관을 따를 수 없다고 거부하고 투쟁한다. 더구나 우리는 세상에 하나님의 나라를 건설하려고 하므로 세상과 투쟁할 수밖에 없다. 예수님께서 이렇게 말씀하셨다.

> 세례 요한의 때부터 지금까지 천국은 침노를 당하나니 침노하는 자는 빼앗느니라(마 11:12).

영적 전투

하나님 나라가 공격받고 있다. 하나님 나라의 백성은 그러한 공격에 방어할 뿐만 아니라 공격하는 자들을 물리치고 그들이 살던 곳에 천국을 세우고자 한다.

하나님 나라(천국)을 공격하는 자들은 누구이고 이 전쟁은 어떤 전쟁인가? 에베소서 6:12 말씀이다.

> 우리의 씨름은 혈과 육을 상대하는 것이 아니요, 통치자들과 권세들과 이 어둠의 세상 주관자들과 하늘에 있는 악의 영들을 상대함이라(엡 6:12).

하나님 나라를 공격하는 자들은 마귀를 대장으로 하여 에베소서 6:12에서 언급한 '통치자들, 권세들, 이 어둠의 세상 주관자들, 하늘에 있는 악한 영들'이다. 여기서 '통치

자들', '권세들', '어둠의 세상 주관자들'은 한 나라의 대통령이나 국회의원을 가리키는 것이 아니다. 물론 그들이 악한 영에 사로잡혔다면 그럴 수 있지만, 여기서는 '혈과 육'에 반대되는 존재, 특히 '어둠의 영적인 존재들'을 말한다. 몇몇 이교에서는 신을 '세상 주관자들'이라고 불렀다. '세상 주관자들'은 종종 높은 계열의 선한 천사들과 악한 천사들을 가리키는 용어로 사용되었다.[1]

바울은 '어둠의' 세상 주관자들이라고 말함으로써 이들이 악한 영적 존재들임을 분명히 했다. 결국 이들은 '하늘에 있는 악한 영들'이며, 우리는 이런 세력을 가리켜 '어둠의 세력'이라고 규정한다. 이런 악한 영적 존재들이 하나님의 나라, 즉 천국을 공격한다.

반대로 어두운 세력의 공격으로부터 천국을 방어하는 자들이 있다. 그리고 이 땅에 천국을 건설하고 확장하는 자들이 있다. 다름 아닌 예수님을 자신의 주로 믿는 그리스도인이다(엡 1:20~23). 그리스도인 역시 대장 되신 예수 그리스도를 필두로 하여 어둠의 세력을 공격한다(엡 6:10~20). 어둠의 세력을 물리치고 그곳에 하나님의 나라를 건설하고 확장한다.

이처럼 그리스도인과 세상에 속한 어둠의 세력들 사이

에는 눈에 보이지 않는 전투가 벌어지고 있다. 이 전투는 '혈과 육을 상대로 하는 싸움'이 아니라 어둠의 세력들과 싸우는 전투요, 영적 전투이다.

영적 전투는 장소를 가리지 않고 사람을 가리지 않는다. 영적 전투는 언제 어디서나 일어난다. 우리의 사업장에서도 일어날 수 있고, 교회당에서도 일어날 수 있으며, 가정에서도 일어날 수 있다. 영적 전투는 우리의 마음과 생각 속에서도 일어날 수 있다. 기독교 정신을 따를 것이냐 아니면 돈을 따를 것이냐 하는 황금만능주의와의 싸움, 유물론과의 싸움이 일어난다. 편하게 집에서 쉴 것인가 아니면 하나님께 예배드려 하나님을 영화롭게 할 것인가 하는 전투가 마음에서도 일어난다. 진실하게 살 것인가 아니면 거짓말을 하고 부정한 이익을 취할 것인가 하는 전투도 일어난다. 온갖 영적 전투가 도처에서 일어난다.

어둠의 세력의 공격 방법

어둠의 세력은 예수 그리스도를 믿는 사람을 자신들의 편으로 간주하지 않는다. 그래서 몇 가지 방식을 사용하여 예수님을 믿는 자를 무너뜨리고 하나님 나라를 침략한다.

유혹과 거짓말

첫째는 유혹이다. 어둠의 세력은 우리가 하나님께 영광을 돌리지 못하도록, 그리고 하나님 편에 서서 자신들을 상대로 싸우지 못하도록 우리를 유혹한다. 우리가 하나님을 배반하도록, 우리의 주 되신 예수 그리스도를 떠나도록, 믿음에서 떠나도록 온갖 것으로 유혹한다.

사탄은 세상 영광과 권력과 권세로 유혹하고 재물과 부귀영화로 유혹한다. 또한 인간이 자기 욕망을 충족하려는 쾌락을 미끼로 죄에 빠뜨린다. 인류의 조상인 하와에게는 "눈이 밝아져 하나님과 같이 되어"(창 3:5)라는 말로 교만을 자극하여 유혹했다. 바벨탑을 건설할 때는 "탑 꼭대기를 하늘에 닿게 하여 우리 이름을 내고 온 지면에 흩어짐을 면하자"(창 11:4)며 인간의 명예욕을 부추겨 유혹했다. 민수기 22~25장을 보면, 발람은 돈과 영광의 유혹에 굴복하여 발락의 요청을 수락하고 하나님의 백성들을 저주하려고 했다. 삼손과 다윗은 여인의 유혹을 이기지 못했다(삿 16장; 삼하 11장). 이처럼 유혹과 타락의 사건은 구약에만 머물지 않고, 신약에서도 반복적으로 등장한다.

사람이 유혹에 넘어가는 경우는 욕심 때문이다. 각 사람이 자기 욕심에 끌려 미혹된다(약 1:14). 유혹에 넘어가 미혹되면 우리는 어둠의 세력과 싸울 의지나 힘을 발휘하지 못하게 된다.

어둠의 세력은 거짓말과 속임수로 인간의 욕심을 자극하여 유혹한다. 마귀에게는 진리가 없기 때문에 진리를 말할 수 없다. 그는 거짓의 아비이기 때문에 거짓말만 하며 마귀를 아비로 둔 모든 어둠의 세력들도 거짓말만 한다(딤전 4:2). 거짓말로 사람을 속여서 미혹하는 것이 어둠의 세력의 특징이다.

간계와 흉계

둘째, 어둠의 세력이 사용하는 또 하나의 방법은 간계이다. 에베소서 6:11을 보라.

> 마귀의 간계를 능히 대적하기 위하여 하나님의 전신갑주를 입으라.

간계는 교활하고 간사한 꾀를 말한다. 이것 역시 속임수에 해당한다. 교활함과 간사함이 없다면 그것은 지혜가 될 것이지만, 악한 목적을 갖고 남을 속여서 이득을 차지하려고 하니 그것은 악한 것이다. 어둠의 세력들은 간계로 사람을 넘어뜨린다. 마태복음 26:4이나 마가복음 14:1에서 예수님을 잡아 죽이려고 '흉계'를 사용하는 것을 보는데 이 흉계가 바로 '간계'이다. 어둠의 세력은 예수님에게 간계를 사용하여 무죄한 예수님을 모함하고 십자가에 못 박았다.

이것과 마찬가지 방법으로 어둠의 세력은 오늘날 그리스도인들에게도, 또 교회 공동체에도 온갖 간계를 사용해서 쓰러뜨리려고 한다. 교회를 공격해서 힘을 빼고 무력화시킨다.

거짓 이론과 사상

셋째, 어둠의 세력이 천국을 침노하기 위해 사용하는 방법은 거짓 이론과 사상이다. 거짓 이론과 사상은 그리스도인만을 상대로 하지 않고 모든 사람을 상대로 하는 공격 방법이다. 고린도후서 10:3~6 말씀이다.

> 우리가 육신으로 행하나 육신에 따라 싸우지 아니하노니 우리의 싸우는 무기는 육신에 속한 것이 아니요 오직 어떤 견고한 진도 무너뜨리는 하나님의 능력이라. 모든 이론을

무너뜨리며 하나님 아는 것을 대적하여 높아진 것을 다 무너뜨리고 모든 생각을 사로잡아 그리스도에게 복종하게 하니 너희의 복종이 온전하게 될 때에 모든 복종하지 않는 것을 벌하려고 준비하는 중에 있노라.

이 말씀을 보면, '모든 이론'을 언급한다. 모든 이론이란 다름 아닌 하나님을 아는 것을 대적하여 높아진 이론, 주장, 사상이다.

세상에는 수많은 이론과 사상이 있다. 그런 이론과 사상이 다 하나님 편에 서 있는 것은 아니다. 어떤 이론은 하나님을 인정하고 높이는 이론도 있지만 대부분은 하나님의 존재는 물론이고, 여호와가 하나님이심을 부인하고, 예수님이 그리스도이심을 부인한다. 어떤 이론은 '과학적'이라는 이름으로 하나님의 말씀보다 더 높은 권위를 가지려고 한다. 어떤 이론은 인간을 신으로 만들고, 자기 행복을 위해 사는 것이 가장 인간다운 삶이라고 주장하는 이론과 사상도 있다.

분명한 한 가지는 어둠의 세력이 하나님의 백성과 하나님의 나라를 공격하는 방법의 하나로 사람들의 정신세계를 거짓 이론과 사상으로 물들이는 것이다. 그래서 하나님의 형상으로 지음 받은 인간이 하나님을 높이지 않고 하나님을 무시하고 업신여기게 한다.

이렇게 거짓 이론과 사상이 진리라는 옷을 입고 사람들을 미혹한다. 그리고 이런 이론과 사상으로 무장하는 사람들이 매스컴이나 책이나 음악이나 영화 등등 온갖 매체를 이용해 사람들을 하나님으로부터 멀어지게 한다.

영적 전투에서 승리하기 위한 다섯 가지 방법

그렇다면, 이런 영적 전투가 매일 매 순간 세계 도처에서 벌어지고 있고, 우리 삶의 현장에서, 그리고 우리의 생각과 마음에서 벌어지고 있다면, 우리는 어떻게 이 영적 전투에서 승리할 수 있을까?

하나님 힘의 능력으로 강해짐

첫째, 그리스도인 된 우리가 하나님 힘의 능력으로 강건해져야 한다. 에베소서 6:10 말씀이다.

> 끝으로 너희가 주 안에서와 그 힘의 능력으로 강건하여지고

영적 전투에서 버티고 승리하기 위해서는 먼저 우리 안에 강함이 필요하다. 강하지 않으면 싸울 수 없고, 설사 싸운다고 할지라도 쉽게 패배하고 만다.

우리가 강해져야 할 영역은 육체와 정신, 믿음과 속사람이다. 그리고 우리가 들고 싸우는 무기도 포함된다.

그런데 이 모든 것이 강해지는 원천은 하나다. 바로 예수 그리스도 안에서, 그분의 능력으로 강해지는 것이다. 하나님과의 관계 속에서 얻는 강함이다. 우리의 힘이나 능력으로, 우리의 지혜나 지식으로 강해지는 것이 아니다. 우리의 훈련과 수련, 노력으로 강해지는 것도 아니다. 오직 하나님의 힘과 예수그리스도의 능력으로 강해지는 것이다.

예수님께서 열두 제자와 칠십 인을 둘씩 짝지어 보내시면서 여러 마을에 들어가 하나님의 나라가 가까이 왔다고 전파하라고 하셨다. 그때 예수님은 열두 제자에게 '귀신을 내쫓는 권능'을 주셔서 그런 일을 하게 하셨다(마 10:1; 막 6:7).

보냄을 받은 제자들과 사람들은 예수님이 주신 권능으로 더러운 귀신을 쫓아내고(눅 10:17) 많은 병자와 약한 사람들을 고쳤다. 어둠의 세력을 물리치고 하나님의 나라를 세워갔다. 이처럼 우리도 예수 그리스도 안에서, 그분이 주시는 힘과 능력으로 강건해질 수 있다.

예수님의 힘과 능력으로 강건해지기 위해서는 먼저 하나님과 예수님의 힘과 능력이 가장 강하다는 믿음이 필요하다(엡 1:19). 그리고 하나님 아버지와 예수님에게 이런 능력을 달라고 기도해야 한다. 그러면 성령의 권능, 예수님의 힘의 능력으로 우리 내면이 든든해지며 영적 전투에서도 강력하게 싸울 수 있다.

> 내가 또 너희에게 이르노니 구하라. 그러면 너희에게 주실 것이요 찾으라. 그러면 찾아낼 것이요 문을 두드리라. 그러면 너희에게 열릴 것이니 구하는 이마다 받을 것이요 찾는 이는 찾아낼 것이요 두드리는 이에게는 열릴 것이니라. 너희 중에 아버지 된 자로서 누가 아들이 생선을 달라 하는데 생선 대신에 뱀을 주며 알을 달라 하는데 전갈을 주겠느냐? 너희가 악할지라도 좋은 것을 자식에게 줄 줄 알거든 하물며 너희 하늘 아버지께서 구하는 자에게 성령을 주시지 않겠느냐 하시니라(눅 11:9~13).

하나님의 전신갑주로 무장

둘째, 영적 전투에서 승리하기 위해서는 하나님의 전신

갑주로 무장하는 것이 중요하다. 에베소서 6:11 말씀은 "마귀의 간계를 능히 대적하기 위하여 하나님의 전신갑주를 입으라"라고 명령한다. 이어지는 말씀은 왜 그 갑주가 필요한지를 설명한다. 그것은 어둠의 세력들과 싸워서 승리하기 위함이요, 승리자의 모습으로 하나님 앞에 서서 하나님께 영광을 돌리기 위함이다(엡 6:13).

에베소서 6:14~17 말씀을 보면, 사도 바울은 당시 로마 군인들이 무장한 옷에 빗대어 하나님의 전신갑주를 구체적으로 설명한다. 진리의 허리띠를 띠고 의의 호심경을 붙이고 평안의 복음이 준비한 것으로 신을 신고, 모든 것 위에 믿음의 방패를 가지고 구원의 투구를 쓰고 성령의 검 곧 하나님의 말씀을 가지는 것이다.

로마 군인들의 군복은 상의와 하의가 허리띠로 연결되어 있다. 군복에서 허리띠가 가장 중요하듯이 하나님의 전신갑주에서 가장 중요한 것은 허리띠 역할을 하는 진리이다. 여기서 말하는 진리는 하나님의 진리를 말한다. 우리 삶의 모든 것은 하나님의 진리에서 출발하고 하나님의 진리로 연결되어 있어야 하며, 또 우리가 하나님의 진리로 무장하고 있어야 그 진리가 우리를 보호한다는 것을 보여 준다.

다음은 의의 호심경이다. 호심경은 우리의 가슴과 심장을 보호하고 방어하는 것이 목적이다. 이 갑옷을 '의의 호심경'이라고 부른 것은 우리가 하나님께 의롭다 함을 받은 것에 대한 확신을 잃지 않도록 하기 위함이다. 우리가 의롭다 함을 받았다는 이 진리에 대한 확신이 있을 때 어둠의 세력이 '너는 죄인이다'라고 공격해도 '나는 하나님으로부터 의롭다 함을 받았다'라고 방어할 수 있다.

신발은 발을 보호한다. 그런데 평안의 복음으로 준비한 신발은 복음을 전하는 것이다. 적의 공격에 무너지지 않기 위해서 우리는 예수님의 명령에 순종하여 항상 복음을 전하는 생활을 해야 한다. 내 발이 가는 곳에서, 내 발이 멈추는 곳에서 복음을 전하는 생활은 우리를 담대하게 하고, 적과 싸워 승리하게 한다.

믿음의 방패는 말 그대로 손에 들고 있는 방패를 말한다. 적이 모든 불화살로 우리를 공격한다. 거짓말과 속임수와 간계와 거짓 이론과 사상으로 우리를 공격한다. 그때 믿음의 방패를 내밀어 방어할 수 있다. 적의 공격을 무력화시키는 것은 우리가 하나님과 예수님을 믿는 굳건한 믿음이다.

구원의 투구는 머리를 보호하는 것으로, 이것은 구원에

대한 확신을 말한다. 우리가 예수 그리스도를 영접하고 믿을 때 우리의 모든 죄 사함을 받았으며, 죄의 형벌을 받지 않고 사망에서 생명으로 옮겨졌다는 확신이다.

하나님의 말씀으로 무장

셋째, 하나님의 말씀으로 무장하는 삶은 공격을 위한 준비이다. 하나님의 전신갑주에서 공격용 무기는 하나님의 말씀이다. 성령의 검으로 불리는 하나님의 말씀은 단순한 지식이 아니라, 우리의 적을 찔러 무찌르는 무기이다.

우리는 자신의 사상이나 주장, 이론으로 싸우는 것이 아니다. 하나님의 말씀으로 싸운다. 예수님께서 40일 동안 금식하고 기도하실 때 마귀의 공격을 받았다. 그때 예수님은 오로지 하나님의 말씀으로 싸워서 마귀를 물리쳤다. 그리고 사역하는 중에도 끊임없이 유혹을 받으셨는데 그때마다 하나님이 하라고 하신 말씀대로 하여 하나님의 뜻과 계획을 성취하셨다. 그러므로 하나님의 말씀이 우리의 무기임을 잊지 말고 그 무기를 능수능란하게 사용할 수 있도록 배우고 익혀야 한다.

세상에는 온갖 이론과 사상이 난무하다. 한 가지 공통점이 있다면 '하나님을 아는 것을 대적하여 높아진 모든 이론과 사상'이라는 점이다(고후 10:5). '하나님을 아는 것을 대적한다'는 말은 '하나님을 알지 못하도록 막는다'는 뜻이다. 이유는 이런 이론과 사상들이 여호와 하나님을 인정하지 않기 때문이다. 그리고 자신들이 말하는 자기주장, 자기 이론, 자기 사상이 진리라고 하기 때문이다.

우리가 이렇게 하나님을 아는 것을 대적하는 이론과 사상의 도전에 진리를 변호하고 변증하기 위해서는 하나님의 말씀으로 무장해야 한다. 하나님을 아는 것을 대적하는 이론과 사상을 무너뜨리는 방법은 하나님 밖에 있는 것이 아니고 하나님 안에 있다. 다시 말해, 하나님의 말씀으로 그것들을 무너뜨릴 수 있다는 뜻이다. 그러니 하나님의 말씀을 배우고 익히는 일을 열심히 해야 한다.

사도행전 6:7을 보면 제사장들이 복종하는 일이 일어났다.

> 하나님의 말씀이 점점 왕성하여 예루살렘에 있는 제자의 수가 더 심히 많아지고 허다한 제사장의 무리도 이 도에 복종하니라.

하나님의 말씀이 왕성하니까 예수님을 잡아 죽인 제사

장들이 예수님의 십자가 도에 복종한 것이다.

그러므로 하나님을 아는 것을 대적하는 이론과 사상을 무너뜨리고 그러한 생각을 사로잡아 그리스도에게 복종시키기 위해(고후 10:5) 우리가 하나님의 말씀으로 무장하고 있어야 하고, 또 하나님의 말씀을 능수능란하게 사용할 수 있어야 한다.

쉬지 않는 기도

넷째, 영적 전투에서 승리하기 위해서는 기도의 뒷받침이 필요하다. 에베소서 6:14~17까지 하나님의 전신갑주에 관해 설명한 후에 6:18~20에서 기도에 대해 말씀한다.

> 모든 기도와 간구를 하되 항상 성령 안에서 기도하고 이를 위하여 깨어 구하기를 항상 힘쓰며 여러 성도를 위하여 구하라. 또 나를 위하여 구할 것은 내게 말씀을 주사 나로 입을 열어 복음의 비밀을 담대히 알리게 하옵소서 할 것이니 이 일을 위하여 내가 쇠사슬에 매인 사신이 된 것은 나로 이 일에 당연히 할 말을 담대히 하게 하려 하심이라.

기도는 우리를 강하게 하는 하나님과 예수님의 능력을

공급받는 수단이다. 기도는 영적 전투에서 악한 간계를 분별하고 무너뜨리는 수단이다. 미리 기도하면 그 기도는 어둠의 세력을 꼼짝 못 하도록 묶어 두고 우리를 '방어하는 방패와 같은 역할'도 한다. 또한 기도로 하나님의 도우심을 요청하고 대적들이 예수 그리스도의 복음에 굴복하도록 기도하면, 그 기도는 영적으로 적의 세력을 '공격하는 기도'가 된다. 직접 대면하여 논쟁을 펼칠 때는 하나님의 말씀으로 공격하고, 시간과 공간을 초월하여 공격할 때는 기도로 공격한다.

이스라엘 백성이 사무엘 선지자의 지도하에 미스바에서 회개하고 하나님께 돌아오는 부흥회를 하고 있을 때 블레셋 족속이 공격했다. 이 소식을 들은 사무엘은 여호와 하나님께 기도했다. 하나님의 보호를 요청했고, 블레셋 족속을 무찌를 수 있도록 도와달라고 기도했다. 실제 전투를 하기에 앞서 미리 기도함으로 방어하고 또 기도 중에 블레셋을 향한 공격을 한 것이다. 그러자 하나님의 도우심이 나타났다.

> 사무엘이 젖 먹는 어린 양 하나를 가져다가 온전한 번제를 여호와께 드리고 이스라엘을 위하여 여호와께 부르짖으매

여호와께서 응답하셨더라(삼상 7:9).

실제 전투가 벌어진 그날에 하나님께서 큰 우레를 발하여 블레셋 사람들을 어지럽게 했다. 그러자 이스라엘 백성들이 지체하지 않고 블레셋 족속을 공격했다. 블레셋 족속은 미스바에서부터 벧갈 아래에까지 도망쳤다. 이스라엘 백성은 이곳까지 추격하여 블레셋 족속을 완전히 물리쳤다. 그리고 돌을 취하여 미스바와 센 사이에 기념비를 세우고 그 이름을 '에벤에셀'이라고 불렀다. 이 이름의 뜻은 '여호와 하나님께서 여기까지 우리를 도와주셨다'는 뜻이다(삼상 7:12).

우리가 놓치지 말아야 할 것은 블레셋과의 전투에서 승리하게 하신 분은 하나님이시다는 점과 사무엘이 실제 전투를 하기 전에 먼저 하나님의 보호와 승리를 위한 기도를 했다는 사실이다. 사무엘은 실제 전투를 하기 앞서 '기도로 방패를 쳤고, 기도로 공격하여' 승리할 수 있었다.

복음을 전함

다섯째, 가장 강력한 공격은 복음을 전하여 예수님을 믿게 하는 것이다. 예수님을 믿지 않으면 공중 권세 잡은 자

아래서 종노릇 한다. 자신들이 의식하지도 못한 상태에서 어둠의 세력의 부하 노릇을 한다.

그런데 이들에게 복음을 전하여 예수님을 믿게 하면, 어둠의 세력에게서 구출된다. 흑암의 권세에서 벗어난다.

그리고 마귀와 귀신들의 수하에서 종노릇하는 사람을 구출하여 하나님의 백성이 되게 하고 하나님 나라의 시민이 되게 하는 것은 곧, 하나님의 군대의 수를 늘리는 일이다. 하늘의 천군 천사, 만군의 천사들도 하나님의 군대이지만, 이 세상에서 예수 그리스도를 믿고 구원받은 하나님의 백성들도 하나님 나라의 군인들이다. 적의 세력을 약화시키고 동시에 하나님의 군대를 강하게 만드는 복음 전파야말로 영적 전투에서 어둠의 세력을 향한 가장 강력한 공격이다. 마귀의 종, 죄의 종, 사망의 종으로 살고 있는 자들에게 복음을 전하여 예수님을 믿게 하는 것이 적을 무너뜨리는 가장 강력한 공격이다.

그러므로 우리는 복음을 전하지 않고 가만히 있을 수 없다. 나팔수가 나팔을 들고 일어서서 힘껏 나팔을 불듯이, 듣든지 안 듣든지 복음을 전하고, 가족과 이웃에게 복음을 전해야 한다. 그뿐만 아니라 우리가 일하는 일터에서도 전하고, 타 문화권으로 나가서 모든 민족에게도 복음을 전해야 한다. 회개의 복음이 예루살렘에서 시작하여 모든 민족에게 전파되면, 어둠의 세력은 꼼짝 못 할 것이다.

복음이 전파되는 곳에는 어둠의 세력이 활동하지 못한다. 복음이 전파되는 곳에는 흑암의 권세는 사라지고 복음의 능력이 나타난다. 복음이 전파되는 곳에는 믿는 자들이 생기고, 하나님의 나라가 건설된다. 복음이 전파되는 곳에는 사망의 세력이 사라지고 새 생명의 구원 역사가 일어난다. 복음이 전파되는 곳에는 마귀에게 종노릇하는 자들은 줄고 예수님의 제자 수가 늘어난다. 하나님의 군대의 수가 늘어난다. 그래서 하나님의 나라는 세상의 어떤 나라도 대적할 수 없는 가장 강력한 나라가 될 것이다(단 2:44~45).

10.
세상의 포로 된 자를 구출하라

누가복음 4:16-21

우리나라뿐 아니라 전 세계에서 수많은 납치와 피랍 사건이 발생하고 있다. 우리가 기억하는 대표적인 피랍 사건 중 하나는 2011년 1월 아라비아해 입구에서 발생했던 삼호주얼리호의 소말리아 해적 피랍 사건이다. 삼호주얼리호는 화학제품 1만 6000톤을 싣고 스리랑카로 항해 중이었으며, 한국인 8명을 포함해 미얀마인 11명, 인도네시아인 2명 등 총 21명이 승선하고 있었다.

삼호주얼리호를 납치한 소말리아 해적들은 우리 정부에 수백억 원의 몸값을 요구했다. 그러나 정부는 피랍될 때마다 몸값을 지불하면 우리 선박이 해적들의 1차 목표가 될 것을 염려해 해적과 협상하지 않는다는 원칙을 세웠다. 대신, 피랍 소식을 들은 정부는 1월 18일 청해부대 소속 최영함을 급파하고 선원 구조작전을 펼쳤다. 19일, 해적들이 삼호주얼리호를 소말리아 영해로 끌고 가려고 했다.

이것을 주시하던 청해부대는 21일 오전 5시 '아데만 여명 작전'이라는 이름의 작전을 개시했다. 대한민국 최영함과 해군 특수전여단(UDT/SEAL)을 투입했다. 새벽에 링스헬기를 띄워 해적들에게 위협사격을 하는 동안 해군 특수전여단 소속 군인들이 갑판으로 진입하는 데 성공했다. 그리고 5시간의 총격전 끝에 해적을 제압하고 선원들을 전원 구출했다. 이 과정에서 사망자는 없었으나 석해균 선장이 복부에 총상을 입고 중태에 빠졌었다. 선장은 오만에서 응급수술을 받은 뒤 급히 한국으로 이송되어 수술을 받고 회복되었다.

2021년 아프가니스탄 내전 당시, 현지에 거주하던 우리 국민과 대한민국에 특별 기여한 아프가니스탄인들을 구출한 '미라클 작전'도 마찬가지다. 또한 2022년 러시아-우크라이나 전쟁 중에는, 아시아나 항공기를 이용하던 우리 국민을 구출 사례도 있었다.

이처럼 삼호주얼리호 구출 사건과 아프가니스탄 구출 작전 등은 적들에게는 경각심과 위협을 주었고, 우리 국민에게는 조국에 대한 자긍심과 신뢰를 안겨주었다. 이는 곧, 대한민국은 국민을 버리지 않는 나라라는 믿음을 다시금 확인시켜 준 것이다.

하나님은 구원하시는 하나님

신구약 성경을 읽으면 가장 먼저 떠오르는 진리는 바로 여호와 하나님은 우리를 구원하시는 하나님이라는 것이다. 하나님은 자기 백성을 결코 버리지 않으신다. 적에게 포로로 잡혀 있어도 포기하지 않고 끝까지 구원하시는 하나님이시다.

노아 홍수 때나 소돔과 고모라가 멸망할 때 비록 한 가족씩만 구원하셨지만, 역으로 생각하면 하나님은 소수에 불과한 그 한 가족도 포기하지 않으셨다는 것을 알 수 있다.

하나님의 가장 놀라운 구원 사건은 바로 출애굽 사건이다. 하나님은 다가올 위험을 대비하여 요셉을 통해 자기 백성을 애굽으로 피신하도록 하셨다. 그래서 가나안 땅에 발생한 흉년을 피할 수 있게 하셨다. 그리고 애굽에 머무는 동안 큰 민족으로 성장시켜, 애굽 사람들이 두려움을 느낄 정도로 번성하게 하셨다.

그렇지만 요셉을 알지 못하는 애굽의 왕이 등장하면서 하나님의 백성의 처지는 갑자기 노예로 전락되었다. 애굽의 국고성 비돔과 라암셋을 건설하는 데 동원되었고, 엄청난 산아제한 정책으로 말살 위기에 처했었다.

이때 하나님은 백성들의 부르짖음을 들으시고 모세를 지도자로 세워 자기 백성을 애굽에서 구출해 내셨다.

출애굽 과정에서 하나님은 놀라운 능력, 즉 전투력을 발휘하셨다. 자연의 질서를 뛰어넘어, 한 번도 상상하지 못한 10가지 재앙을 애굽에 내리셨으며, 홍해에서 강력한 애굽의 군대를 수장시켜 더 이상 하나님의 백성을 추격할 수 없게 하셨다. 하나님은 자기 백성을 구원하기 위해 강한 손과 편 팔로, 즉 어떤 세력도 대항할 수 없는 엄청난 힘과 능력과 전투력으로 하나님의 백성을 구출하셨다.

하나님께서 자기 백성 이스라엘을 구원한 사건은 출애굽 사건만이 아니다. 하나님의 구원 행보는 다양한 전투에서도 이어졌다. 사사 시대에는 다른 민족에게 억압받을 때 한 구원자를 세워 그들을 지배와 억압에서 건져주셨다. 사무엘 시대에는 미스바에서 블레셋과의 전쟁할 때 큰 승리를 주셨다(삼상 7장). 사울 왕 때에는 암몬 사람 나하스가 길르앗 야베스를 치려고 했을 때, 이스라엘을 구원하셨다(삼상 11장). 특히 블레셋이 골리앗을 앞세우고 쳐들어왔을 때는 다윗을 통해 이스라엘을 구원하셨다(삼상 17장). 또한 아사 왕 때, 구스 사람 세라가 대군을 이끌고 침공했을 때에도 하나님께서는 아사의 기도를 듣고 구스를 쳐서 구원해 주셨다(대하 14장). 이 외에도 하나님은 이스라엘 역사가 진행되면서 숱한 위험과 고통과 전쟁에서 자기 백성을 구원하셨다.

안타까운 것은 하나님의 끊임없는 구원 사건에도 불구하고 이스라엘은 하나님을 버리고 우상을 숭배했으며, 하나님의 법에 불순종하는 죄를 지었다는 사실이다. 다시 말하면, 하나님과 맺은 언약을 파기하고 하나님의 구원에 역행한 채 멸망의 길을 걸었다.

이사야의 예언과 메시아의 오심

하나님은 북 이스라엘이 멸망하고 남 유다도 반드시 멸망하게 될 것임을 알리셨다. 그리고 멸망하기 전 이사야 선지자를 통하여 메시아를 보내 구원하시겠다는 예언을 주셨다(사 9:1~7; 11:1~16; 35:5~10; 60:17~19).

주 여호와의 영이 내게 내리셨으니 이는 여호와께서 내게

> 기름을 부으사 가난한 자에게 아름다운 소식을 전하게 하려 하심이라. 나를 보내사 마음이 상한 자를 고치며 포로 된 자에게 자유를, 갇힌 자에게 놓임을 선포하며 여호와의 은혜의 해와 우리 하나님의 보복의 날을 선포하여 모든 슬픈 자를 위로하되(사 61:1~2).

이사야 선지자의 예언은 하나님의 때가 되면 이런 일들이 일어날 것이라는 예언이다. 누가 이런 일을 성취하는가? 이사야 60:1에서 예언한 '나'(내)는 바로 메시아를 가리킨다. 메시아는 여호와의 영으로 충만하셔서 가난한 자들에게 아름다운 소식을 전하고, 마음이 상한 자를 고치며, 포로 된 자에게 자유를, 갇힌 자에게는 놓임을 선포하신다.

이런 일은 메시아의 사역이며, 이런 일이 일어났다는 것은 메시아가 오셨다는 뜻이다. 다시 말하면, 기쁜 소식이 전해지고, 고침받고, 자유와 해방 그리고 위로하는 일을 하는 사람이 나타났다는 것은 메시아가 나타났다는 뜻이다.

그렇다면, 이 예언은 언제 누구에 의해서 성취되었는가? 나타나리라고 하신 메시아는 누구인가? 하나님은 때가 되었을 때 하나님의 독생자 예수 그리스도를 이 세상에 보내셨다. 그 이유는 하나님께서 이 세상을 사랑하셨기 때문이고, 약속대로 자기 백성을 저희 죄에서 구원하기 위해서다.

> 하나님이 세상을 이처럼 사랑하사 독생자를 주셨으니 이는 그를 믿는 자마다 멸망하지 않고 영생을 얻게 하려 하심이라. 하나님이 그 아들을 세상에 보내신 것은 세상을 심판하려 하심이 아니요 그로 말미암아 세상이 구원을 받게 하려 하심이라(요 3:16~17).

> 아들을 낳으리니 이름을 예수라 하라. 이는 그가 자기 백성을 그들의 죄에서 구원할 자이심이라 하니라(마 1:21; 사 7:14 참조).

아버지 품속에 계셨던 독생하신 하나님, 독특하고 특별하신 아들, 즉 예수님께서 이 세상에 있는 자기 백성을 구원하기 위해 이 세상에 오셨다. 그리고 이사야 선지자가 예언한 것처럼 마음이 상한 자를 고치고, 포로가 되고 갇힌 자에게 자유를 선포하셨다.

예언의 성취와 예수님의 사역 선포

이 땅에 오신 예수님은 이사야 선지자의 말씀을 읽고 자신이 메시아임과 구원의 사역이 시작되었음을 선포하셨다. 누가복음 4:17~19 말씀이다.

> 선지자 이사야의 글을 드리거늘 책을 펴서 이렇게 기록된 데를 찾으시니 곧 주의 성령이 내게 임하셨으니 이는 가난한 자에게 복음을 전하게 하시려고 내게 기름을 부으시고 나를 보내사 포로 된 자에게 자유를, 눈 먼 자에게 다시 보게 함을 전파하며 눌린 자를 자유롭게 하고 주의 은혜의 해를 전파하게 하려 하심이라 하였더라.

이어 예수께서 그들에게 말씀하셨다.

> 이 글이 오늘 너희 귀에 응하였느니라(눅 4:21).

예수님은 이사야 선지자가 예언한 말씀이 자신에게 일어났다고 말씀하셨다. 이는 주의 성령이 예수님에게 임하셨기 때문이다. 다시 말하면, 메시아로서의 증표인 여호와의 영으로 기름 부음을 받아 메시아의 사역을 하는 자로 세움을 입었다는 뜻이다.

그리고 예수님은 왜 여호와께서 자신에게 성령을 임하게 하셨는지 설명하셨다. 그것은 가난한 자들에게 기쁜 소식을 전하고, 또 포로 된 자에게 자유를, 눈먼 자에게 다시 보게 함을, 전파하기 위해서다. 또한 눌린 자를 자유롭게 하고 주의 은혜의 해를 전파하게 하기 위함이다.

예수님은 자신에게 성령이 임하신 사실과, 성령으로 기름 부으신 목적을 밝히신 후, '이 글이 오늘 너희 귀에 응하였다'고 선언하셨다. 이 선언은 곧, 이사야 선지자의 예언이 예수님의 말씀을 듣고 있는 사람들에게 '지금 성취되고 있다'는 뜻이다.

가난한 자에게 복음을 전하게 하시려고

'가난한 자'란 사회적으로 최하위 계층에 속하며, 경제적으로 궁핍하고, 먹을 것이 없어 굶주리는 사람들까지 포함된다. 정치적·영적으로는 억압당하고, 자유를 박탈당한 자들이다. 예수님은 이런 사람들에게 전할 기쁜 소식, 아름다운 소식이 있다고 말씀하셨다.

그러나 여기서 주의할 점은, 가난한 자에게 전해지는 기쁜 소식이 무엇인가 하는 것이다. 단지 먹을 것을 주고, 그들을 부자로 만들어 주는 것으로 생각할 수 있다. 물론 그런 부분도 포함될 수 있지만, 예수님이 전파하는 진짜 기쁜 소식은 오병이어의 기적이나 칠병이어의 기적으로 배고픈 사람을 먹이는 것이 전부가 아니다. 예수님이 말씀하신 진짜 기쁜 소식은 하나님의 나라가 임했다는 소식이다. 헐벗고 굶주린 세상, 차별과 배제와 소외를 당하며 사는 지금과는 완전히 다른 새로운 세상, 즉 하나님의 나라가 왔다는 소식이다.

왜냐하면 가난한 자들의 고통은 먹을 것이 없어서 헐벗고 굶주림에서 오는 고통도 있지만, 그것보다도 더 큰 고통은 사람들로부터 무시당하고 버림받는 고통이다. 더 이상 이런 고통을 당하지 않는 세상, 곧 하나님의 나라가 임했다고 하는 것이 그들에게 기쁜 소식인 것이다.

포로 된 자에게 자유를, 눈먼 자에게 다시 보게 함을 전파하며, 눌린 자를 자유롭게 하고

'포로 된 자와 눌린 자'가 어떤 사람들인지 자세한 설명이 없다. 전쟁의 포로를 말하는지, 아니면 정치적으로 억압당하고 눌린 자를 말하는지 설명이 없다.

그러나 예수님의 사역을 놓고 보면, 정치적인 해방의 사역보다 영적 억압에서 해방하고 자유롭게 하는 사역이 훨씬 더 많다. 즉, 마귀와 귀신들의 압제와 죄의 속박 아래 종노릇하는 사람들을 자유롭게 하고 해방하는 사역이다. 그리고 죽기를 무서워함으로 종노릇하는 사람들도 자유케 하는 사역이다. 무엇보다도 죄에 종노릇하는 사람들, 즉 죄의 포로 되고 죄에 눌린 사람들을 자유롭게 하는 사역이다. 이는 예수님께서 죄를 사하는 권세를 가지시고, 자주 죄인을 불러 그들의 죄를 사하심으로 나타났다(눅 5:20).

그러므로 예수님께서 말씀하신 포로 된 자, 눌린 자는 정치적인 포로나 억압받는 자를 말할 수도 있지만, 그것보다 영적인 어둠의 세력과 사망, 죄에 포로 되고 억눌린 자이며, 예수님의 해방과 구원 사역은 결국 이것들부터 구원하는 사역이라고 정리할 수 있을 것이다.

그러나 예수님의 해방 사역이 영적인 일에 집중되어 있다고 할지라도 결과적으로는 정치적인 해방과 자유를 실현하는 사역이다. 권력과 권세를 가진 위정자들이 죄와 사망과 사탄에게서 구원받고 해방되면, 그들의 정치 방식이나 통치 형태가 바뀌기 때문이다. 영적으로 진정한 구원과 해방과 자유를 경험한 자는 가난한 자를 불쌍히 여기며 포로 된 자를 억압하지 않고 자유롭게 한다.

'눈먼 자를 다시 보게 함'은 실제로 시각 장애인을 치유하셔서 다시 보게 하는 사역을 말할 수 있다. 동시에, 영적으로 분별력을 잃은 자들, 마음이 어두워진 사람(롬 1:21), 진리에 대한 무지, 하나님과 하나님이 하시는 일들과 메시아의 오심과 그분의 사역에 대한 무지, 즉 영적 어둠에 갇힌 사람들에게 복음을 전하여 그들의 영적인 눈을 뜨게 하는 사역이다.

실제로 메시아 되신 예수님은 이 두 가지, 치유와 회복 사역을 하셨다. 예수님은 듣기는 들어도 깨닫지 못하고 보기는 보아도 알지 못하는 사람들에게 하나님 나라의 비밀을 가르치셨다. 그리고 예수님께서 '나를 따르라'고 부르신 제자들에게도 하나님 나라의 복음을 수시로 가르치셨다. 그래서 진리를 명확하게 알고 깨닫게 하셨다.

주의 은혜의 해를 전파하게 하려 하심이라

'은혜의 해'는 구약 성경에서 말하는 '희년'이다(레 25:8~55). 희년은 50년마다 돌아오는 해로, 빚진 자들의 모든 빚이 탕감되고, 돈 때문에 팔렸던 종과 노예들이 해방되는 해이다. 그리고 자기 가족, 고향으로 돌아가는 해이다.

예수님께서 '주의 은혜의 해를 전파한다'고 하신 말씀은 희년처럼, 예수님의 사역으로 말미암아 죄인의 모든 죄가 용서(탕감)받고 자신의 죄과에서 해방된다는 뜻이다. 실제로 예수님은 자기 백성을 죄에서 구원하기 위해 오셨고, 모든 사람의 죄를 짊어지고 대신 속죄의 제물이 되셨다. 그래서 누구든지 예수님을 믿고, 그 이름을 힘입으면 죄 용서를 받을 수 있고, 죄의 책임에서 벗어날 수 있게 하셨다.

또한 예수님은 구원받은 사람들을 세상으로 보내시며, 자신이 십자가와 부활을 통해 이루신 구원의 기쁜 소식을 전하라고 명령하셨다.

> 오히려 이스라엘 집의 잃어버린 양에게로 가라(마 10:6).

> 예수께서 또 이르시되 너희에게 평강이 있을지어다. 아버지께서 나를 보내신 것 같이 나도 너희를 보내노라(요 20:21).

> 또 이르시되 너희는 온 천하에 다니며 만민에게 복음을 전파하라(막 16:15).

그러므로 예수님을 믿고 구원받은 제자들은 온 천하에

다니며 만민에게 복음을 전해야 한다.

그 이유는 하나님을 믿기로 작정된 자들을 어둠의 세력과 죄의 종노릇하는 데서, 그리고 사탄의 종노릇하는 데서 해방하기 위해서다.

복음의 제사장적 사명: 세상의 포로를 구출하라

예수님의 제자는 전도하는 사람이다. 교회가 교회다움은 복음을 전파할 때다. 그 이유는 예수님을 믿고 구원받은 사람은 복음의 제사장적 사명을 받아, 죄에게 종노릇하는 사람을 구출하여 하나님의 백성이 되게 하라고 세상으로 보냄 받은 사람이기 때문이다.

예수님을 믿는 우리는 하나님과 세상 사이에서 복음의 제사장적 사명을 받은 사람들이다. 목사나 선교사만 복음의 제사장 직분을 받은 것이 아니라 예수님을 믿는 모든 사람이 복음의 제사장 직분을 받았다(벧전 2:5; 고후 5:17~20).

구약 성경에 등장하는 제사장은 하나님과 사람, 특히 죄인들 사이에서 중개 역할, 중재 역할을 하는 사람이다. 마찬가지로 복음의 제사장은 하나님과 아직 예수님을 믿지 않는 사람들 사이에서 중재역할을 하는 제사장이다. 특히 예수님을 믿지 않는 사람들로 하여금 예수님을 믿도록 해서 하나님께 드리는 일을 한다.

사도 바울은 이 사실을 이렇게 말한다.

> 이 은혜는 곧 나로 이방인을 위하여 그리스도 예수의 일꾼이 되어 하나님의 복음의 제사장 직분을 하게 하사 이방인을 제물로 드리는 것이 성령 안에서 거룩하게 되어 받으실 만하게 하려 하심이라(롬 15:16).

사도 베드로도 동일한 말씀을 한다.

> 그러나 너희는 택하신 족속이요 왕 같은 제사장들이요 거룩한 나라요 그의 소유가 된 백성이니 이는 너희를 어두운 데서 불러내어 그의 기이한 빛에 들어가게 하신 이의 아름다운 덕을 선포하게 하려 하심이라(벧전 2:9).

복음의 제사장으로 살아간다는 것은 삶의 초점이 자연스럽게 세상의 포로 된 사람들에게 맞춰지는 것을 의미한다. 어둠의 세력에게 사로잡혀 죄의 종으로 살아가는 사람들을 바라보면서, 그들을 구원으로 이끄는 길을 고민하게 된다. 하나님 아버지께서 구원의 사역을 시작하셨고, 예수 그리스도께서 이 땅에 오셔서 자기 백성 된 우리를 죄에서 구원하신 것처럼, 예수님의 보냄을 받은 우리 또한 사람들을 죄에서 구출해 내는 일을 한다.

죄인을 구원하는 일은 우리가 직접 할 수 없다. 이것은 예수님만 할 수 있는 예수님의 고유한 사역이다. 우리가 해야 할 일은 세상의 포로 된 사람들이 예수님을 믿을 수 있도록 복음을 전하는 일이다. 이 일을 하도록 우리는 하나님의 선택과 구원을 받았으며 그리고 보냄을 받았다.

그러므로 당신이 사랑하는 사람이 어둠의 세력에게 종노릇하는 모습을 그저 보고만 있어서는 안 된다. 사망을 향해 고속 질주하고 있는 것을 방치해서도 안 된다. 한 시도 지체하지 말고 당신이 사랑하는 사람들에게, 그리고 이웃들에게 예수 그리스도의 십자가와 부활을 전하라. 하나님께서는 전도의 미련한 것으로 믿는 자를 구원하시기를 기뻐하신다(고전 1:21). 또 영생을 주시기로 작정된 자들은 다 믿을 것이다(행 13:48).

주위를 돌아보면 여전히 세상과 어둠의 세력 아래 있는 사람들이 많다. 그리고 그들을 구원으로 이끄는 가장 확실한 방법은 복음을 전하는 일이다. 전하고 믿기만 하면, 구원의 역사는 지금도 일어난다.

다만 우리가 게을러서, 혹은 전하지 않아서 구출 받지 못하고 노예 생활, 포로 생활을 하고 있다면, 그것은 우리의 책임이다. 그리고 그 책임에 대한 심판도 결코 가볍지 않을 것이다.

그러므로 예수 그리스도께서 포로 된 자를 해방하도록, 당신이 사랑하는 사람들이 예수님을 믿고 구원받도록, 입을 열어 복음을 전하라.

> 누구든지 주의 이름을 부르는 자는 구원을 받으리라. 그런즉 그들이 믿지 아니하는 이를 어찌 부르리요 듣지도 못한 이를 어찌 믿으리요 전파하는 자가 없이 어찌 들으리요 보내심을 받지 아니하였으면 어찌 전파하리요 기록된 바 아름답도다. 좋은 소식을 전하는 자들의 발이여 함과 같으니라(롬 10:13~15).

11.
세상을 향한 하나님의 계획을 전하라

베드로후서 3:1~7

한때 미국 워싱턴 주 남서부 끝자락에는 세인트헬렌스 산(Mount St. Helens)이라는 아름다운 산이 있었다. 이 산은 과거 화산 활동으로 형성된 산이었다. 1980년대 이전까지는 휴화산 혹은 사화산으로 알려졌다. 세인트헬렌스 산은 눈 덮인 정상에서부터 부드럽게 내려오는 경사면이 완벽한 대칭을 이루는 멋진 산이었다. 특히 울창한 숲과 스피리트 호수(Spirit Lake)까지 더해져 많은 사람들의 사랑을 받았다. 이 아름다운 산으로부터 약 80km 떨어진 오리건 주 포틀랜드 시민들에게는, 이 산을 바라보는 것이 큰 즐거움이었다.

1980년 1월, 세인트헬렌스 산은 잠에서 깨어나 활동을 시작했다. 분화구에서는 가스와 증기가 뿜어져 나왔고, 내부 깊은 곳에서는 격렬한 움직임이 감지되었다. 2월에는 산의 북동 사면이 조금씩 융기하기 시작했다. 3월부터 매일 1~3미터씩 솟아오르다가 1980년 5월 18일 세인트헬렌스 산은 히로시마 원자폭탄의 500배에 달하는 위력으로 폭발하고 말았다.

대칭을 이루던 원뿔 모양의 산은 북동 측면이 폭발하면서 약 2,950m 높이의 봉우리를 날려버려 산 정상이 약 400m나 낮아졌다. 분화 기둥은 약 25.8km까지 높이 치솟았으며, 폭발로 초속 134m/s의 산사태가 일어났다.

그 결과 약 518㎢의 울창한 숲이 폭풍같은 열기와 바람에 불타거나 쓸려갔고, 아름다웠던 스피리트 호수도 흔적도 없이 사라졌다.

이 폭발로 인하여 57명이 죽고 수천 마리의 동물이 죽었다. 그리고 엄청난 양의 화산재가 수백 킬로미터에 걸쳐 눈처럼 쏟아져 내렸다. 집과 자동차, 거리 위에 내려앉은 재는 태양빛조차 가리며 어둠을 드리웠다. 아름다웠던 세인트헬렌스 산의 예전 모습은 완전히 사라졌고, 북동 측면은 황량한 달 표면처럼 변해버렸다. TIME 지는 "미국 최악의 '중간' 화산 폭발"이라는 표현을 썼다.[1]

세인트헬렌스 산이 폭발할 가능성이 뚜렷해졌을 때, 워

싱턴 주지사 딕시 리 레이(Dixie Lee Ray)는 산에서 반경 32킬로미터 이내에 거주하는 모든 주민에게 대피하라는 명령을 내렸다.[2]

그의 경고에 따라 대피한 사람들도 있었지만, 그렇지 않은 이들도 있었다. 특히 스피리트 호수의 산장 관리인 해리 트루먼(Harry Truman)은 완고하게 버텼다. 그는 자신이 기르던 16마리 고양이와 함께 그곳에 머물렀다. 그리고 해리 트루먼처럼 화산은 결코 폭발하지 않고 안전하다고 믿은 몇몇 주민들과 캠핑족들은 대피하지 않고 남았다.

하지만, 5월 18일 일요일 아침 6시 30분. 세인트헬렌스 산이 대폭발을 일으켰다.

이 대참사에서, 미리 대피한 대부분의 사람은 목숨을 건졌다. 그러나 경고를 무시하고 산에 남았던 사람들은 끝내 목숨을 잃고 말았다.

하나님의 경고

여기서 세인트헬렌스 산의 대폭발을 이야기하는 것은 세인트헬렌스 산이 화산 폭발할 것이라는 '경고'가 있었던 것처럼, 이 세상을 향한 '하나님의 경고'가 있기 때문이다.

하나님은 태초에 세상을 창조하셨다. 지금은 보존하고 계시지만, 때가 되면 이 세상은 하나님의 심판으로 멸망할 것이다. 그리고 사람들은 세상이 멸망할 때 구원받거나 아니면 심판을 받을 것이다. 하나님이 보내신 예수님을 자신의 구원자로 믿는 사람은 구원을 받을 것이고, 부인하고 믿지 않는 사람은 심판을 받아 지옥 사망에 떨어질 것이다. 세인트헬렌스 산의 폭발 경고에 순종한 사람들은 목숨을 건졌지만, 경고를 무시한 사람들은 폭발과 함께 사라진 것처럼 말이다.

하나님은 얼마든지 이 세상을 심판할 수 있으며, 실제로 역사 속에서 심판을 경고하시고, 또 심판하셨다. 그것도 여러 번. 그 예로 바벨탑 사건, 노아 시대의 홍수, 소돔과 고모라의 멸망, 그리고 인류 역사 속 여러 제국과 나라와 민족, 남북 이스라엘에 임한 심판이 있다. 이 외에도 하나님의 심판 사례는 무수히 많다.

이런 사실은 하나님께서 원하시면 언제든 심판하실 수 있다는 것을 분명히 보여준다. 심지어 하나님께서 선택하신 자신의 백성도 심판하실 수 있다.

> 하나님이 원 가지들도 아끼지 아니하셨은즉 너도 아끼지

아니하시리라. 그러므로 하나님의 인자하심과 준엄하심을 보라 넘어지는 자들에게는 준엄하심이 있으니 너희가 만일 하나님의 인자하심에 머물러 있으면 그 인자가 너희에게 있으리라 그렇지 않으면 너도 찍히는 바 되리라(롬 11:21~22).

세상 마지막 종말의 때에는 불로 심판하실 것이다. 불로 심판하신다는 예고편이 바로 소돔과 고모라 심판이다.

예수님도 동일하게 말씀하셨다. 가라지 비유(마 13:40~42)에서 추수 때 가라지를 거두어 '풀무 불에 던져 넣으리니'라고 말씀하셨고, 양과 염소의 비유(마 25:41)에서는 저주받은 자들을 '마귀와 그 사자들을 위하여 예비된 영원한 불에 들어가라'고 말씀하셨다. 마가복음 9:43~48에서는 범죄한 지체를 찍어버리라고 말씀하시면서 '지옥, 꺼지지 않는 불에 들어가는 것보다 낫다'고 말씀하셨다. 가장 직접적으로 하신 말씀은 "롯이 소돔에서 나가던 날에 하늘로부터 불과 유황이 비 오듯 하여 그들을 멸하였느니라. 인자가 나타나는 날에도 이러하리라."고 하신 말씀이다.

세상이 불로 심판받는다는 내용은 사도들도 동일하게 말씀한다. 사도 바울은 데살로니가후서 1:7~9말씀에서 예수님께서 재림하시어 '불꽃 가운데서 악인들을 심판하시고 형벌을 내리신다'고 하셨다. 사도 베드로는 베드로후서 3:7에서 "이제 하늘과 땅은 그 동일한 말씀으로 불사르기 위하여 간수하신 바 되어"라고 말했다(참조. 벧후 2:6; 3:10,12).

사도 요한이 기록한 요한계시록은 세상이 불로 심판받는 장면을 생생하게 묘사한다. 특히 요한계시록 18:8 말씀은 "그러므로 하루 동안에 그 재앙들이 이르리니 곧 사망과 애통과 흉년이라. 그가 또한 불에 살라지리니 그를 심판하시는 주 하나님은 강한 자이심이라"고 말씀하셨다. 20:14~15와 21:8에서는 사망과 음부가 불 못에 던져질 것이라고 말한다. 또한 믿지 않는 자, 흉악한 자, 살인자, 음행자, 점술가, 우상 숭배자, 거짓말하는 자들 역시 불과 유황으로 타는 못에 던져질 것이라 한다.

따라서 우리가 사는 세상은 불로 심판받도록 이미 작정되었다. 이 진리는 예수님과 성경을 통해서 예고되었고 지금도 경고로 온 인류에게 선포되고 있다. 그뿐만 아니라 세상이 멸망하기 전에 개인적인 수명이 다하면 예수님을 거부한 자들은 지옥 사망의 불 못에 던져진다(계 20:15).

하나님의 심판은 확실하다. 변경되거나 취소되지 않는다. 이미 하나님의 뜻 안에서 계획되었고 확정되었다. 인류는 반드시 멸망할 것이다. 문제는 어떻게 불의 심판을 피할 수 있는가 하는 것이다. 당신은 하나님의 심판을 피할 대비책이 있는가?

하나님의 심판을 피하는 유일한 방법

하나님의 심판을 피할 수 있는 유일한 방법이 있다. 그것은 하나님의 경고를 받고 하나님의 지시대로 하나님의 아들 예수 그리스도를 자신의 구세주로 믿는 것이다.

하나님은 지금 심판을 참고 계신다. 그것도 오래 참고 계신다. 하나님께서 참고 있는 지금이 기회이다. 사도 베드로는 이렇게 말한다.

> 사랑하는 자들아, 주께는 하루가 천 년 같고 천 년이 하루 같다는 이 한 가지를 잊지 말라. 주의 약속은 어떤 이들이 더디다고 생각하는 것 같이 더딘 것이 아니라 오직 주께서는 너희를 대하여 오래 참으사 아무도 멸망하지 아니하고 다 회개하기에 이르기를 원하시느니라(벧후 3:8~9).

하나님은 아무도 멸망하지 않도록 다 회개하기를 원하신다. 이유는 회개하고 죄에서 돌아서서 하나님의 뜻대로 예수님을 믿으면 구원을 받기 때문이다. 회개하고 더 이상 죄를 짓지 않고 하나님의 말씀대로 살면 구원을 받을 수 있다.

하나님께서 회개하기를 기다리면서 참고 계시는 지금이 기회이다. 과거는 중요하지 않다. 지금이 중요하다. 누구든지 회개하면 하나님의 심판을 피할 수 있고 구원을 받을 수 있다. 개인이든 집단이든 회개하면 하나님의 심판을 피할 수 있다.

하나님은 이 사실에 대해 역사적인 한 사건을 통해 확증하셨고 또 알려주셨다. 바로 요나 선지자를 통해 니느웨가 멸망하는 것을 미루신 사건이다.

하나님은 니느웨의 죄악이 큼으로 인해 40일 후에 멸망하기로 작정하시고 요나 선지자를 보내 그 사실을 알렸다(욘 3:4).

그러자 니느웨의 왕이 모든 신하와 백성들, 심지어 짐승에 이르기까지 금식을 선포하고 자기가 지은 죄를 자복하며 회개했다. 니느웨의 왕은 조서를 내려 "사람이든지 짐승이든지 다 금식하고 굵은 베 옷을 입고 힘써 하나님께 부르짖을 것이며, 각기 악한 길과 손으로 행한 강포에서 떠날 것이라"라고 명령했다. 그러면서 "하나님이 뜻을 돌이키시고 그 진노를 그치사 우리가 멸망하지 않게 하시리라. 그렇지 않을 줄을 누가 알겠느냐"라고 했다(욘 3:7~9).

니느웨의 왕과 모든 백성은 자신들의 죄를 고백하고 죄 용서를 구하면서 회개했다. 그리고 자신들을 긍휼히 여겨 주실지도 모른다는 막연한 가능성을 믿음으로 붙들고 하나님의 긍휼을 구했다.

그러자 하나님은 그들이 회개하는 것을 보고 40일 후에 니느웨를 멸하기로 작정하신 것을 연기하셨다.

> 하나님께서 그 행한 것, 곧 그 악한 길에서 돌이켜 떠난 것을 보시고 하나님이 뜻을 돌이키사 그들에게 내리리라고 말씀하신 재앙을 내리지 아니하시니라(욘 3:10).

이처럼 하나님은 죄인이 회개하면 그를 긍휼히 여겨주신다. 죄를 용서해 주시고 멸망을 피할 수 있게 해 주신다.

지금도 하나님은 아무도 멸망하지 않도록 회개하기를 참고 계신다. 이렇게 하나님께서 길이 참으시는 지금이 우리와 인류에게 주어진 기회이다. 더 늦기 전에 회개하고 예수 그리스도를 믿으면 하나님의 심판을 피할 수 있다.

하나님께서 말씀하시기를 "은혜의 때에, 나는 네 말을 들어주었다. 구원의 날에, 나는 너를 도와주었다" 하셨습니다. 보십시오, 지금이야말로 은혜의 때요, 지금이야말로 구원의 날입니다(새번역성경 고후 6:2).

하나님의 참으심은 오래 참으심이지만 무한정 참으시는 것은 아니다. 하나님의 공의와 정의, 하나님의 의로우심이 세상의 불의함에 대해, 그리고 죄인의 죄악에 대해 심판을 촉발한다. 하나님께서 진노하시면 세상은 하나님의 심판을 받아 멸망할 것이다.

하나님의 심판이 진행된 후에는 회개해도 소용없고, 후회해도 소용없다. 어디 숨을 데도 없고 심판을 피할 수도 없다(눅 23:29~30). 기회가 끝났기 때문이다.

시작이신 하나님은 끝이기도 하다. 처음이신 하나님은 세상의 마지막이기도 하다. 알파와 오메가 되시는 하나님이시다.

다가오는 하나님의 심판: 마지막 때의 모습

하나님의 심판은 사람이 생각하는 것보다 훨씬 더 무섭

고 강하다. 하나님이 창조하신 만물은 하나님의 진노의 불 앞에 견디지 못한다. 사도 베드로의 표현을 빌리자면 세상에 창조된 모든 피조물이 하나님의 진노의 불에 '풀어지고 녹아서 흐른다.' 피조물들이 이렇게 되는데 어찌 사람들이 견딜 수 있겠는가?

> 보라 날이 이르면 사람이 말하기를 잉태하지 못하는 이와 해산하지 못한 배와 먹이지 못한 젖이 복이 있다 하리라 그 때에 사람이 산들을 대하여 우리 위에 무너지라 하며 작은 산들을 대하여 우리를 덮으라 하리라(눅 23:29~30).

마태복음 24장과 요한계시록은 세상 마지막 때에 있을 무시무시한 하나님의 심판을 미리 알려 준다. 세상이 멸망할 때가 되면 땅에서 화평이 사라진다. 서로 죽이는 일들이 일어난다(계 6:4). 경제가 마비되고 물가가 하늘 높은 줄 모르고 치솟는다. 한 데나리온에 밀 한 되, 한 데나리온에 보리 석 되나 될 것이다(계 6:6). 또 땅의 4분의 1이 칼과 전쟁과 흉년과 기근과 질병으로 죽을 것이다(계 6:8). 큰 지진이 나고 해가 검게 변하고 달이 피같이 되며, 하늘의 별들이 무화과나무의 설익은 열매가 떨어지는 것처럼 떨어질 것이다. 그리고 크고 작은 산과 섬이 제 자리에서 옮겨질 것이다(계 6:12~14). 그때 사람들은 이렇게 외칠 것이다.

> 땅의 임금들과 왕족들과 장군들과 부자들과 강한 자들과 모든 종과 자유인이 굴과 산들의 바위 틈에 숨어 산들과 바위에게 말하되 우리 위에 떨어져 보좌에 앉으신 이의 얼굴에서와 그 어린 양의 진노에서 우리를 가리라. 그들의 진노의 큰 날이 이르렀으니 누가 능히 서리요 하더라(계 6:15~17).

하지만 이것이 전부가 아니다. 세상의 마지막 모습은 결국 사도 베드로가 예언한 말씀처럼 될 것이다.

> 주의 날이 도둑같이 오리니 그날에는 하늘이 큰 소리로 떠나가고 물질이 뜨거운 불에 풀어지고 땅과 그중에 있는 모든 일이 드러나리로다. 하나님의 날이 임하기를 바라보고 간절히 사모하라. 그날에 하늘이 불에 타서 풀어지고 물질이 뜨거운 불에 녹아지려니와(벧후 3:10, 12).

우리가 사는 지구는 심각하게 오염되고 있다. 바다는 쓰레기로 죽어가고 있고, 세계 도처에서 가뭄과 흉년으로 물이 없어 농사를 짓지 못한다. 또 온난화의 이상 기후와 전쟁으로 농산물과 기름 등이 하늘 높은 줄 모르고 치솟고 있다. 눈에 보이지도 않는 바이러스가 세상을 강타했다. 코로나19 팬데믹으로 사망한 사람이 전 세계적으로 6,301,381명이고 확진자는 526,084,762명이나 되었다.[3]

그런데 세상이 멸망할 때는 이 정도 사망자와는 비교도 할 수 없을 것이다. 하나님이 심판하시면 피 섞인 우박과 불이 나와서 땅에 쏟아질 것이고 땅의 3분의 1이 타버리고 각종 푸른 나무도 풀도 다 타고 말 것이다. 또 불붙는 큰 산과 같은 것이 바다에 던져질 것이고 바다의 3분의 1이 피가 되고 바다 가운데 생명을 가진 피조물 3분의 1이 죽고 배들의 3분의 1이 깨지고 파선하게 될 것이다. 이뿐만 아니라 큰 별이 하늘에서 떨어져 강들의 3분의 1과 여러 물 샘에 떨어지니 물의 3분의 1이 쓴 물이 되고 많은 사람이 죽게 될 것이다. 그리고 해의 3분의 1과 달의 3분의 1과 별의 3분의 1이 타격을 받아 어두워지고 낮에도 빛을 보기 어려울 것이다(계 8:7~12).

이런 일들을 예측하고 또 아무리 잘 준비된 시스템이 있다 할지라도 막을 수 없다. 하나님의 심판을 대비한 대책은 무용지물이 된다. 그냥 손쓸 방법도 없다. 세상의 그 누구도 하나님의 심판, 즉 세상의 멸망을 피할 수 없다.

다만 자기 죄를 회개하고, 예수 그리스도를 자신의 구원자로 영접하며, 예수 그리스도에게로 피한 사람들만 멸망 중에 구원을 받는다. 노아와 그의 가족이 홍수 심판에서 구원받듯이, 롯과 그의 가족이 소돔과 고모라가 멸망할 때 구원받듯이 하나님의 말씀대로 회개하고 예수님을 믿는 자만 구원을 받는다.

또 하나는 하나님의 아들 예수 그리스도께서 이 세상에 다시 오신다는 진리다. 예수님은 자신을 믿는 자들을 구원하기 위해 이 세상에 다시 오신다.

> 인자가 아버지의 영광으로 그 천사들과 함께 오리니 그 때에 각 사람이 행한 대로 갚으리라(마 16:27).

왕권을 갖고 다시 오신 예수님은 각 사람이 행한 대로 갚아주신다. 예수님을 거부하고 부인하는 사람에게는 영원한 형벌을, 그러나 예수님을 하나님의 아들로, 자신의 주로 시인하고 인정하며 자신의 구세주로 믿고 받들어 섬기는 자들에게는 영원한 생명과 하나님 나라를 주신다. 따라서 예수님의 다시 오심은 믿지 않는 자들에게는 심판의 날이지만, 믿는 자들에게는 구원과 영광으로 보상받는 날이 된다.

하나님의 계획을 알려야 하는 우리의 사명

우리는 지금까지 말한 이 진리를 알고 있다. 세상을 향한 하나님의 계획을 알고 세상의 심판과 멸망을 알고 있다. 어떻게 그 멸망에서 구원받을 수 있는지도 알고 있다.

더구나 세상은 시간이 갈수록 하나님이 원하시는 방향으로 개선되거나 변화되지 않는다. 오히려 도처에 죄를 쌓고 있다. 하나님을 경외하지 않고 하나님의 법에 불순종하는 죄악이 넘쳐난다. 이런 상황은 하나님의 진노를 자극한다. 따라서 하나님의 오래 참으심이 끝나면 예상하지 못한 때, 도둑같이, 갑자기 하나님의 심판은 진행될 것이다.

그러므로 하나님의 계획을 알고 있는 우리는 '세상을 향한 하나님의 심판과 예수님을 믿는 자를 구원하신다는 하나님의 계획'을 사람들에게 알려야 하지 않을까?

성경이 말하는 분명한 진리는 누구든지 주의 이름을 부르는 자는 구원을 받는다는 것이다(행 2:21; 롬 10:13). '누구든지' 예수님에 대해 마음으로 믿고 입으로 주라고 시인하면 구원을 받는다(롬 10:10). '누구든지' 회개하고 예수 그리스도의 이름으로 세례를 받으면 죄 사함을 받는다(행 2:38).

그렇기 때문에 우리는 세상의 멸망이 다가오고 있다는 것과 구원받을 길이 있다는 이 사실을 우리만 알고 있으면 안 된다. 구원의 방식은 아는 자들이 전하고, 전한 자들이 전한 복음을 듣고 믿는 것이며, 예수님을 믿음으로 구원을 얻는 방식이다. 따라서 먼저 알고 믿는 자들의 책무는 전하는 것이다.

> 그런즉 그들이 믿지 아니하는 이를 어찌 부르리요 듣지도 못한 이를 어찌 믿으리요 전파하는 자가 없이 어찌 들으리요 보내심을 받지 아니하였으면 어찌 전파하리요 기록된 바 아름답도다. 좋은 소식을 전하는 자들의 발이여 함과 같으니라(롬 10:14~15).

믿음은 들음에서 난다. 너무 늦기 전에, 모두가 알고 믿을 수 있도록, 하나님의 구원 계획을 알리고 복음을 전해야 한다. 우리가 사랑하는 사람들을 위해서 말이다. 이것이 우리의 의무이고 책임이다.

> 내가 복음을 전할지라도 자랑할 것이 없음은 내가 부득불 할 일임이라. 만일 복음을 전하지 아니하면 내게 화가 있을 것이로다(고전 9:16).

바울에게 복음을 전하는 일은 선택의 문제가 아니었다. 그는 그것을 '부득불 자신이 해야 할 일'이라 고백했고, 그 고백대로 살았다. 혹시라도 전하지 않아 화를 당할까 두려워서가 아니라, 복음 자체가 그를 움직이는 힘이었기 때문이다. 그래서 그는 때를 얻든지 못 얻든지, 주어진 기회는 물론이고 기회가 보이지 않을 때조차 만들어가며 하나님의 구원과 심판을 전했다.

그의 발걸음이 닿는 곳마다 복음은 흘러나왔다. 집에서도, 회당에서도, 길거리에서도, 대중 앞에서도 그는 같은 메시지를 전했다. 심지어 재판정에서도, 또 감옥에 갇혀 있을 때도 그의 입술에는 예수 그리스도가 있었다. 바울은 만나는 사람이 누구든, 어디에 있든, 상황이 어떠하든, 오직 복음을 전하는 사람으로 서 있었다.

우리에게도 복음을 전할 기회가 주어졌는데, 때로는 눈치 보며 지나쳤고, 때로는 할 말이 있음에도 입을 다물 때가 많았다. 복음을 전하는 일이 부담으로만 느껴질 때도 있었다. 하지만 바울의 삶을 바라보면, 그가 가진 힘은 환경에서 오지 않았음을 알게 된다. 오직 복음이 그를 이끌었고, 그 복음이 사람을 살리는 능력이었기 때문이다.

그렇다면 우리 역시 지금 서 있는 자리에서, 그저 가까운 이웃 한 사람에게라도 예수 그리스도를 전할 수 있지 않을까? 거창한 무대가 아니어도, 특별한 자리가 아니어도, 일상속에서 복음은 전할 수 있지 않을까?

우리의 작은 입술을 열어 복음을 전하면, 혹시 하나님께서 뜻을 돌이키시고 그 진노를 그치사 우리와 우리가 사랑하는 사람들이 멸망하지 않게 하실지 누가 알겠는가?

> 하나님이 뜻을 돌이키시고 그 진노를 그치사 우리가 멸망하지 않게 하시리라 그렇지 않을 줄을 누가 알겠느냐 한지라. 하나님이 그들이 행한 것 곧 그 악한 길에서 돌이켜 떠난 것을 보시고 하나님이 뜻을 돌이키사 그들에게 내리리라고 말씀하신 재앙을 내리지 아니하시니라(욘 3:9~10).

12.
패역한 세상을 향해 선지자의 심정으로 외쳐라

미가 1:1~9

　어떤 사람들은 세상이 하나님의 눈에 잘못되어 가고 있음에도 별다른 관심을 두지 않는다. 자신에게 직접적인 해가 없다면, 세상이 어떻게 되든 상관없다는 듯 살아간다. 마치 이 세상에 대한 책임감이나 의무감이 전혀 없는 사람처럼 말이다.

　반면, 세상에 민감한 사람들은 세상 돌아가는 일에 깊은 관심을 보인다. 정치에 관심이 많은 사람은 정치인들이 어떤 정책을 추진하고 어떤 방식으로 정치를 운영하는지를 예리하게 지켜본다. 경제에 관심이 많은 사람은 주가의 등락은 물론, 경제신문을 탐독하면서 세계 시장의 흐름과 미래 먹거리까지 분석한다. 공의와 정의에 마음을 둔 사람은 사회의 부조리, 구조적인 악, 그리고 모든 사람이 차별 없이 동등한 권리를 누리며 평화롭게 살아갈 수 있는 방법을 진지하게 고민한다.

특별히 세상 사람들의 영혼에 관심이 많은 사람은, 그들이 죄로 인해 하나님의 심판 아래 놓여 멸망하는 현실을 안타까워하며, 죄사함과 구원의 기쁜 소식인 복음을 전하는 데 자신의 삶을 헌신한다. 그는 하나님께서 심판하시는 죄를 미워하고, 사람들로 하여금 죄를 짓지 않도록 경고하며 중보기도에 힘쓴다. 이처럼 세상과 세상 사람들에 대해 깊이 알고 있는 사람은, 곧 세상에 깊은 관심을 가진 사람이다.

그러나 단순히 관심이 있다고 해서, 세상이 잘못되어 가고 있다는 사실을 정확히 아는 것은 아니다. 관심이 있어도 무엇이 옳고 바른지, 무엇이 그른지, 무엇이 선하고 악한지 판단할 분명한 기준이 없다면, 세상을 제대로 분별할 수 없다. 이 기준이 없으면 사람은 '자기 보기에 옳은 것'을 따라 말하고 판단하게 된다.

예를 들어보자. 일본은 과거 우리나라를 침략하여 자원을 수탈하고, 강제징용과 위안부를 통해 인간의 존엄성과 권리를 짓밟았다. 더 나아가 조선의 말살을 시도하며 조선을 일본화하는 온갖 정책을 시행했다. 이로 인해 수많은 생명이 희생되고, 국민 전체가 큰 고통을 겪었다. 한국인들은 이 만행에 대해 일본이 정식으로 사과하라고 요구하고 있다.

그러나 일본은 정반대로 생각한다. 자신들이 '미개한 조선을 근대화시켜 발전시켜줬다'고 주장하며, 오히려 고마워해야 한다고 말한다. 이러한 극단적인 입장 차이는 무엇이 옳고 그른지, 무엇이 선이고 악인지에 대한 판단 기준이 다르기 때문이다. 다시 말해, 모두가 자기 눈에 옳은 대로 보고 생각하고 판단하기 때문에 이런 갈등이 생기는 것이다.

따라서 세상이 잘못되어 가고 있다는 것을 정확히 분별하고 바르게 판단하려면, 보편타당하고 흔들림 없는 기준이 있어야 한다. 만일 그 기준이 없다면 모든 판단은 주관적일 수밖에 없고, 결국 한쪽으로 치우친 왜곡된 판단으로 흐르게 된다.

그렇다면, 선과 악, 옳고 그름을 가르는 절대적인 기준이 있는가? 안타깝게도 세상은 그런 기준을 부인한다. 오늘날 세상은 절대 기준을 인정하지 않고, 오직 상대적인 기준만을 받아들인다.

그러나 성경은 다르다. 성경은 하나님께서 주신 절대 기준을 제시한다. 곧, 진리 되신 하나님과 그분의 입에서 나온 말씀이 진리이며, 모든 판단의 기준이다. 하나님의 말씀, 그것이 계명이든, 율법이든, 명령이든, 하나님의 입에서 나온 말씀은 선과 악, 옳고 그름, 진리와 거짓을 분별하는 최종 기준이다. 그래서 고대의 성도들은 성경을 '캐논'(canon, 기준, 자, 표준)이라고 불렀다. 성경은 인간의 생각이 아니라 하나님의 뜻에 기초한 절대적인 분별의 자이기 때문이다.

세상을 향한 교회의 책임과 사명

세상을 올바르게 보고 정확히 분별할 수 있는 기준을 가진 곳, 그것이 바로 교회다. 교회는 하나님의 말씀을 선포하고 가르치며, 그 말씀에 따라 살아가려는 사람들의 공동체다. 교회는 하나님의 말씀이라는 분명한 기준을 가지고 있기 때문에, 세상이 바른 길을 가고 있는지, 잘못된 방향으로 가고 있는지를 가장 정확하게 분별할 수 있다.

그러나 교회가 세상에 무관심하면 세상이 어디로 가고 있는지 알지 못한다. 교회가 세상에 관심을 가지고, 하나님의 말씀이라는 잣대로 세상과 사람들, 그리고 교회 자신까지 살피고 점검하며 알려줄 때, 비로소 모두가 자신의 현실을 제대로 인식할 수 있다.

'지금', '오늘'을 사는 사람들이 어떤 가치관을 갖고 살고, 무엇을 추구하며 사는지, 그리고 그것이 성경에서 말하는 것과 얼마나 일치하는지 살펴보면, 세상의 흐름이 보인다. 성경이라는 기준으로 판단해 보면, 사람들의 경제 활동이 정의로운지, 노동 현장에서 공의와 정의가 실현되고 있는지, 사회적 약자들이 존중받고 그들의 권리가 보장되고 있는지 쉽게 알 수 있다.

사람들이 갖고 있는 기본적인 욕구도 마찬가지다. 성적인 욕망을 어떻게 다루는지, 본성과 욕망을 따라 살고 있는지, 아니면 하나님의 말씀을 따라 절제하며 성결하게 살아가고 있는지를 보면 그 삶의 방향을 알 수 있다. 하나님이 짝지어준 사람과 거룩하고 행복한 삶을 누리는가, 아니면 욕망에 끌려 무너지고 있는가를 하나님의 말씀은 분명히 보여준다.

또한 권리와 자유를 가졌다고 해서, 그것을 무조건 행사하는 것이 유익한 것은 아니다. 때로는 공의를 위해, '덕'을 위해 자신의 권리와 자유를 제한하거나 내려놓아야 할 때도 있다. 이는 하나님의 선하시고 기뻐하시고 온전하신 뜻을 위한, 그리고 우리와 함께 살아가는 이웃을 위한 배려이기도 하다.

이처럼 교회는 하나님의 말씀이라는 진리를 가지고 있기 때문에 세상을 바로 볼 수 있고, 또 세상이 어디로 향하고 있는지를 밝혀 줄 수 있다. 교회가 이 역할에 충실하면 세상은 자신을 돌아볼 수 있는 거울을 얻게 된다.

하나님의 심판을 아는 교회

교회는 세상과 그 안에 사는 사람들이 반복적으로 죄를 지으면 결국 어떻게 되는지를 알고 있다. 노아의 시대처럼 죄악이 온 세상에 가득 차면, 하나님께서 반드시 심판하신다는 것을 교회는 안다. 소돔과 고모라처럼 죄악이 관영했던 도시들이 불로 심판을 받은 것처럼, 지금 우리가 살고 있는 이 세상 역시 언젠가는 불로 심판받을 것임을 교회는 알고 있다.

비록 '지금'은 최종적인 멸망의 심판이 아닐지라도, 하나님은 죄악을 경고하시기 위해 고통스러운 삶의 현실을 허락하시고, 이를 통해 사람들이 자신을 돌아보며 죄를 깨닫도록 하신다. 교회는 이러한 하나님의 경고와 심판의 이치를 분명히 알고 있다.

생각해보라. 진리를 알고 있는 사람이 그 진리를 전하지 않는다면, 그 책임은 얼마나 클 것인가? 고대 철학자 플라톤은 '동굴의 비유'를 통해 진리를 전하는 자의 책임에 대해 말한 바 있다.

그 비유에 따르면, 사람들은 모두 어두운 동굴 속에 갇혀 벽에 비친 그림자만을 보며 그것이 현실의 전부라고 믿고 있다. 그들은 태양의 빛에 의해 비춰진 그림자를 실재라고 착각하며 살아간다. 그런데 어느 날, 한 사람이 묶였던 결박에서 풀려나 뒤를 돌아보고 동굴 밖의 강렬한 빛을 마주하게 된다. 그는 동굴을 빠져나와 눈부시도록 찬란하고 아름다운 참된 세계, 즉 실재를 보게 된다.

그는 곧바로 동굴로 돌아가, 여전히 그림자만을 보고 사는 이들에게 자신이 본 진짜 세계를 알리려 한다. 결박을 풀고 함께 그 찬란한 세계로 나가자고 말한다. 그러나 동굴 속에 있는 사람들은 그의 말을 믿지 않는다. 오히려 그를 미친 사람 취급하며, 어두운 동굴 안에 머물기를 고집한다. 그럼에도 그는 포기하지 않고 계속해서 설득하며 진리의 세계로 인도하려 한다. 플라톤은 이것이 바로 진리를 깨달은 철학자의 책임이자 사명이라고 말했다.

예수 그리스도를 믿어 구원받은 우리도 마찬가지다. 우리는 참된 진리를 알고 있다. 인간은 죄인이며, 죄의 대가는 반드시 따른다는 것, 그리고 우리가 살아가는 이 세상이 언젠가는 하나님의 심판 아래 멸망할 것이라는 사실을 우리는 안다. 죄가 관영한 세상은 결국 하나님의 공의로운 심판, 곧 불로 심판을 받게 될 것이다.

동시에 우리는 예수 그리스도를 믿기만 하면 죄 사함을 받고, 하나님의 심판에서 벗어나 영원한 생명을 얻는다는 복음을 알고 있다. 그렇기에 이 진리를 세상 사람들에게 반드시 전해야 한다. "아직 기회가 있다. 생명의 길이 있다. 하나님의 심판을 피하고 영원히 살 수 있는 길이 있다"고 말해야 한다.

비록 그들이 듣지 않고 거부하더라도, 결코 포기해서는 안 된다. 끝까지 설득하고 또 설득해서 예수 그리스도를 믿고 구원받게 도와야 한다.

침묵하는 교회 vs 외쳐야 할 교회

오늘날 많은 교회가 외쳐야 할 복음을 외치지 않고 침묵한다. 복음 대신에 다른 것을 선전하기에 바쁘다. 세상과 세상 사람들이 얼마나 심각한 상태에 있는지를 알리기보다는, 자신들의 안일과 부귀영화를 누리는데 더 큰 관심을 쏟는다. 마치 구약 시대의 이스라엘 정치 지도자들과 종교 지도자들처럼 말이다.

오늘의 교회는 세상이 점점 잘못된 방향으로 나아가고 있다는 것을 알고 있으면서도 침묵한다. 세상이 하나님의 심판을 재촉하며, 하나님의 진노를 사는 일들을 서슴지 않고 행하고 있음에도 불구하고 교회는 이를 외면한 채 말하지 않는다. 이런 침묵이 계속된다면, 그것은 교회가 자신의 본질과 사명을 망각하고, 존재 이유를 상실한 모습이 될 것이다.

교회는 세상에 대해 분명한 책임을 지고 있다. 세상이 어디로 향하고 있는지를 분별하고, 이를 외쳐 일깨우는 것이다. 교회의 본질적 사명은 복음과 진리를 세상에 선포하는 것이요, 세상 속에서 빛과 소금의 역할을 감당하며, 수많은 사람들을 하나님께로 인도하는 것이다. 하나님과 세상 사람들 사이에서 복음을 전하는 제사장적 사명이 교회 존재의 이유이다.

그러나 만일 교회가 이 사명을 외면하고, 자기 배만 채우며 안락한 삶을 추구하는 데 몰두한다면, 하나님은 결코 기뻐하지 않으실 것이다. 과거 바벨탑을 쌓으며 흩어지지 않으려 했을 때처럼, 또는 풍성한 은혜 속에서 비대해지면서도 '땅 끝까지 이르러 복음을 전하라'는 명령을 외면했을 때 흩으셨던 것처럼, 교회가 자기 사명을 외면하면 하나님은 오늘날의 교회를 흩으실지 모른다.

그러므로 교회는 언제나 자신을 돌아보고 성찰함이 필요하다. 세상과 자신을 하나님의 말씀, 곧 성경의 기준에 비추어 살피며, 교회 본연의 기능과 사명을 성실히 감당하도록 노력이 필요하다. 침묵이 아니라 외침으로, 안락이 아니라 순종으로 살아가는 교회가 될 때, 하나님께서 주신 시대적 책임을 감당하는 교회가 될 수 있을 것이다.

선지자의 심정으로 외쳐라

교회는 세상과 세상 사람들이 멸망의 길로 가고 있는 현실을 결코 방관해서는 안 된다. 소돔과 고모라성이 멸망한다는 소식을 들은 아브라함은 어떻게 반응했는가? 그는 강 건너 불구경하듯이 무심히 보고만 있었는가? 아니다. 그는 하나님 앞에서 자기 목숨을 걸고 간구했다. 의로운 자가 불의한 자와 함께 멸망당하지 않게 해 달라고 말이다.

내가 이번만 더 아뢰리이다 거기서 십 명을 찾으시면 어찌
하려 하시나이까 이르시되 내가 십 명으로 말미암아 멸하
지 아니하리라(창 18:32).

북 이스라엘과 남 유다가 멸망의 길을 걸을 때, 하나님
께서 부르신 선지자들은 어떻게 반응했는가?

호세아 선지자를 보라. 그는 자신의 결혼과 가정을 통해
하나님의 백성들의 영적 현실을 생생히 드러냈다. "하나님
의 백성이 하나님을 아는 지식이 없어서 멸망하게 되었다"
고 그는 외쳤다. 그리고 구체적으로 누구에게 책임이 있는
지를 선포했다.

> 제사장들아, 이를 들으라. 이스라엘 족속들아, 깨달으라.
> 왕족들아, 귀를 기울이라 너희에게 심판이 있나니 너희가
> 미스바에 대하여 올무가 되며 다볼 위에 친 그물이 됨이라
> 패역자가 살육죄에 깊이 빠졌으매 내가 그들을 다 벌하노
> 라. … 에브라임아, 이제 네가 음행하였고 이스라엘이 더러
> 워졌느니라. 그들의 행위가 그들로 자기 하나님에게 돌아
> 가지 못하게 하나니 이는 음란한 마음이 그 속에 있어 여호
> 와를 알지 못하는 까닭이라…(호 5:1~5).

미가 선지자는 한 걸음 더 나아갔다. 그는 정치 지도자들이 정의를 알면서도 외면하고, 오히려 백성들을 억압하며 불의를 행한다고 고발했다. 레위인, 선지자들, 대제사장들까지도 하나님과 백성보다는 돈과 재물에만 관심 두고 있다고 그들의 부패함과 타락상을 폭로했다. 그리고 하나님의 뜻과 하나님이 바라는 말씀보다 사람들이 듣기 좋아하는 소리, 듣고 싶어 하는 말만 한다고 꾸짖었다(미 2:1~3: 3:1~5). 진리를 말해야 할 종교 지도자들이 진리에 대해 침묵하고, 그저 사람들의 귀를 즐겁게 하는 평안함만 말하고 있으니, 미가 선지자의 심정은 타오르는 분노와 절망이었을 것이다.

예레미야 선지자도 마찬가지였다. 그는 종교 지도자들이, 즉 "가장 작은 자로부터 큰 자까지 다 탐욕을 부리며, 선지자로부터 제사장까지 다 거짓을 행함"을 보았다. 그리고 이들이 "내 백성의 상처를 가볍게 여기면서 말하기를 평강하다 평강하다"(렘 6:13~14)고 외치는 것을 들었다. 예레미야는 이렇게 종교지도자들이 가증한 일을 행하는 것을 부끄럽게 여기면서 "평강이 없다"고 외쳤다. 그리고 하나님의 말씀을 듣지 않은 지도자들과 백성은 재앙을 당할 것이라고 외쳤다(렘 6:19).

오늘날도 이런 교회가 많다. 세상이 얼마나 심각한지, 그리고 교회가 얼마나 진리에서 멀어져 있는지, 어떻게 하면 회복할 수 있는지를 외치기보다, 사람들의 귀를 즐겁게 하는 말에만 열을 올린다. 하나님을 묵상하고, 예수 그리스도를 닮아가며, 말씀대로 살도록 도전하기보다, 어떻게 세상에서 성공할 수 있는지, 어떻게 부자가 되고 행복하게 살 수 있는지, 세상 사람들이 관심을 가지는 것을 교인들에게 전하고 가르치는 데 바쁘다. 세상 사람들이 좋아하는 프로그램과 행사를 도입하는데 경쟁하듯 나서는 교회의 모습이 안타깝기 그지없다.

그러나 우리는 세상을 따라 사는 자들이 아니다. 우리는 예수님을 따라 사는 자들이다. 우리는 세상을 흉내 내는 자들이 아니다. 오히려 세상이 우리를 보고 생명을 얻도록 빛이 되고 소금이 되어야 할 자들이다.

또한 우리는 우리가 살고 있는 세상에 대해 책임을 지고 있다. 하나님 앞에서 우리는 세상의 방관자가 되어서는 안 된다. 선지자의 심정을 가지고, 세상과 그 안에 사는 사람들에게 그들의 위태로운 상태를 알리고, 생명을 얻을 수 있는 길, 곧 예수 그리스도의 복음을 전해야 한다. 그것도 마지못해서가 아니라, 뜨겁고 간절한 마음으로 외쳐야 한다. 예레미야가 말했던 것처럼 말이다.

> 내가 다시는 여호와를 선포하지 아니하며 그의 이름으로 말하지 아니하리라 하면 나의 마음이 불붙는 것 같아서 골수에 사무치니 답답하여 견딜 수 없나이다(렘 20:9).

교회는 창세기부터 요한계시록까지 기록된 하나님의 말씀을 가지고 있다. 그 안에는 인류의 과거, 현재, 미래가 모두 계시되어 있다. 사람들이 어떻게 살다가 멸망했고, 어떻게 살아야 생명을 얻는지, 그리고 장차 어떤 일이 일어날지 모두 담겨 있다. 하나님의 활동과 구속 계획이 성경 전체에 걸쳐 선명히 드러나 있다.

교회는 이 놀라운 비밀을 알고 있으며, 또한 생명을 얻게 하는 복음의 진리를 소유하고 있다. 그렇기에 교회는 선지자의 심정으로, 창세 전부터 감추어진 하나님의 비밀과 하나님 나라의 복음을 세상에 알려야 한다. 이것이 오늘날 교회가 감당해야 할 거룩한 사명이다.

미가 선지자처럼 외쳐라

미가서 1:1~9에 따르면, 미가 선지자는 유다 왕 요담과 아하스와 히스기야 시대에 하나님의 부르심을 받았다. 그는 북 이스라엘(사마리아)과 남 유다(예루살렘)에 임할 하나님의 묵시적 말씀을 선포했다. 그의 메시지는 희망적이라기보다 심판에 관한 것이었다. 이는 남북 이스라엘이 하나님을 경외하지 않고 우상을 숭배하며 죄악을 반복했기 때문이다.

미가 선지자는 마치 법정에 선 검사처럼 죄인 된 남북의 백성과 그들을 지켜본 증인, 곧 땅과 거기 있는 모든 피조물을 소환하며 이렇게 말한다.

> 백성들아, 너희는 다 들을지어다. 땅과 거기에 있는 모든 것들아, 자세히 들을지어다(미 1:2a).

그는 주 여호와께서 친히 강림하여 그들의 교만한 죄, 특히 바알과 우상 숭배로 높아진 곳을 심판하실 것이라고 말한다. 땅의 높은 곳을 밟는다는 표현은 하나님께서 교만하여 높아진 것을 심판하신다는 표현이다. 특히 남북 이스라엘은 하나님을 경외하고 섬기지 않고 높은 산이나 낮은 산에서 제단을 쌓고 바알을 숭배했기 때문에 땅의 높은 곳을 밟으신다고 하셨다. 이는 바알과 우상 숭배하는 자들을 심판하신다는 의미이다.

미가는 우상 숭배가 얼마나 하나님을 진노케 만드는지를 상기하면서 하나님의 심판의 무시무시함을 선포한다.

> 여호와께서 그의 처소에서 나오시고 강림하사 땅의 높은 곳을 밟으실 것이라. 그 아래에서 산들이 녹고 골짜기들이 갈라지기를 불 앞의 밀초 같고 비탈로 쏟아지는 물 같을 것이니(미 1:3~4).

미가는 하나님의 백성들이 심판을 받는 이유를 말한다.

> 이는 다 야곱의 허물로 말미암음이요 이스라엘 족속의 죄로 말미암음이라. 야곱의 허물이 무엇이냐? 사마리아가 아니냐? 유다의 산당이 무엇이냐? 예루살렘이 아니냐?

그는 하나님의 심판이 야곱(사마리아)과 유다(예루살렘)의 허물 때문이라 말한다. 죄의 근원은, 곧 이스라엘의 중심 도시들이다. 그곳에서 하나님을 버리고 바알과 아스다롯과 같은 우상을 숭배했다. 그래서 하나님은 사마리아와 예루살렘을 심판하신다는 것이다. 미가서 1:6~7 말씀이다.

> 이러므로 내가 사마리아를 돌무더기 같게 하고 포도 심을 동산 같게 하며 또 그 돌들을 골짜기에 쏟아내리고 그 기초를 드러내며 그 새긴 우상들을 다 부서지고 그 음행의 값은 다 불살라지며 내가 그 목상들을 다 깨뜨리리니 그가 기생의 값으로 모았은즉 그것이 기생의 값으로 돌아가리라.

이 말씀은 우상숭배로 더럽혀진 성읍이 황폐한 돌무더기와 밭처럼 될 것을 뜻한다. 또한 우상과 우상숭배로 얻은 부정한 재물을 철저히 파괴할 것이라는 말씀이다. 더 나아가 북 이스라엘과 남 유다 모두가 이방 민족에게 포로로 끌려가 치욕을 당할 운명을 의미한다.

그들이 음란하게 모은 재물이 다시 창녀의 몸값으로 나갈 것이라고 말씀하신다. '창녀의 몸값으로 나간다'는 표현은 우상숭배 하며 창녀 짓을 해서 번 돈을 사마리아 백성들이 다른 민족의 창녀로 팔릴 때 몸값으로 지불하게 될 것이라는 말씀이다. 이는 북 이스라엘이 멸망하여 사마리아와 그 성읍의 백성들이 앗수르 제국 곳곳으로 끌려가고, 그곳에서 기생의 몸값으로 자신들이 팔리는 치욕을 당하게 될 운명을 뜻한다. 곧 북 이스라엘과 남 유다 모두가 이방 민족에게 포로로 끌려가 치욕을 당할 운명이다.

하나님은 남북 이스라엘 백성이 하나님을 버리고 우상을 숭배하며, 우상에게 기생 노릇을 하는 것을 견딜 수 없었다.[1] 그래서 미가 선지자를 통해 그들의 허물이 무엇인지 외치게 했다. 또 하나님께 돌아오도록 회개를 촉구했다.

하지만 완악한 사마리아와 예루살렘은 회개하지 않았다. 미가 선지자의 간절한 외침을 한 귀로 듣고 다른 귀로 흘려버렸다. 오히려 미가 선지자가 자신들의 허물을 지적하는 것을 싫어했다. 그리고 더욱더 우상을 숭배했다.

급기야 미가 선지자는 남북 이스라엘의 운명이 어떻게 될 것인지 시각적으로 보여주는 매우 극단적인 행동을 취했다. 미가서 1:8~9 말씀이다.

> 이러므로 내가 애통하며 애곡하고 벌거벗은 몸으로 행하며 들개같이 애곡하고 타조같이 애통하리니 이는 그 상처는 고칠 수 없고 그것이 유다까지도 이르고 내 백성의 성문 곧 예루살렘에도 미쳤음이니라.

'벌거벗은 몸'과 '애통'은 전쟁에서 포로가 되어 끌려가는 자의 모습이다. 미가는 이처럼 백성의 운명을 몸소 드러내며 절규했다. 사람들은 여전히 그의 말을 듣지 않았고, 거짓 선지자들이 '괜찮다, 괜찮다, 괜찮다', '평안하다, 평안하다, 평안하다' 하는 말만 들었다.

그러나 미가는 포기하지 않았다. 아무도 듣지 않고, 회개하지 않아도, 맨발로, 울부짖으며, 외치고 또 외쳤다. 여호와 하나님에게 냉담하고 우상에게 민감한 백성들에게, 그리고 자신들의 허물과 죄가 죄인 것을 모르는 사람들에게 목 놓아 부르짖었다. 자신들의 운명이 어떻게 될지 한 치 앞을 내다보지 못하는 영적 소경 된 백성들에게 하나님의 말씀과 하나님께서 하실 일(묵시)을 선포하고 외쳤다. 알려주고 또 알려주었다. 심지어 맨발로 다니고 벌거벗은 몸으로 마치 포로로 끌려가는 모습을 연출하면서까지 백성을 깨우치려고 혼신을 다했다.

오늘을 사는 우리에게도 미가 선지자가 보여주었던 포기하지 않는 열정이 필요하다. 세상이 듣지 않고 외면해도, 하나님의 말씀과 복음을 전하는 열정 말이다. 우리는 한두 번 해보고 안 된다고 포기하거나, 시대가 달라졌다는 핑계로 물러서지 말아야 한다. 미가 선지자처럼 하나님의 뜻과 세상에 대한 심판과 구원의 계획을 선포해야 한다. 하나님께서 우리 시대의 선지자로 부르셨기 때문이다.

눈물의 선지자 예레미야의 외침

당신은 '눈물의 선지자' 예레미야를 아는가? 그는 제사장 가문의사람으로, 제사장들이 거주하던 아나돗 출신이었다(수 21:18; 왕상 2:26~27). 요시야 왕 13년에 하나님의 부르심을 받아 선지자로 세움을 받았고(렘 1:4), 요시야부터 유다의 마지막 왕 시드기야까지 약 40년 동안 활동했다. 그러니까 요시야, 여호아하스, 여호야김, 여호야긴, 그리고 유다의 마지막 왕인 시드기야 11년까지 활동했다. 예루살렘과 유다 백성을 향해 하나님의 말씀을 외쳤고, 그는 결혼도 하지 않고 자녀도 없이 외로운 선지자의 길을 걸었다. 예레미야는 오로지 하나님께만 충성했다.

우리는 예레미야 선지자를 '눈물의 선지자'로 부른다. 이유는 그가 너무 자주 울었기 때문이다. 그의 눈물에는 세 가지 이유가 있다.

첫째, 예레미야는 처음부터 심판을 선포하는 선지자로 부르심을 받았다. 그는 하나님께서 가라고 하면 가야 했고, 하나님이 주시는 말씀은 그대로 말해야 했다(렘 1:7). 그의 사명은 여러 민족과 나라들을 "뽑고, 허물고, 멸망시키고, 파괴하고, 세우고, 심는 것"이었다(렘 1:10). 기존의 것을 파괴하고 다시 재건하는 것이 주된 메시지였다.

그의 메시지는 사람들이 듣고 싶어 할 내용이 아니었다. 하나님을 버리고 우상을 섬긴 죄, 그리고 그것에 대한 하나님의 심판과 징계가 주된 내용이었기 때문에(렘 1:16~17) 백성들이 좋아할 리 없었다. 실제로 예레미야는 유다의 왕과 정치지도자들에게 동맹국 애굽을 의지하지 말고 바벨론에 항복하라고 외쳤다. 침공하는 바벨론에 항복해야 산다고 외쳤다. 백성들에게는 매국노처럼 보였다. 사람들은 그의 말을 기뻐하지 않았고, 오히려 그를 미워했다.

둘째, 백성들의 반응은 예상대로 완고했다. 정치 지도자는 물론이고 백성들까지 회개하지 않았고 완악하게 행동했다. 하나님께 돌아오지 않았다. 오히려 예레미야를 핍박하고 박해했다. 예레미야가 하나님으로부터 받은 말씀을 기록한 책을 불태워버렸다. 예레미야를 정신병자 취급을 했고 모욕하고 멸시했다. 구덩이에 던져버리고 마실 물도, 먹을 음식도 주지 않았다. 예레미야는 죽을 고비를 여러 번 넘겼다. 마지막에는 유다 백성들이 애굽으로 피신하면서 예레미야를 억지로 끌고 갔다.

예레미야는 원해서가 아니라, 하나님의 명령에 의해 움직였다. 하나님께서 가라고 하는 곳으로 갔고, 외치라고 주신 말씀을 외쳤다. 마치 자신의 감정이나 뜻은 아무것도 아닌 것처럼 여기고, 오직 하나님의 뜻을 따라 말하고 행동했다. 그는 인격을 가진 인간이었지만, 자신의 취향이나 의지나 자유를 철저하게 하나님께 굴복시켰다. 자신이 전하고 싶은 말을 전한 것이 아니다. 하나님이 원하시는 말씀을 전했다. 그러니 예레미야가 얼마나 힘든 사역을 했겠는가.

셋째, 그의 사역은 기대한 열매를 맺지 못했다. 애굽을 의지하지 말고 바벨론에 항복하면 살 수 있다는 메시지를 전했음에도 불구하고 사람들은 예레미야를 매국노처럼 취급했고 바벨론이 아닌 애굽을 의지했다. 무엇이 생명의 길이고, 무엇이 올바른 선택인지 가르쳐 주었는데도 사람들은 듣지 않았다. 결국 유다 정치 지도자들과 백성들은 바벨론에 의하여 멸망하는 길로 나아갔다. 그는 이 비극적인 현실을 지켜보며 애곡하고 통곡할 수밖에 없었다.

> 내가 산들을 위하여 울며 부르짖으며 광야 목장을 위하여 슬퍼하나니 이는 그것들이 불에 탔으므로 지나는 자가 없으며 거기서 가축의 소리가 들리지 아니하며 공중의 새도 짐승도 다 도망하여 없어졌음이라(렘 9:10).

예레미야는 조국의 파멸을 미리 내다보고 눈물로 노래했다. 그의 슬픔이 '예레미야 애가'로 이어진 것이다.

> 슬프다 이 성이여 전에는 사람들이 많더니 이제는 어찌 그리 적막하게 앉았는고 전에는 열국 중에 크던 자가 이제는 과부 같이 되었고 전에는 열방 중에 공주였던 자가 이제는 강제 노동을 하는 자가 되었도다 밤에는 슬피 우니 눈물이 뺨에 흐름이여 사랑하던 자들 중에 그에게 위로하는 자가 없고 친구들도 다 배반하여 원수들이 되었도다(애 1:1~2).

예수님의 외침

예수님은 하나님께서 우리를 위해, 그리고 세상과 세상 사람을 위해 보내신 참 선지자이시다. 예수님은 예루살렘이 얼마나 많은 선지자들을 죽였는지, 외식과 불법이 얼마나 가득한지를 아시고 울면서 이렇게 말씀하셨다.

> 예루살렘아, 예루살렘아, 선지자들을 죽이고 네게 파송된 자들을 돌로 치는 자여, 암탉이 그 새끼를 날개 아래에 모음 같이 내가 네 자녀를 모으려 한 일이 몇 번이더냐? 그러

나 너희가 원하지 아니하였도다. 보라. 너희 집이 황폐하여 버려진 바 되리라(마 23:37~38).

하나님의 백성은 과거의 실패와 하나님의 징계로부터 배우지 못했다. 자신들의 죄와 허물을 밝히 보여주는 것을 기뻐하지 않았다. 하나님께서 그들을 돌이키기 위해 수많은 종들을 보내셨지만, 오히려 선지자들을 박해하고 죽였다. 마지막으로 하나님께서 '내 아들이 말하면 듣고 돌아올 것이다'라고 기대하고, 친히 당신의 아들 예수 그리스도를 보내셨다(히 1:1~2; 마 21:37 참조).

그러나 예수님 시대의 종교 지도자들, 하나님의 말씀을 철저하게 지키며 산다는 바리새인과 사두개인과 서기관들은 예수님의 말씀에 순종하기보다 오히려 대적했다.

그렇지만 예수님은 이런 자들이 자신을 대적한다고 포기하지 않았다. 예수님의 고향 사람들이 예수님을 하나님의 아들로, 세상의 구세주로 믿지 않는다고 포기하지 않았다. 예수님은 하나님의 백성이라고 하는 사람들이 예수님을 믿지 않고 오히려 귀신 들린 사람 취급을 한다고 자신의 사역을 멈추지 않았다. 사람들이 예수님을 가리켜 죄인들의 친구이고, 먹기를 탐하고 마시기를 즐겨 하는 탐욕스러운 사람이라고 비난해도, 하나님의 백성과 사람들에게 구원의 길을 알리는 일을 중단하지 않고 계속했다. 왜냐하면 예수님만이 하나님의 백성과 세상 사람들에게 유일한 희망이기 때문이다. 그래서 예수님은 온갖 무시와 멸시와 모욕과 적대적인 행위들이 있음에도 불구하고 하나님 나라의 복음을 전파하는 사역을 계속하셨다.

오히려 이 마을 저 마을로 돌아다니면서, 심지어 쉴 겨를도 없이 하나님 나라의 복음을 전파하셨다. 각종 병든 사람을 고치시고, 귀신을 내쫓으시며, 사람들의 죄를 사하면서 하나님 나라의 복음을 전파했다. 한 영혼이라도 더 구원 얻게 하기 위해 의인이 아닌 죄인을 부르는 일을 최선을 다해 하셨다.

> 예수께서 큰 무리를 보시고 그 목자 없는 양 같음으로 불쌍히 여기사 이에 여러 가지로 가르치시니라(마 6:34).

예수님은 마침내 죄인들을 위한 구원의 길로 십자가를 선택하셨고, 기꺼이 자기 생명을 십자가에 내주셨다. 십자가상에서도 회개하는 강도를 향해 "오늘 네가 나와 함께 낙원에 있으리라"(눅 23:43)고 선언하셨다.

오늘날 우리에게 필요한 것은 선지자들의 심정과 예수님의 열정이다. 세상과 사람들의 타락을 한탄하는 데서 멈춰서는 안 된다. '그럴지라도' 우리는 복음을 전해야 한다. 듣든지 아니 듣든지, 기꺼이 진리를 선포하고, 하나님의 대안을 알려야 한다.

예수님은 세상의 유일한 구원자이시다. 교회와 성도는 그분을 증거하기 위해 부르심을 받았다. 핍박과 고난이 있을지라도, 심지어 죽음이 기다릴지라도 "죽으면 죽으리이다"라는 각오로 이 패역한 세상을 향해 선지자의 심정으로 외치라고 세움을 입었다.

당신의 한마디, 당신의 작은 헌신이 한 영혼을 살릴 수 있다면, 그것보다 더 고귀한 일이 어디 있겠는가?

> 내가 너희에게 이르노니 이와 같이 죄인 한 사람이 회개하면 하늘에서는 회개할 것 없는 의인 아흔아홉으로 말미암아 기뻐하는 것보다 더하리라(눅 15:7).

13.
하나님이 부르신 자리에서 소명의 삶을 살라

고린도전서 7:17~24

그리스도인들 흔히 열광주의자라고 불리는 극단주의자들이 있다. 그들이 극단적인 이유는 세상에 대한 그들의 태도 때문이다. 그들은 세상의 질서와 제도를 거부하고 하나님을 대적하는 세상을 뒤엎어야 한다고 믿으며, 자신들이 생각하는 하나님 나라의 질서를 세워야 한다고 주장한다.

과거 식민주의 시대에 기독교 국가들이 타국을 점령할 때, 더러 기독교가 있었다. 이는 창세기 1:28의 "땅을 정복하라"는 말씀을 문자적으로 해석한 결과였다. 비기독교 국가를 정복하여 기독교 국가로 만들려는 시도는 당시 일부 기독교인들에게 선교적 사명이나 신의 뜻으로 여겨졌고, 이 과정에 극단주의가 개입되기도 했다.

이러한 극단주의와 열광주의는 오늘날에도 여전히 존재한다. 기독교를 억압하는 정부에 대항하여 집단적으로 저항하거나 혁명을 시도하는 형태로 나타난다.

고린도전서 7:17~24의 말씀은 이러한 극단주의적 사고를 지닌 그리스도인에게, 세상과의 바른 관계에 대해 가르친다.

> 오직 주께서 각 사람에게 나눠 주신 대로 하나님이 각 사람을 부르신 그대로 행하라 내가 모든 교회에서 이와 같이 명하노라 할례자로서 부르심을 받은 자가 있느냐 무할례자가 되지 말며 무할례자로 부르심을 받은 자가 있느냐 … 각 사람은 부르심을 받은 그 부르심 그대로 지내라 네가 종으로 있을 때에 부르심을 받았느냐 염려하지 말라 그러나 네가 자유롭게 될 수 있거든 그것을 이용하라 주 안에서 부르심을 받은 자는 종이라도 주께 속한 자유인이요 또 그와 같이 자유인으로 있을 때에 부르심을 받은 자는 그리스도의 종이니라 너희는 값으로 사신 것이니 사람들의 종이 되지 말라 형제들아 너희는 각각 부르심을 받은 그대로 하나님과 함께 거하라

사도 바울이 반복해서 강조하는 것은 바로 "하나님이 각 사람을 부르신 그대로 지내라"는 것이다(고전 7:17, 20, 24).

사도 바울이 이 말을 할 때 고린도 교회는 헬라-로마 사회의 문화적 영향을 강하게 받고 있었다. 그리고 고린도 사회가 갖고 있는 사회 질서와 제도가 교회 안에서도 그대로 영향을 미치고 있었다. 그렇다면 고린도 교회가 직면한 문제는 무엇인가?

당시 고린도 교회가 직면한 문제

당시 고린도 교회 안에는 적지 않은 문제들이 있었다. 첫째, 스승을 따르는 지혜 철학의 문화가 교회 안에 들어와 성도들끼리 바울과 아볼로와 게바를 중심으로 파벌을 형성했다(고전 1:10~17; 3:1~9).

둘째, 계모와 동침하는 근친상간의 사건도 발생했는데 고린도 사회의 성적 타락한 문화가 자유라는 이름으로 교회 안에서도 정당화하려는 태도들이 있었다(고전 5장, 6:12~20).

셋째, 성도 간에 분쟁이 있을 때 세상 법정으로 끌고가서 소송하는 문제가 있었다(고전 6:1~8). 이는 교회의 권위를 실추시키는 일이었다.

넷째, 예수 그리스도를 믿은 후, 결혼과 이혼, 독신 생활에 대한 혼란이 있었다. 어떤 이들은 극단적인 금욕을 주장하기도 했다(고전 7장).

다섯째, 시장이나 연회에서 우상에게 바쳐진 재물을 먹어도 되는가 하는 논쟁이 있었다. 자유를 주장하는 자들과 양심의 거리낌을 가진 자들 사이에 적지 않은 갈등이 있었다(고전 8장, 10장).

여섯째, 가난한 자들이 애찬에 참석하지 못하는 차별, 예배 시간에 여자들이 머리에 수건을 쓰는 문제, 예배 시간에 은사를 사용하여 방언과 통역, 예언하는 일 등 예배 질서의 문제가 있었다(고전 11~14장).

일곱째, 죽은 자의 부활 문제가 있었다. 어떤 이들은 죽은 자의 부활을 부인했다(고전 15장).

마지막으로 사도 바울의 사도권(고후 10~13장)과 헌금의 문제(고후 8~9장) 등 사도 바울의 권위를 공격하는 문제가 있었다.

초대 교회 전반에서는 할례 문제가 큰 갈등으로 번졌다(갈라디아서, 행 15장). 고린도 교회 역시 이 논쟁의 영향을 받았을 가능성이 있다. 유대인 출신 기독교인들은 율법에 따라 할례를 받았고, 헬라인 출신 기독교인들은 할례를 받지 않았다. 이에 할례를 받은 쪽이 그렇지 않은 기독교인들에게 할례를 받으라고 요구하는데서 갈등이 나타났다.

주인과 노예의 문제 역시 교회 안에서 갈등의 소지가 될 수 있었다. 고린도 교회가 속한 로마 사회는 철저한 신분 사회였고, 교회 안에도 주인과 종이 함께 있었을 가능성이 크다. 실제로 사도행전 10장에서 고넬료가 예수 그리스도를 믿을 때 그의 가족뿐 아니라 집안의 식솔들, 즉 노예들까지도 예수 그리스도를 영접했다. 그렇다면 한 교회 안에서 주인과 노예가 함께 신앙생활을 하게 되었고, 이러한 신분 차이는 교회 안에서도 긴장을 불러일으킬 수 있었다.

사도 바울은 이런 상황에서 고린도 교회를 향하여 "하나님께서 각 사람을 부르신 그대로 지내라"고 권면한다. 그렇다면 이 말씀의 의미는 무엇일까?

하나님께서 각 사람을 부르심

하나님의 부르심은 단순한 믿음에로, 구원의 부르심만이 아니다. 하나님의 부르심은 하나님 나라의 백성으로서의 부르심이며, 하나님의 일꾼으로서의 소명이다.

사람은 각자 다양한 사회적 지위와 직업적 배경을 갖고

있을 수 있다. 주인이거나 종이거나, 고용주거나 고용인이거나, 정치 지도자이거나 말단 공무원이거나, 하나님은 그 사람의 현재 상태를 아시고 부르신다. 하나님은 공허한 상태에서 부르시는 것이 아니라, 사회의 일원으로 살아가는 사람을 부르셔서 그의 삶의 자리에서 복음이 전해지게 하신다. 요점은 하나님이 부르신 그 처지에서 사회적 자리를 지키라는 말씀이다.

'각 사람이 부르심을 받은 그대로 지내라'는 말에는 세 가지 전제가 있다.

첫째는 하나님은 그리스도인을 세상과 단절된 사람으로 보지 않는다. 다시 말해, 그리스도인은 절대로 세상에 살아서는 안 되는 존재, 즉 세상과 별개로 여기지 않는다. 그리스도인은 세상에 속하지는 않았지만, 세상 안에서 살아가는 사람이다. 비록 그가 하나님의 자녀가 되고 구원받은 하나님의 백성이 되었지만, 지금 당장 이 세상을 떠나 별세계에서 살 수 없다. 개인의 목숨이 다할 때까지 혹은 예수 그리스도가 이 세상에 다시 오셔서 세상이 종말을 맞이할 때까지 그리스도인은 세상에 살 수밖에 없다. 그리스도인의 삶은 부르심의 연장인 삶이다.

둘째, 하나님은 우리의 사회적 위치를 아시고 부르신다.

우리의 사회적 지위, 영향력, 관계망을 아신다. 그리고 사회적 네트워크를 통해 하나님 나라의 복음이 확장되게 하신다.

예를 들면, 모세를 통해 애굽의 궁궐과 정치 지도자들에게 하나님을 알리셨고, 다니엘을 통해 바벨론의 왕과 정치 지도자들에게 하나님을 알리셨다. 또 세금을 거두는 세리 마태를 통해 세리와 죄인들이 예수 그리스도를 믿게 하셨다. 어부를 통해 어업에 종사하는 사람들에게 복음이 전해지게 하셨다. 이렇게 하나님께서 한 개인을 부르시지만, 그가 갖고 있는 인적 네트워크도 염두에 두고 부르신다.

셋째, 하나님은 우리가 부름받은 그 자리에서 하나님의 뜻을 이루기를 원하신다. 김세윤 교수는 이렇게 말한다.

"바울은 하나님으로부터 부름받은 인간을 하나의 추상적인 존재로, 이 세상과는 관계없는 하나님의 자녀로만 보지 않고 이 세상에서 삶을 꾸려 나가야 하는, 이 세상에서의 삶을 통하여 하나님의 부르신 뜻을 성취해 가야 하는 구체적인 존재로 보고 있는 것입니다."[1]

따라서 세상에서 하나님의 부르심을 받은 사람은 부르심을 받은 자리에서 하나님의 뜻을 이루어야 하는 소명이 있다. 이 소명을 완수하기 위해 세상에 남아 있는 것이다.

부르신 그대로

사도 바울은 고린도 교인 중에 하나님이 부르신 자리에 대한 두 가지 예를 언급한다. 고린도전서 7:18~19 말씀에서 종교적인 관계와 관련하여 할례받은 사람과 할례를 받지 않은 사람에 대해 말한다. 그러면서 할례를 받은 상태에서 부르심을 받았다면, 굳이 할례를 받지 않은 자가 되려고 하지 말고, 할례를 받지 않은 상태에서 부르심을 받았다면 예수님을 믿고 구원받았으니 굳이 할례를 받을 필요는 없다고 말한다. 할례 유무는 중요하지 않다. 중요한 것은 하나님의 계명을 지키는 것이다.

또 고린도전서 7:21~23에서 좀 더 민감한 주제인 노예제도를 다룬다. 노예, 혹은 종으로 있을 때 부르심을 받았다면, 그대로 지내라는 것이다. 하지만 '자유롭게 될 수 있다면 그 기회를 이용하라'고 한다. 또 자유인, 즉 주인으로 있을 때 하나님의 부르심을 받았다면, 그 상태를 유지하라고 권면한다.

그러면서 사도 바울은 그들의 사회적 위치가 어떠하든지 예수 그리스도를 믿고 구원받는 데는 아무런 문제가 없다고 말한다. '그리스도 안에서는 주인이나 종이나 모두 자유인이고, 동시에 모두 그리스도의 종'이라고 강조한다. 세상에서 그들의 사회적 지위와 위치가 어떠하든지 그리스도 안에서는 모두가 동일하고 동등한 그리스도의 몸의 지체이며, 모두가 하나님의 자녀이고, 또 그들에게 주어진 지위와 특권이 똑같다고 말한다. 그리고 모두가 예수 그리스도와 교회 공동체 구성원들을 섬기는 종이라는 점도 언급한다. 구원받은 사람은 사회적 신분이나 지위와 상관없이 예수 그리스도를 섬기는 사람이다. 이 점에서 모두가 예수 그리스도 안에서는 평등하다.

사도 바울은 고린도전서 7:23에서 이러한 삶의 원칙에 대한 신학적인 이유를 제시한다.

> 너희는 값으로 사신 것이니 사람들의 종이 되지 말라.

예수님께서 피값으로 우리를 사셨기에, 우리는 사람의 종이 아니라 그리스도의 종이다.

이는 종이라는 사회적 위치를 무시하라는 말이 아니다. 오히려 그리스도의 종으로서 주인을 섬기라는 말이다. 섬김의 태도는 그리스도를 대하듯 해야 한다. 종으로서 주인을 섬기는 일을 해야 한다면, 사람의 종으로서가 아니라 그리스도의 종으로서 그러한 일을 하라는 말씀이다. 그리스도의 종으로서 자기 집주인에게 순종하고, 주인을 위해 일하며, 섬기는 삶을 살라는 말씀이다.

그리스도의 종이 되어 부르심을 받은 자리에서 하나님의 뜻을 이루라는 말씀은 에베소서 6:5~9 말씀과 골로새서 3:22~25의 말씀에서도 동일하게 강조한다.

> 종들아 모든 일에 육신의 상전들에게 순종하되 사람을 기쁘게 하는 자와 같이 눈가림만 하지 말고 오직 주를 두려워하여 성실한 마음으로 하라. 무슨 일을 하든지 마음을 다하여 주께 하듯 하고 사람에게 하듯 하지 말라. 이는 기업의 상을 주께 받을 줄 아나니 너희는 주 그리스도를 섬기느니라. 불의를 행하는 자는 불의의 보응을 받으리니 주는 사람을 외모로 취하심이 없느니라(골 3:22~25).

에베소서와 골로새서에서 하신 말씀은 '종들은 주인을 그리스도께 하듯 순종하라. 눈가림으로 하지 말고 성실한 마음으로 하나님이 뜻을 행하라. 주인도 종을 형제로 대하며, 위협하거나 멸시하지 말라'는 말씀이다.

하나님은 모든 사람을 공정하게 판단하시는 하나님이시

다. 하늘에 계신 하나님은 각 사람을 차별 없이 대하시고, 또 종도 아시고 주인도 아신다. 주인의 입장에서 보면 하나님은 자신의 하나님이시면서 동시에 자기 노예의 하나님도 되신다. 예수님이 자신의 주님이신 것처럼 자기 노예의 주님이시다. 예수님이 자신의 구원자가 되신 것처럼 자기 종의 구원자도 되신다.

그렇기 때문에 사회적으로는 자신의 종일지라도, 한 주인이시요, 한 구원자가 되시는 예수 그리스도를 모시고 있는 형제로 여겨야 한다. 구성원을 향하여 한 하나님을 모시는 가족으로 생각하는 것, 이것이 교회이다.

사도바울이 빌레몬의 종 오네시모(예수님을 믿음)를 빌레몬에게 돌려보내면서 이렇게 부탁했다.

> 이 후로는 종과 같이 대하지 아니하고 종 이상으로 곧 사랑받는 형제로 둘 자라. 내게 특별히 그러하거든 하물며 육신과 주 안에서 상관된 네게랴? 그러므로 네가 나를 동역자로 알진대 그를 영접하기를 내게 하듯 하고 그가 만일 네게 불의를 하였거나 네게 빚진 것이 있으면 그것을 내 앞으로 계산하라(몬 1:16~18)

바울은 빌레몬에게 오네시모를 "종이 아니라 사랑받는 형제로 대하라"고 권면한다. 심지어 바울과 같은 '동역자'로 '영접'하라고 한다. 대단하다. 이런 사회 변혁은 오직 복음 안에서만, 예수 그리스도 안에서만 가능하다.

그대로 지내라

사도 바울이 "하나님께서 각 사람을 부르신 그대로 지내라"고 말할 때 마지막으로 강조한 것은 '그대로 지내라'이다. '그대로 지내라'는 말은 문자적으로는 '그대로 머물러 있으라', '그대로 살아라'는 뜻이다. 혹은 '길을 걸으라'는 뜻이다. "그대로 지내라"는 말은 단순한 수동적 인내가 아니라 그 자리를 소명의 자리로 인식하고 사는 삶이다.

물론 종이 자유인이 될 기회가 주어진다면, 그것을 활용하여 자유인이 되는 것이 바람직하다(고전 7:21; 고전 7:15 참조). 그렇지만 사회를 전복시키고 혁명을 일으킬 필요는 없다. 사도 바울은 왜 그대로 지내라고 권면하는가?

첫째 이유는 '임박한 환난', 즉 지금 다가오는 환난과 고난 때문이다. 오래지 않아 예수 그리스도가 오실 것이다. 그런데 성도가 자신이 구원받았다고 사회적 지위나 책임과 의무를 무책임하게 회피한다면, 세상 사람들로부터 더 큰 비난과 핍박, 환난을 받을 것이다. 그래서 그런 핍박과 환난을 자처하지 않도록 현재 상태로 사는 것이 좋다고 말한다(고전 7:26).

둘째 이유는 소명 때문이다. 하나님은 각 사람을 구원으로 부르실 때 부름받은 사람으로 하여금 세상에서 그가 하던 일을 다 버리라고 요구하지 않는다. 그 자리를 박차고 나와서 하나님의 일을 하라고 부르신 것이 아니다. 오히려 부르심을 받은 자리에서 하나님의 뜻을 이루라고 하신다.

특별한 경우

물론 특별한 경우가 있다. 예수님께서 어부 생활을 하는 베드로와 안드레와 요한과 야고보를 부를 때, 그들은 모든 것을 버리고 주를 따랐다. 그물도, 배도, 부모도 모두 버리고 주를 따라 나섰다(마 4:20, 22). 또 세관에 앉아 있는 세리 마태를 부르셨을 때, 그 역시 모든 것을 버리고 주를 따랐다. 온갖 멸시와 수모를 참고 일구었던 세관, 세리라는 직책을 미련없이 버리고 주를 따랐다(마 9:9).

부르심을 받았을 때 부름을 받은 그 자리에서 하나님의 뜻을 이루는 것이 아니라, 예수님을 따르면서 예수님의 제자가 되고 사도가 되어 하나님의 뜻을 이루는 것이다. '사람을 낚는 어부가 되는 것이다'(마 4:19). 온 천하에 다니며 만민에게 복음을 전파하는 것이고(막 16:15), 모든 민족에게로 가서 제자 삼는 것이다(마 28:19).

이처럼 특별한 부르심을 받았을 때는 모든 것을 버리고 부르심을 따르는 자들도 있다. 그러나 모든 사람이 예수님의 제자들처럼 특별한 부르심을 받은 것은 아니다.

평신도의 부르심의 예

브리스길라와 아굴라를 생각해 보라. 이들 부부는 천막 만드는 직업을 가지고 생활하던 차에 하나님의 부르심을 입었다. 그들은 하나님이 부르신 그 자리에서 하나님의 부르심에 응답하는 삶을 살았다. 천막 만드는 일로 바울을 섬겼으며 복음 전파 사역에 큰 도움을 주었다.

자기 집을 제공해 예수님을 섬겼던 나사로와 마르다와 막달라 마리아, 그리고 물질로 섬겼던 헤롯의 청지기 구사의 아내 요안나와 수산나도 마찬가지다(눅 8:1~3). 바울이 고린도에서 복음을 전할 때 회당장 그리스보도 동일하다(행 18:8). 이들은 하나님의 부르심을 받은 그 부르심의 자리에 그대로 지내면서 복음 전파 사역을 도왔다.

요셉의 예

창세기에 등장하는 요셉도 마찬가지다. 요셉은 애굽이라는 세상에서 보디발의 노예로 있으면서 자신에게 주어진 일들을 열심히 했다. 그는 보디발과 그의 집의 모든 사람에게 하나님이 자신과 함께하고 있다는 것을 나타냈다.

또 요셉이 억울하게 감옥에 갇혔을 때도 마찬가지다. 그는 감옥에서 한 사람의 죄수로 있으면서 간수장이 하라는 일을 최선을 다해 일했다. 죄인들로 득시글대는 감옥에서 하나님의 뜻을 이루었다. 그곳에도 하나님이 함께하고 있다는 것을, 하나님의 계획이 실현되고 있다는 것을 드러냈다.

요셉이 애굽의 총리가 되었을 때도 상황은 같았다. 그는 "각 사람이 부르심을 받은 그 부르심 그대로 지내라"는 말씀처럼 부르심의 자리에서 벗어나려고 애쓰지 않았다. 다만, 그 부르심의 자리에서 하나님의 뜻을 이루는 데 전념했을 뿐이다.

그렇다고 "네가 자유롭게 될 수 있거든 그것을 이용하라"(고전 7:21)는 말씀도 무시하거나 거부하지 않았다. 그에게 애굽의 총리가 되라는 제안이 왔을 때 거부하지 않았다. 그는 자신의 신분과 사회적 지위를 바꿀 기회를 잡고 애굽의 총리가 되었다. 하지만, 요셉의 목표는 애굽의 총리가 되는 것이 아니었다. 요셉의 목표는 하나님의 뜻과 계획을 성취하는 것이었다.

그는 총리라는 사회적 신분과 지위와 권력을 이용해 7년 대흉년을 대비했고, 7년 대흉년의 때에 수많은 사람들의 생명을 구원하였다. 하나님께서 수많은 사람의 생명을 구원하려고 그를 애굽에 보낸 목적을 이루는 삶을 살았다.

> 당신들이 나를 이 곳에 팔았다고 해서 근심하지 마소서 한탄하지 마소서 하나님이 생명을 구원하시려고 나를 당신들보다 먼저 보내셨나이다(창 45:5; 50:20 참조).

우리도 마찬가지다

바울은 고린도전서 7:24에서 "너희는 각각 부르심을 받은 그대로 하나님과 함께 거하라"라고 말씀한다. 이는 우리 각 사람이 하나님께서 주신 부르심 속에서 살아야 함을 뜻한다. 그리스도인은 부르심을 받은 자리에서 하나님과 함께 살고, 하나님과 동행하며 인생길을 걷는 자이다. 그리스도인의 삶은 사회적 자리에서 단순하게 생존하는 것이 아니라, 하나님의 뜻을 이루면서 소명 받은 삶을 사는 것이다. 당신이 어떤 사회적 위치에서 부르심을 받았든지 그곳에서 하나님의 뜻을 이루고, 복음을 전하며, 하나님의 통치가 나타나게 하는 것이 그리스도인의 삶이다.

루터는 직업은 곧 소명이라고 생각했다. 교회에서 목회하는 목사나, 선교사, 복음 전도자와 같은 특수한 직무에 종사하는 사람만 하나님의 부르심(소명)을 받은 것이 아니다. 모든 신자는 비록 자신이 세상에서 세속적인 직업을 갖고 있다고 할지라도 그 직업을 통해, 그리고 그 자리에서 하나님의 통치가 임하게 할 소명을 받은 사람이다.

따라서 그리스도인은 비록 세상에 속하지는 않았지만, 세상에서 직업을 갖고 일하는 동안, 그 직업을 주신 '하나님의 목적'이 있고, 그 자리에서 일하라는 '하나님의 포지션'이 있다는 것을 기억해야 한다.

우리는 때때로 자신의 직업이나 일터를 못 마땅하게 여겨 쉽게 이직하려고 한다. 그러나 우리가 일하는 곳이 하나님의 뜻일 수 있다. 하나님이 우리에게 주신 '포지션', 즉 사회적인 자리요 위치일 수 있다. 그리고 우리가 하는 일에는 하나님의 목적이 있다. 우리는 이것을 기억하고 하나님이 주신 포지션과 직업을 가지고 하나님과 함께 일하면서 하나님의 목적을 이룰 수 있기를 바란다.

요셉이 보디발의 집에 가고 싶어서 갔는가? 아무런 죄도 짓지 않았는데 보디발의 집에 노예로 팔렸고, 또 감옥에도 갔다. 애굽의 총리가 된 것도 요셉이 원해서 된 것이 아니다. 모두 하나님의 뜻과 목적이 있기 때문에 요셉이 그 자리에 있게 된 것이다. 하나님께서 모든 사람의 생명을 살리기 위해서 요셉을 그 자리에 있게 하신 것이다(창 50:20).

우리도 마찬가지다. 크게 생각하면 하나님이 있으라고 하셨으니까 지금 이 자리에 있는 것이다. 우리가 가진 직업, 우리가 하는 일이 우리가 원하고 선택해서 하는 일일지라도 하나님이 허락했으니 가능한 것이다.

그러므로 "나는 하나님이 보내신 자리에서 하나님의 일을 하고 있는가? 이직을 하려고 하는데 하나님의 일을 다 마쳤는가?" 하고 자문해야 한다.

우리는 흔히 이런 말을 한다.

"당신이 있는 곳이 당신의 선교지입니다."

그렇다. 세상에 있는 나의 위치가 나의 선교지이다. 일터에서 만나는 동료와 이웃은 우리가 복음을 전하고 하나님의 은혜를 나누어야 할 대상이다.

물고기가 물을 떠나서 살 수 없듯이 그리스도인은 세상을 떠나서는 살 수 없다. 그렇다고 세상에 속한 '세상의 사람'이 아니다. 예수 그리스도께서 목숨값을 주고 산 '예수 그리스도의 사람'이다. 세상에서 부르신 '하나님의 부름받은 백성'이다.

그렇기 때문에 세상은 우리의 전쟁터이면서 동시에 하나님의 뜻을 실현해야 할 선교지이다. 하나님께서 우리를 부르신 목적을 실현해야 할 소명의 장소이다.

그러므로 하루하루의 삶이 낭비되고 허비되는 삶이 아니라 하나님의 부르신 목적을 이루는 삶이 되기를 소망한다. 세상에 사는 하나님의 백성으로서 당신의 삶의 자리를 복음으로 채우고, 은혜로 변화시키기를 바란다.

14.
세상에 주는 하나님의 선물을 전달하라

사도행전 2:36~41

　코로나19 팬데믹을 통해 우리나라의 긍정적인 면모가 세계에 많이 알려졌다. 그중 하나가 바로 배달 문화와 시민의식이다. 오늘 주문한 택배가 다음 날, 아니면 새벽에 문 앞에 배송되기 때문이다. 그리고 택배를 받을 사람이 없어서 문 앞에 놔두고 가도 아무도 훔쳐 가지 않는다는 사실에 많은 외국인들이 깜짝 놀랐다.

　반면, 어떤 나라에서는 택배를 문 앞에 놓으면 한 시간도 채 지나지 않아 분실된다고 한다. 만일 우리가 주문한 소중한 물건이나, 사랑하는 사람이 보낸 선물이 배달되지 않거나 분실된다면 얼마나 불쾌하겠는가?

　오순절 날, 성령으로 충만한 베드로는 주변 사람들에게 하나님이 약속한 선물이 왔다고 설교했다(행 2:16~21). 사도행전 2:33 말씀이다.

> 하나님이 오른손으로 예수를 높이시매 그가 약속하신 성령을 아버지께 받아서 너희가 보고 듣는 이것을 부어 주셨느니라(행 2:33).

베드로의 설교는 하나님이 보내주시겠다고 약속하신 성령님에 대한 설교이다. 그는 설교 말미(행 2:36)에서 사람들에게 이렇게 외쳤다.

> 그런즉 이스라엘 온 집은 확실히 알지니 너희가 십자가에 못 박은 이 예수를 하나님이 주와 그리스도가 되게 하셨느니라.

이 설교를 들은 주변 사람들이 마음에 찔려서 베드로에게 물었다.
"형제들아, 우리가 어떻게 하면 좋겠습니까?"(행 2:37)
베드로는 이렇게 대답했다.
"너희가 회개하여 각각 예수 그리스도의 이름으로 세례를 받고 죄 사함을 받으라. 그러면 성령을 선물로 받게 될 것이다"(행 2:38).

베드로는 하나님의 선물에 대해 사람들에게 말했다. 지금 당신에게 말하고 싶은 것도 하나님의 선물에 관한 것이다.

하나님은 죄로 가득한 세상 가운데 살아가는 사람들을 위해 선물을 준비하셨다. 이 선물은 사람들의 희망이다. 하나님의 때가 되었을 때, 이 선물을 아낌없이 주셨다. 베드로가 말한 것처럼, 본래 하나님의 것이지만 세상 사람들에게 선물로 주셨다. 그러면 하나님께서 세상에 주신 선물은 무엇인가?

하나님의 일반적인 선물들

하나님께서 사람들에게 주신 일반적인 선물부터 알아보자. 우리가 숨 쉬고 살 수 있는 것, 건강과 활동할 수 있는 것은 하나님의 선물이다. 우리의 가족과 자녀(창 30:20)도 하나님의 선물이다. 우리가 소유한 재산도, 땅과 기업도, 그리고 일할 수 있는 일터도 하나님의 선물이고, 편안하게 쉬고 잠을 잘 수 있는 안식처도 하나님의 선물이다.

전도서 2:13에서 말씀하신 바처럼 "사람마다 먹고 마시

는 것과 수고함으로 낙을 누리는 모든 것이 하나님의 선물
이다." 재물과 부요함, 그것을 누림, 자기 몫을 받는 것, 수
고한 것을 즐길 수 있는 것도 하나님의 선물이다(전 5:19).

또 사도 바울이 말하는 바처럼 우리가 하나님의 일꾼이
된 것도 하나님의 은혜의 선물을 따라 된 것이다(엡 3:7; 민 18:7
참조). '온갖 좋은 은사와 온전한 선물'(약 1:17)이 다 하나님이
주신 선물이다. 우리는 하나님의 선물로 살고 있다.

하나님의 선물은 헤아릴 수 없이 많지만 여기서는 특별
하고 가장 중요한 선물 세 가지만 이야기하려 한다.

예수 그리스도, 가장 귀한 선물

하나님께서 주신 선물 중 가장 특별하고 고귀한 선물은
바로 하나님의 아들 예수 그리스도이다. 하나님은 그분의
품에서 독생하신 아들을 이 세상에 보내셨다. 바로 악한
세상에 살고 있는 사람들을 위해 말이다. 사탄과 죄와 사
망 아래서 신음하며 종노릇하는 사람들을 구원하기 위해
하나님은 자기 아들을 선물로 주셨다. 어둠의 세상에서 하
나님도, 소망도 없이 살아가는 사람들에게 삶의 희망이 되
고 행복의 시작이 될 수 있는 예수님을 선물로 주셨다.

> 하나님이 세상을 이처럼 사랑하사 독생자를 주셨으니, 이는 그를 믿는 자마다 멸망하지 않고 영생을 얻게 하려 하심이라(요 3:16)

세상을 멸망시키기 위해서가 아니라 누구든지 예수 그리스도를 믿고 그 이름을 힘입어 구원받고 영생을 얻게 하려고 사랑하는 독생자 예수 그리스도를 보내주셨다(요 3:16).

예수님 자체가 하나님께서 주신 가장 귀한 선물이다. 나아가 예수님은 하나님의 더 많은 은혜와 모든 선물들을 열 수 있는 열쇠와 같다. 그래서 하나님의 선물인 예수님을 영접하는 사람은 심판에 이르지 아니하고 사망에서 생명으로 옮겨진다. 하나님의 자녀가 되고, 하나님의 상속자가 되며, 하나님의 각종 은혜와 은사를 덤으로 받게 된다. 예수 그리스도와 더불어 하나님 나라에서 천 년 동안 왕 노릇도 하게 된다.

> 그러나 이 은사는 그 범죄와 같지 아니하니 곧 한 사람의 범죄를 인하여 많은 사람이 죽었은즉 더욱 하나님의 은혜와 또한 한 사람 예수 그리스도의 은혜로 말미암은 선물은 많은 사람에게 넘쳤느니라. 또 이 선물은 범죄 한 한 사람

으로 말미암은 것과 같지 아니하니 심판은 한 사람으로 말미암아 정죄에 이르렀으나 은사는 많은 범죄로 말미암아 의롭다 하심에 이름이니라. 한 사람의 범죄로 말미암아 사망이 그 한 사람을 통하여 왕 노릇 하였은즉 더욱 은혜와 의의 선물을 넘치게 받는 자들은 한 분 예수 그리스도를 통하여 생명 안에서 왕 노릇하리로다(롬 5:15~17).

죄 사함과 구원을 받음

예수 그리스도를 믿는 자에게 주어지는 또 하나의 선물은 죄 사함과 구원이다. 예수님을 믿으면 죄의 책임과 형벌에서 벗어나고, 죄에게 종노릇하는 데서 해방된다. 성경은 이것을 '구원'이라고 말한다.

> 베드로가 이르되 너희가 회개하여 각각 예수 그리스도의 이름으로 세례를 받고 죄 사함을 받으라(행 2:38).

> 너희는 그 은혜에 의하여 믿음으로 말미암아 구원을 받았으니 이것은 너희에게서 난 것이 아니요, 하나님의 선물이라(엡 2:8).

하나님은 자기 죄를 자백하고, 예수 그리스도를 믿는 자의 모든 죄를 철저하게 용서하신다. 심지어 그의 죄를 하나님의 등 뒤로 던져버리고 기억도 하지 않으신다(렘 31:34; 히 10:17). 믿는 자의 죄악을 발로 밟고 깊은 바다에 던져 버리시고 도로 찾지 않으신다(미 7:19). 동쪽과 서쪽이 얼마나 먼가? 하나님은 죄과를 그렇게 멀리 보내버려서 다시 돌아올 수 없게 하신다(시 103:12). 하나님은 예수님을 믿는 자의 죄를 완전히 도말하시고 두 번 다시 말씀하지 않는다(사 43:25). 그렇게 하나님은 믿는 자의 죄를 완전히, 철저하게, 그리고 완벽하게 용서하신다.

성령을 선물로 받음

하나님은 예수 믿는 자에게 주시는 특별한 선물이 또 있다. 바로 예수님을 믿을 때 성령도 선물로 주신다. 성령은 삼위 하나님 중 한 분이시지만 동시에 하나님의 선물이다(행 8:20; 11:17).

> 그리하면 성령의 선물을 받으리니(행 2:38; 행 11:17 참조).

성령은 예수 그리스도께서 하나님의 보좌 우편으로 승귀하시면서 우리를 위해 보내주신 선물이다(요 15:26).

우리는 성령을 받음으로 인하여 우리가 하나님의 소유라는 표시로 성령의 인침을 받는다. 그리고 성령의 각양 은사를 선물로 받는다.

성령은 하나님 아버지의 말씀과 예수 그리스도께서 가르치신 것을 기억나게 하셔서 우리로 하여금 바른길을 걷게 하신다. 성령은 우리를 진리의 길로 인도하시기 때문에 우리가 성령으로 행하면 진리의 길을 걷게 되고 하나님께도 영광을 돌리게 된다.

예수님이 우리의 보혜사이신 것처럼 성령도 우리의 '또 다른 보혜사'이시다. 우리는 성령을 통하여 하나님께 기도할 수 있으며, 하나님의 뜻을 분별할 수 있다. 성령은 하나님의 속사정을 우리에게 알려주시고, 또 우리의 사정을 하나님께 알리신다. 성령은 우리의 격려자이시고 위로자이시며 상담자이시다. 성령은 우리의 교사이시고 코치이시며 감독이시다. 성령은 하나님의 보좌에 계신 예수님이 한량없이 보내주셔서 항상 우리와 함께하신다.

하나님의 독생자 예수 그리스도와 성령, 그리고 죄 사함과 구원은 하나님께서 거저 주신 선물이며 우리에게 꼭 필요한 선물이다.

이 선물을 받음으로 인하여 우리의 인생이 달라지고 운명이 달라지며 영원한 삶이 달라진다. 흑암의 권세와 압제에서 벗어나고 예수 그리스도와 함께 하나님의 자녀가 된다. 흑암의 나라에서 하나님의 아들의 나라로, 빛의 나라로 옮겨진다. 우리의 시민권이 하늘나라의 시민권으로 바뀐다. 하나님의 선물을 받으면 어떤 사람도 하나님의 진노의 심판에 이르지 아니하며 사망에서 생명으로 옮겨지고, 영생하게 된다. 세상의 종말의 때에도 구원을 받는다. 그렇지만 세상의 많은 사람들이 이 귀한 하나님의 선물을 아직도 받지 않고 있다.

하나님의 선물을 세상에 전달하라

하나님은 예수 그리스도, 구원, 성령이라는 귀한 선물을 우리에게 거저 주셨다. 그러나 이 선물이 세상에 제대로 전달되지 않는다면, 아무런 의미가 없다. 우리는 복음을 전달하는 '영적 택배기사'로서 하나님이 주신 선물을 바르게 전해야 한다.

하나님의 선물을 세상에 알리라

세상에 주는 하나님의 선물을 잘 전달하려면, 먼저 그 선물이 있다는 사실을 세상 사람들에게 알려주는 데서 시작한다. 알아야 믿을 수 있고, 믿어야 죄 사함과 구원을 받을 수 있기 때문이다.

> 누구든지 주의 이름을 부르는 자는 구원을 받으리라… 그러나 그들이 믿지 아니하는 이를 어찌 부르리요? 듣지도 못한 이를 어찌 믿으리요?(롬 10:13~14)

구원받은 우리가 침묵하면 우리가 사랑하는 사람들은 하나님의 선물을 받을 수도 없고, 구원에 이를 수도 없다. 우리가 침묵하면 세상은 영생을 얻을 길이 없다.

그러므로 우리는 때를 얻든지 못 얻든지 전해야 한다. 세상에 수많은 광고와 선전과 포스터와 광고지가 넘칠지라도 하나님의 선물을 광고하는 것은 많지 않다. 하나님의 선물을 전하는 일은 예수 그리스도를 믿는 자만 할 수 있다. 우리가 알려야 세상에서 하나님도 없고 소망도 없이 사는 사람들이 구원을 받을 수 있다.

설득하고 권하라

그리고 우리는 세상 사람들이 하나님의 선물을 받도록 적극적으로 설득해야 한다. 사도 베드로가 '여러 말로 확증하며 권하여 이 사악한 세대가 받을 벌을 면하도록 설득한 것'(행 2:40)처럼, 우리도 우리가 사랑하는 이들과 세상 사람들에게 하나님의 선물을 받고 하나님의 심판을 면하라고 권해야 한다. 이 패역한 세대에서 구원을 받으라고 설득해야 한다.

우리는 결코 강요나 강압으로 하나님의 선물을 안길 수 없다. 물론 최고의 권세와 권위를 가지신 하나님께서는 그렇게 하실 수 있을지 모르지만, 우리는 그렇지 못하다. 선물을 거부함으로 지옥 사망을 향해 가는 그들이 안타깝다. 고집스럽고 완악한 그들의 모습이 답답하고 심지어 분통이 터지기도 한다. 하지만 그럴수록 우리는 인내심을 갖고 끝까지 설득하고 이해시켜, 어떻게든 그들이 구원에 이르도록 도와야 한다.

이를 위해서는 무엇보다 하나님의 성품을 닮아야 한다. 하나님처럼 참고 기다리며, 사랑으로 품는 자세가 필요하다. 성경은 "사랑은 허다한 죄를 덮는다"(벧전 4:8)고 말씀하고, 또 사랑이 있어야만 우리가 행하는 모든 전도의 수고가 참으로 유익해진다고 말한다(고전 13:3). 따라서 사랑으로 하나님의 선물을 전달하는 것이 필요하다.

때로는 희생이 요구될 때도 있다. 우리가 사랑하는 이들이 그 선물을 받아들이도록 하기 위해 기꺼이 대가를 감수하는 것이다. 예수 그리스도께서 우리에게 자기 생명을 주신 것처럼, 우리도 크고 작은 희생을 감내하면서 세상 사람들이 하나님의 선물을 받도록 도와주어야 한다.

기도를 쉬지 말라

마지막으로 기도 역시 중요하다. 전도의 문이 열리는 것과 하나님의 선물을 담대히 전하는 일이 쉽지 않기 때문에 기도가 필요하다.

> 기도를 계속하고 기도에 감사함으로 깨어 있으라. 또한 우리를 위하여 기도하되 하나님이 전도할 문을 우리에게 열어 주사 그리스도의 비밀을 말하게 하시기를 구하라. 내가 이 일 때문에 매임을 당하였노라. 그리하면 내가 마땅히 할 말로써 이 비밀을 나타내리라(골 4:2~4).

코로나19의 팬데믹 상황이 벌어졌을 때, 우리는 전도와 선교의 문이 닫히는 것을 경험했다. 수많은 선교사가 선교지를 떠나야 했고, 교회들이 문을 닫아야 했으며, 모여서 예배드리지 못하는 경험을 했다. 전도하려 해도 사람들은 쉽게 대면을 허락하지 않았고, 평소 당연하게 여겼던 사역들이 멈춰서는 경험을 했다. 앞으로도 이런 일이 또 있지 말라는 법은 없다. 어쩌면 종말이 가까울수록 이런 일은 더 자주, 그리고 강하게 나타날 수 있다.

그러므로 우리는 기도로 하나님께 의지하는 것이 얼마나 중요한지 깨닫는다. 사람들의 마음 문이 넓게 열리고, 하나님의 선물인 예수 그리스도를 기쁘게 영접하도록 기도하는 일은 단순한 선택이 아니라 필연처럼 다가온다. 우리가 전한 복음이 열매 맺기를 기다리는 일도 마찬가지다(살후 3:1~3). 복음 전도는 우리의 사명이지만, 결과는 하나님의 손에 있다. 우리가 최선을 다해 노력할 뿐, 결과는 하나님이 만드신다. 바울과 아볼로가 심고 물을 주었지만, 자라게 하시는 분은 하나님이셨다. 구원이라는 결과를 만드시는 분은 하나님이시다.

그러므로 우리는 우리에게 주어진 사명을 충실하게 수행하면서, 우리가 전달한 하나님의 선물을 세상 사람들이 받고 예수 그리스도를 믿도록 기도해야 한다. 죄 사함을 받고 구원을 받으며 성령을 선물로 받도록 말이다.

우리는 하나님의 선물로 구원받았다. 그리고 이제는 하나님의 선물을 전달하는 사명자로 부르심을 받았다. 우리의 삶이 가장 충만할 때는 복음들고 나갈 때이다. 하나님께서 주신 귀한 선물들을 세상에 전달하는 일에 충성하자. 우리가 복음을 전하면 누군가는 구원받고, 누군가는 생명을 얻게 될 것이다.

"당신이 있는 곳이 당신의 선교지다.
오늘도 그 자리에서 하나님의 선물을 전하라."

기억하라. 우리는 단순한 배달원이 아니라, 생명을 살리는 가장 귀한 선물을 전하는 영적 택배기사이다.

15.
하나님의 복을 세상에 유통하라

창세기 45:4~8

세상에서 그리스도인으로 산다는 것은 결코 쉬운 일이 아니다. 더구나 세상 사람들 틈바구니에서 사업을 하거나 일하면서 산다는 것은 더욱더 어려운 일이다.

왜냐하면, 첫째, 세상 사람들은 사업하는 그리스도인을 환영하지 않는다. 자신들에게 속한 사람이 아니기 때문이다.

둘째, 그리스도인은 세상 사람들과 생각하는 것이나 행동하는 것이 다르기 때문이다. 사는 생활방식도 다르고 일하는 방식도 다르다. 세상 사람들이 이해하고 용납하기 힘든 부분들이 너무 많다. 그래서 그들처럼 살지 않거나 일하지 않거나 혹은 사업하지 않는 것을 싫어한다.

셋째, 세상과 하나님, 세상 방식과 하나님의 방식 사이에는 보이지 않는 전쟁이 있기 때문이다. 이 둘은 서로를 침략하고 서로를 지배하려고 한다. 이런 영적 전쟁은 우리가 사업하는 사업의 현장에서, 우리가 일하는 직장에서 수시로 일어난다. 그래서 세상을 지배하는 어둠의 세력에 밀리지 않고 하나님의 영광을 위해 일하는 것이 쉽지 않다.

사탄은 세상을 지배하기 위해 시장을 지배한다

사탄은 '이 세상의 신'이다(고후 4:4). 사탄이 세상과 사람을 지배하는 방법 중에는 재물과 돈을 이용해 시장을 지배하는 방법이 있다. 요한계시록 13:16~17은 이렇게 말씀한다.

> 그가 모든 자 곧 작은 자나 큰 자나 부자나 가난한 자나 자유인이나 종들에게 그 오른 손에나 이마에 표를 받게 하고 누구든지 이 표를 가진 자 외에는 매매를 못 하게 하니 이 표는 곧 짐승의 이름이나 그 이름의 수라.

17절에서 "누구든지 이 표를 가진 자 외에는 매매를 못 하게 하니"라고 했다. 사탄은 매매가 이루어지는 시장 경제를 장악한다. 그리고 자신의 계획과 뜻을 따르는 사람, 다시 말해 짐승의 이름이라는 표를 받는 자만 매매를 할 수 있게 한다.

여기서 중요한 표현은 표를 '받게 하고'이다. 받게 한다는 말은 개인의 선택과 결정에 따라 자발적으로 표를 받는다는 뜻이 아니다. 받게 한다는 말은 강압과 강제로, 혹은 받을 수밖에 없게끔 한다는 말이다. 사탄이 경제와 시장을 지배하는 계획에 동참하도록 표를 받게 한다는 말이다.

그래서 시장과 경제를 주관하는 사탄이 최고의 신이라는 것을 인정하게 한다. 만일 이것을 인정하지 않는다면 매매를 할 수 없다. 아무리 부자라고 해도, 세계 시장을 좌우하는 대기업이라고 해도 이 표를 받지 않으면 매매할 수가 없고',[1] 주가는 땅바닥으로 곤두박질칠 것이다.

또 사탄이 지배하는 시장 경제가 요동치거나 마비되면 사탄에게 살려달라고 아우성칠 것이고, 돈과 사탄을 숭배할 것이다. 사탄이 시장을 지배하므로 사람들로 하여금 하나님은 필요 없다는 가치관을 갖게 하는 것이다.

마이런 러쉬는 "사단은 무척 지혜롭다. 그는 사람들을 지배하는 방법이 그들의 지갑을 지배하는 것임을 안다. 만일 당신이 모든 매매를 통제할 수 있다면, 모든 사람을 통

제하는 것이다"라고 말했다.[2]

이런 일이 실제로 가능한가? 우리는 코로나19 팬데믹을 경험하면서 백신을 맞지 않은 사람은 공항이나 관공서를 이용하는 것이 금지당했다. 심지어 크고 작은 백화점이나 식당은 물론이고 카페나 노래방 출입이 제한되었다. 더 나아가 교회당에서 예배드리는 것도 제재를 당했다. 우리의 의사와 상관없이 정부의 정책에 따라, 혹은 시의 정책에 따라 오로지 백신을 맞고 마스크를 쓴 자만 이용이 허용되었다. '누구든지 이 표를 가진 자 외에는 매매를 못 하게 하는 일'이 얼마든지 가능하다는 것을 경험한 것이다.

그러므로 그리스도인은 사탄의 이와 같은 계획을 무산시키고 이 땅에 하나님의 나라, 하나님의 왕적인 활동과 통치가 나타나도록 해야 한다. 시장 경제는 물론이고 우리가 하는 사업에서, 일터에서 하나님의 뜻을 받들어 경영하고 사업하며 일하는 방식으로 말이다. 그리고 하나님의 복을 세상에 유통함으로 말이다.

하나님은 세상 모든 사람에게 하나님의 복 주시고자 하신다

창세기 12:3 말씀에서 하나님은 세상을 향한 원대한 계획을 말씀하셨다. 그것은 하나님께서 선택하신 아브라함과 그의 후손을 통해 모든 민족이 복을 받는 것이다. 여기서 말하는 복은 본질적으로는 하나님의 아들 예수 그리스도를 통해 구원을 받는 것이지만, 그것이 전부는 아니다. 예수 그리스도를 통해 사탄과 사망과 죄에서 구원받는 것뿐만 아니라 그 외의 다양한 하나님의 복을 받는 것도 포함된다.

아담과 하와가 죄를 지음으로 인류와 하나님의 창조 세계에 미친 결과를 보면 이 사실을 조금은 이해할 수 있다. 그들이 죄를 범함으로 땅, 곧 피조물의 상태는 심각한 상태가 되었다. 로마서 8:20~22에서 이렇게 말씀한다.

> 피조물이 허무한 데 굴복하는 것은 자기 뜻이 아니요 오직 굴복하게 하시는 이로 말미암음이라. 그 바라는 것은 피조물도 썩어짐의 종노릇 한 데서 해방되어 하나님의 자녀들의 영광의 자유에 이르는 것이니라. 피조물이 다 이제까지 함께 탄식하며 함께 고통을 겪고 있는 것을 우리가 아느니라.

하나님은 이렇게 엉망이 된 피조물의 상태를 바로잡기

를 원하신다. 하나님은 이 문제를 근본적으로 해결하기 위해 예수 그리스도를 보내셨다. 그리고 죄 문제를 해결하셨다. 예수님의 구원 사역은 지금도 진행 중이다. 특히 피조물의 회복을 위한 사역은 계속되고 있다.

궁극적으로는 "하늘에 있는 것이나 땅에 있는 것이 다 그리스도 안에서 통일"(엡 1:10)될 것이다. 그리고 "하나님은 만유 위에 계시고 만유를 통일하시고 만유 가운데 계시는 하나님이심"(엡 4:6)을 드러낼 것이다.

문제는 이날이 오기까지 세상에서는 사탄이 자기 세력을 넓히려는 작업을 끊임없이 한다는 점이다. 바로 속임수와 사람의 욕심과 시장 경제를 이용해서 말이다.

그러므로 우리가 사탄의 세력을 꺾고 하늘에 있는 것이나 땅에 있는 것이 다 그리스도 안에서 통일되고 하나님께 영광을 돌리는 일이 일어나도록 살아야 한다. 그런 삶 중의 하나가 하나님의 복을 이 세상과 사람들에게 유통하는 것이다.

땅의 복은 사람에게 달려 있다

먼저 기억할 사실은 땅의 운명은 그 땅을 발로 밟고 사는 사람에게 달려 있다는 것이다. 우리는 땅의 소산물을 먹고 산다. 그런데 땅의 원리는 그 땅에 사는 사람이 하나님과 바른 관계에 있어야 땅이 풍성한 소산물을 생산한다. 마치 나무가 뿌리내린 토양에 따라 열매를 맺듯이, 땅의 풍요로움은 그 위에 사는 사람의 신앙적 뿌리에 달려 있다.

의인이 살면 땅은 풍요로운 땅이 되고, 죄인이 살면 그 땅은 황폐한 땅이 된다. 땅의 운명은 그 땅을 밟고 사는 사람에 달려 있다. 이것이 성경에서 말하는 원리이다(레 26:1~5, 15~20, 32~35).

하나님께서 창조하실 때 땅은 각종 채소와 각종 열매를 맺는 땅이었다. 그런데 아담과 하와가 죄를 지을 때 땅이 죄로 오염되었다. 그래서 땅이 가시와 엉겅퀴를 내게 되었다. 죄를 범하기 전에는 원하는 것은 언제든지 손만 뻗으면 먹을 수 있었지만, 죄를 범한 후로는 수고하고 땀을 흘리면서 힘들게 노동해야만 먹을 수 있게 되었다(창 3:19).

학개 선지자가 활동하던 때이다. 바벨론 포로 생활에서 귀환한 하나님의 백성들이 하나님의 성전을 건축하다 방치해 두었다. 그래서 학개 선지자가 주의 성전을 건축하지 않고 방치해 둔 상태가 지속되고 있음을 보면서 이렇게 외쳤다. 학개 선지자의 외침을 풀어쓰면 이런 내용이다.

너희는 최근에 너희에게 일어난 일들을 돌이켜 보라. 너희 형편이 어떠하냐? 스무 섬을 생산하는 밭에서 겨우 열 섬밖에 수확하지 못했다. 쉰 동이나 생산하는 포도주 틀에서는 겨우 스무 동을 얻었다. 그 이유가 무엇인지 아느냐? 내가 너희를 깜부기병과 녹병으로 쳤기 때문이다. 너희 손으로 가꾼 농작물을 우박으로 쳤기 때문이다. 그런데도 너희 가운데서 내게로 돌아온 사람은 아무도 없었다. 그러니 부디 오늘, 아홉째 달 이십사일부터 주의 성전 기초를 놓던 날까지 지나온 날들을 곰곰이 돌이켜 보라. 곳간에 씨앗이 남아 있느냐? 포도나무나 무화과나무나 석류나무나 올리브 나무에 열매가 맺었느냐?(학 2:15~19).

학개 선지자는 주의 성전을 짓는 일을 중단하고 더러워진 백성들에게 그들의 잘못으로 인하여 땅이 소산물을 풍성하게 생산하지 않는다는 것을 말하고 있다. 바로 하나님께서 그렇게 하셨다는 것이다. 이처럼 땅의 운명은 그 땅을 밟고 사는 사람에 따라 좌우된다.

'땅'을 말할 때 지리적, 물리적 의미의 땅에만 한정 짓지 마라. 이 땅은 우리의 사업장이 될 수도 있고, 직장이 될 수도 있다. 이 땅은 우리가 매일 일하는 현장이 될 수 있다.

따라서 우리에게 필요한 것을 얻게 하는 '땅'은 반드시 그 땅을 밟고 서 있는 우리 자신과 직결된다는 것이다.

우리의 먹을 것을 생산하는 땅이 복된 땅, 풍요로운 땅이 되기 위해서는 우리가 하나님과 바른 관계에 있어야 한다. 그래야 땅이 복을 받아 소산물을 풍성하게 생산한다. 우리는 그 소산물로 말미암아 안정된 생활, 풍요로운 생활을 할 수 있다.

또 우리가 하나님을 경외하고 잘 섬기며 하나님의 뜻대로 생활하면, 우리는 하나님이 주시는 은총 아래에서 생활할 수 있다.

더 나아가 우리는 하나님의 복을 유통할 수 있다. 우리가 하나님의 복을 유통하면 사탄의 영향력은 축소될 것이고, 이 세상은 하나님의 나라로 변할 것이다. 또 우리가 사는 땅은 더욱 풍요로운 땅이 될 것이다.

하나님의 사람은 복의 사람이다

하나님을 믿는 사람이든지 하나님을 믿지 않는 사람이든지 그들의 운명은 하나님을 믿는 사람에게 달려 있을 때가 많다. 하나님은 아브라함을 부르시고 이렇게 말씀하셨다.

너는 복이 될지라. 너를 축복하는 자에게는 내가 복을 내리고 너를 저주하는 자에게는 내가 저주하리니 땅의 모든 족속이 너로 말미암아 복을 얻을 것이라(창 12:2b~3).

아브라함이 복이 되었다. 하나님께서 아브라함을 복이 되게 하셨기 때문에 하나님은 사람들이 아브라함에게 어떻게 하는지를 눈여겨보신다. 아브라함을 영접하면 복을 받아들이는 것과 같고 아브라함을 거부하면 복을 거부하는 것과 같다. 복인 아브라함을 저주하면 복을 받지 못한다. 하지만 복이 된 아브라함을 축복하면 그 사람도 복을 받는다. 하나님께서 복을 주시기 때문이다.

야곱도 복의 사람이 되었다. 그가 아버지의 축복을 받고 난 뒤에 형 에서가 죽이려 하자 외삼촌 라반의 집으로 도망을 쳤다. 그때 야곱은 노숙하던 중에 하나님을 만났다. 그리고 하나님으로부터 약속을 받았고 "내가 너와 함께 있어 네가 어디로 가든지 너를 지키며 너를 이끌어 이 땅으로 돌아오게 할지라. 내가 네게 허락한 것을 다 이루기까지 너를 떠나지 아니하리라"(창 28:15) 하는 말씀을 들었다. 그래서 야곱도 하나님이 함께하는 복의 사람이 되었다.

그는 빈손으로 외삼촌 라반의 집에 도착했지만, 그가 외삼촌 집을 떠날 때는 거부가 되어 떠났다. 외삼촌 라반도 "여호와께서 너(야곱)로 말미암아 내게 복 주신 줄을 내가 깨달았노니"(창 30:27)라고 말했다.

하나님의 복을 받은 사람은 그가 하는 일도 복이 된다. 하나님께서 함께하시기 때문에 그는 '형통한 사람이 된다.' 또 형통한 사람이 하는 일도 형통하게 된다.

그러나 악인의 형통함은 다른 것이다. 잠언 21:4에서 "악인의 형통한 것은 죄니라"라고 말씀하신다. 이유는 그가 하나님을 경외하지 않고 교만한 악인이기 때문이다. 하지만 야곱은 하나님과 함께 한 사람이다. 그래서 야곱의 형통은 진정한 복이 된다.

세상 사람들에게 하나님의 복을 유통하는 삶을 살라

하나님은 하나님의 백성이 이 세상을 살면서 하나님이 주신 복을 온 세상, 모든 사람에게 유통하는 삶을 살기를 바라신다. 이것에 대한 하나의 예로 요셉을 들 수 있다.

> 여호와께서 요셉과 함께 하시므로 그가 형통한 자가 되어 그의 주인 애굽 사람의 집에 있으니 그의 주인이 여호와께

서 그와 함께 하심을 보며 또 여호와께서 그의 범사에 형통하게 하심을 보았더라(창 39:2~3).

요셉은 하나님이 함께하심으로 '형통한 사람'이 되었다. 그가 하는 일도 형통하게 되었다.

요셉은 자신만 복 받고 형통하게 된 사람이 아니다. 아브라함과 야곱과 모든 하나님의 사람들이 그랬듯이 요셉도 하나님이 주신 복을 여러 사람에게 유통해서 복되게 했다. 요셉의 형통함은 노예로 있던 보디발의 집은 물론 애굽과 주변 민족에게까지 흘러들어 복이 되었다.

요셉의 주인 보디발은 여호와께서 요셉과 함께하심으로 그가 하는 일마다 형통케 된다는 것을 알았다. 그래서 요셉을 가정 총무로 삼고 자기 소유를 다 그의 손에 위탁했다. 그 결과 하나님께서 요셉을 위하여 보디발의 집에 복을 내리셨다. 요셉 때문에 보디발의 집과 밭에, 그리고 모든 소유에 하나님의 복이 임하였다(창 39:1~5).

또 요셉은 7년 대흉년의 때에 애굽 사람은 물론이고 애굽 주변의 민족들을 먹여 살리는 일을 했다. 특히 요셉의 아버지와 형제들을 흉년에서 구원하는 일을 했다.

> 당신들은 나를 해하려 하였으나 하나님은 그것을 선으로 바꾸사 오늘과 같이 많은 백성의 생명을 구원하게 하시려 하셨나니(창 50:20).

요셉은 하나님의 뜻을 따라 흉년의 때에 사람의 생명을 구원하는 일을 했다. 요셉 한 사람이 자신의 형제들과 그들의 가족, 그리고 애굽과 주변 팔레스타인의 사람들을 흉년으로부터 구원했다. 요셉은 이 일을 자신이 한 일이 아니라고 말한다. 하나님께서 하신 일이며, '하나님이 생명을 구원하시려고 나를 당신들보다 먼저 보내셨나이다'고 말한다.

요셉은 하나님의 복을 받아 복의 통로가 되었다. 그래서 모든 애굽의 사람들과 주변 사람들에게 요셉이 믿는 여호와 하나님이 얼마나 위대한 하나님이신지, 그리고 그분이 진정한 구원의 하나님이시라는 것을 알게 했다.

예수 그리스도를 믿는 우리도 하나님의 복을 세상에 유통하는 사람들이다. 우리는 임마누엘 되신 예수 그리스도께서 우리를 죄에서 구원했을 뿐만 아니라 이 세상 끝날 때까지 항상 함께해 주시는 복의 사람이다. 따라서 우리는 우리의 삶의 자리에서, 가정과 교회에서, 직장과 삶의 터전에서, 우리의 이웃들과 세상 사람들에게 하나님의 복을 유통해야 한다. 그들이 하나님의 복을 받을 수 있도록 말이다.

앞에서 말한 바처럼 세상에서 그리스도인으로 사는 것은 힘든 일이다. 세상 사람들 틈바구니에 끼여서 사업을 하거나 일하는 것은 더욱더 힘들다. 그럼에도 사탄의 세력을 억제하고, 하나님의 나라를 확장하기 위해 하나님의 복을 유통하는 삶이 요구된다.

세상과 세상 사람들은 영적 전투의 대상이기도 하지만 동시에 사탄의 포로 된 자들이다. 사탄과 귀신, 죄와 사망에서 구출하고 구원해야 할 대상이다. 우리는 사탄의 압제 아래 신음하는 이들에게 '복 중의 복'이신 예수 그리스도를 전함으로 그들을 구원의 길로 이끌어주어야 한다.

어떻게 우리는 하나님의 복을 유통할 수 있는가

교회를 통해서 하나님의 복을 유통하고, 우리가 하는 일과 사업을 통해서, 하나님이 주신 은사와 자기 능력을 통해서 하나님의 복을 세상에 널리 유통할 수 있다. 그리스도인의 삶은 단순하게 자신만 돈 많이 벌어서 잘 먹고 잘 사는 삶이 아니다. 자기 혼자 출세하는 사람이 아니라 요셉처럼 하나님이 주신 복으로 세상을 구출하는 삶이다. 따라서 하나님의 복을 모든 사람에게 유통해서 모두가 하나님의 복을 누리며 살게 하겠다는 비전을 품어야 한다.

하나님의 존전에 서 있다

요셉은 자신이 어디서 무엇을 하든지 하나님 존전에 있다는 것을 의식하며 일했다. 모세가 "보이지 아니하는 자를 보는 것같이 한 것"(히 11:27)처럼, 요셉도 '하나님 앞에서' 살고 있다는 것을 의식했다. 그렇기 때문에 요셉은 하나님께 죄를 범할 수 없었다. 부정한 방법이나 편법으로 일하지 않았다. 하나님께서 다 보시기 때문이다.

유혹을 받을 때도 그랬다. 보디발의 아내가 동침하자고 요셉을 유혹했다. 요셉은 이것이 죄라는 것을 알았다. 그래서 "이 집에는 나보다 큰 이가 없으며 주인이 아무것도 내게 금하지 아니하였어도 금한 것은 당신뿐이니 당신은 그의 아내임이라. 그런즉 내가 어찌 이 큰 악을 행하여 하나님께 죄를 지으리이까?"(창 39:9) 하고 단호하게 거절했다.

우리는 하나님 앞에서 사는 사람들이다. 사람은 보지 않아도 하나님은 모든 것을 보고 아신다. 여호와 하나님의 눈은 어디서든지 악인과 선인을 감찰하시는 하나님이시다(잠 15:3). 우리의 행위뿐만 아니라 우리의 마음까지도 감찰하시는 하나님이시다. 사람을 속일 수 있어도 '살피시는 하나님'(창 16:13)을 속일 수는 없다.

그러므로 우리가 하나님 앞에서 산다는 존전 의식을 가질 때, 우리는 단순히 개인적인 복을 받는 것을 넘어선다. 하나님의 존전 의식은 우리가 받은 복과 하나님이 베푸시는 은혜를 세상에 마음껏 유통할 수 있는 강력한 통로가 되는 길이다.

하나님과 좋은 관계를 유지한다

앞에서 말했듯이 우리가 사는 땅은 우리에게 달려 있다. 우리가 죄를 지으면 사업장은 소산물을 풍성하게 생산하지 못한다. 그러나 우리가 하나님의 법에 순종하고 선을 행하면 일터는 풍성한 소산물을 생산한다. 하나님과 바른 관계, 좋은 관계에 있으면 사업은 번창한다.

> 너희가 즐겨 순종하면 땅의 아름다운 소산을 먹을 것이요 너희가 거절하여 배반하면 칼에 삼키우리라. 여호와의 입의 말씀이니라(사 1:19~20; 학 1:7~11 참조).

그리고 땅의 아름다운 소산물은 그 땅에서 일하는 사람만을 위해서 있는 것이 아니다. 권력과 권세 잡은 자만을 위해서 있는 것도 아니다. 전도서 5:9에서 "땅의 소산물은 모든 사람을 위하여 있나니 왕도 밭의 소산을 받느니라"라고 했다.

그러므로 죄를 짓지 말고 하나님과 올바른 관계에 있어야 한다. 언제 어디서든지 여호와를 하나님으로 인정하고 하나님의 법에 순종하는 생활을 해야 한다. 내가 하는 일의 결과로 모든 영광을 하나님께 돌려야 한다. 하나님과 좋은 관계에 있어야 하나님의 복을 받을 수 있다. 또한 그 복을 세상의 모든 사람에게 마음껏 유통할 수 있다.

요셉처럼 하나님의 영에 감동된 사람이 되라

요셉은 7년 풍년 뒤에 7년 대흉년이 올 것을 말했다. 그리고 어떻게 해야 7년 대흉년을 극복할 수 있을지 대안도 제시했다. 그러자 바로가 신하들에게 이렇게 말했다.

> 바로가 그의 신하들에게 이르되 이와 같이 하나님의 영에 감동된 사람을 우리가 어찌 찾을 수 있으리요(창 41:38).

그래서 요셉을 애굽의 총리로 세우고 7년 대흉년을 대비할 책임자로 세웠다.

하나님의 영에 감동된 사람은 어디서든지 두드러진다. 하나님의 영에 감동되는 것이 가장 강력한 능력이고 경쟁력이다. 우리가 하나님의 영에 감동될 때 우리는 세상 사람과 비교 불가한 사람, 대체 불가한 사람으로 명확하게 구별된다. 우리가 하나님의 영으로 충만할 때 세상에서 찾으려야 찾을 수 없는 능력의 사람이 된다.

하나님의 영은 우리로 하여금 하나님의 지혜로 일하게 한다. 하나님의 뜻을 분별할 수 있고, 그분의 뜻대로 일할 수 있다. 하나님의 영으로 감동되어 있을 때 하나님이 함께해 주셔서 하는 일마다 형통하게 된다. 하나님의 영에 감동되어 있을 때 하나님의 뜻을 따라 복을 세상 사람에게 유통할 수 있다. 사람의 생명을 살리고, 동시에 하나님의 영향력을 극대화할 수 있다. 이 땅에 하나님의 나라를 세우고 확장할 수 있다.

세상 방식이 아닌 하나님의 방식으로 정직하게 일하라

우리 주변에는 세상 방식으로 일하는 사람이 있고 하나님의 방식으로 일하는 사람이 있다. 세상 방식은 목적을 위해서라면 수단과 방법은 중요하게 생각하지 않는다. 그리고 자기를 위해서라면 공의와 정의도 무시하는 경우도 많다. '나만 아니면 된다'는 식으로 일하고 살아간다.

그러나 분명한 사실은 하나님의 방식으로 일해야 '좋은 결과'가 나타나고 그것이 복이 된다. 그리고 그 복을 자기만을 위해서가 아니라 세상 사람들에게 유통할 때 세상 사람들이 하나님이 복 주셨다는 것을 안다. 하나님의 방식으로 일할 때 하나님께 영광을 돌릴 수 있다.

요셉은 애굽의 총리로 있으면서도 정직함을 잃지 않았다. 그는 편법이나 부정으로 결과를 만들려 하지 않았고, 하나님이 모든 것의 주인이시며 결과 또한 하나님께 달려 있다는 사실을 알았기에 하나님이 기뻐하시는 방식으로 일했다. 요셉은 자신이 감당해야 할 권한과 책임을 분명히 인식했고, 언제나 하나님 앞에서 정직하고 신실하게 일했다. 전국의 농산물 중 5분의 1을 저장할 때에도 그는 사적으로 부를 축적하지 않았다. 그는 일 자체를 통해 하나님을 섬기는 자세와 태도를 지켰다.

요셉처럼 충실하고 부지런히 일하라

요셉은 자기에게 맡겨진 일을 대충하지 않았다. 그는 어디에 있든지, 어떤 위치에 있든지, 맡은 바를 묵묵히 감당하며 최선을 다했다. 보디발의 집에서는 종의 신분으로 충성했고, 감옥에서도 불평 없이 책임을 다했다. 바로 앞에 섰을 때도 두려움 없이 신중히 말했으며, 총리가 되었을 때에도 권력에 취하지 않고 백성을 위한 정책을 펼쳤다.

그는 노예로 팔렸지만 노예처럼 살지 않았다. 시키는 일만 하고, 그 이상은 책임을 지려하지 않는 태도를 일컬어 노예근성이라고 한다. 그러나 요셉은 마치 주인의 마음으로 자신에게 맡겨진 일을 돌보았다. 그는 주어진 일에 그치지 않고, 더 나은 방법을 고민하며 배우고 연구했다.

그 결과, 단순한 죄수의 위치를 넘어서 애굽 전역의 농업 상황, 행정 시스템, 부패 구조까지 파악할 수 있었다. 만일 시키는 일만 했다면, 감옥에 있으면서 애굽을 통찰하는 눈은 열리지 않았을 것이다. "7년 풍년 동안 수확의 5분의 1을 저장하라"는 제안은 그의 노력과 통찰의 결과였다. 그의 지혜는 부지런한 배움의 열매였고, 하나님은 그 성실 위에 특별한 분별력을 더해주셨다.

요셉은 상황이 바뀌어도, 위치가 달라져도, 성실함을 잃지 않았다. 하나님은 이런 요셉과 함께하시기를 기뻐하셨고, 그를 형통하게 하셨다. 그리고 요셉은 하나님이 주신 복을 모든 민족에게 유통할 수 있었다. 만약 요셉이 자기를 위해 살았다면, 맡은 일을 대충하거나 안일하게 했다면, 그는 애굽 사람들이 400년 넘게 기억할 인물은 되지 못했을 것이다.

우리가 경주 최 부잣집을 기억하고, 제주도의 김만덕을 기억하는 이유는 무엇인가? 그것은 자신이 열심히 일해서 번 재물을 자기를 위해 쓰지 않고 가난한 사람을 구제하는 데 썼기 때문이다. 자신이 받은 복을 백성에게 베풀었기 때문에 이들을 기억하는 것이다. 요셉도 그렇다. 약 400년이 넘는 긴 세월을 애굽 사람들이 기억했던 이유도 요셉이 하나님으로부터 받은 복을 애굽 백성을 위해 사용하고, 그 재물로 주변 민족들을 살렸기 때문이다.

물론 요셉은 자신의 아버지와 자기 형제들과 그 가족들까지도 살렸다. 처음에 그는 왜 자신이 형들의 미움을 받아, 노예로 팔렸는지 몰랐겠지만, 시간이 흐르며 그것이 하나님의 계획이었음을 깨닫게 되었다. 그는 자신과 부모와 형제들을 구원하기 위해 하나님이 미리 보냈다는 것을 이해했다(창 45:5).

우리 삶을 돌아보면, 직장을 선택하고 일을 한다는 단순한 겉모습 너머에 다른 의미가 숨어 있는 듯하다. 때로는 직업적 선택처럼 보이지만, 사실 그 자리는 하나님께서 보내신 자리이다. 우리가 일하는 곳은 하나님의 파송지이며, 선교지이다. 선교는 해외에만 있는 것이 아니다. 우리의 직장, 사업장, 일터가 곧 우리의 선교의 현장이다.

그렇다면 우리가 일터에서 보내는 시간과 노력도 단순한 업무 수행을 넘어, 하나님의 복이 흐르는 통로가 될 수 있다. 우리가 부지런히 일하고 성실하게 임할 때, 그 과정 속에서 하나님의 강복(降福)하심을 드러나게 할 수 있다.

하나님은 사람들이 사탄의 손아귀에 들어가지 않도록, 그리고 세상 사람들에게 하나님의 복을 전달하도록 우리를 통해 일하신다. 만일 우리가 게으르고 하나님의 복을 유통하지 못한다면, 세상은 사탄의 손아귀에 더 쉽게 빠지게 될 것이다. 그러나 우리가 부지런히 일하고 하나님의 형통하심을 경험하면, 그 결과를 본 사람들은 하나님을 경외하게 될 것이다.

요셉의 삶을 떠올리며, 우리를 통해 세상 구석구석으로 하나님의 복이 퍼져 나가는 모습을 상상해본다.

16.
세상에 하나님의 공의와 정의가 실현되게 하라

창세기 18:19

우리는 하나님께서 죄인의 구원에 대해 큰 관심을 가지시고, 독생자 예수 그리스도를 희생시키셨다는 사실을 잘 알고 있다. 그 과정에서 하나님의 큰 긍휼과 풍성한 사랑을 보여주셨다는 것도 잘 알고 있다.

그러나 종종 간과되는 것이 하나 있다. 그것은 하나님께서 이 세상에 하나님의 공의와 정의가 실현되기를 원하신다는 점이다. 많은 그리스도인들이 하나님의 사랑과 예수 그리스도의 구원, 그리고 신자들의 믿음과 경건의 생활에 대해서는 익히 잘 알고 있다. 하지만 하나님께서 이 세상에 공의와 정의를 실현하고자 한다는 데는 큰 관심을 두지 않는다.

그래서 믿음은 있는데 믿음의 삶이 없거나, 구원은 받았는데 구원받은 삶이 뒤따라오지 못하는 경우가 많다. 즉, 공의와 정의를 실천하는 삶이 없는 것이다. 우리가 구원받은 이후에 집중해야 할 것은 구원의 삶, 곧 하나님의 공의와 정의가 우리의 삶의 현장에서 구현되게 하는 일이다.

아브라함을 선택한 목적

하나님은 왜 아브라함을 갈대아 우르에서 불러내어 가나안 땅에 들어가 살게 하셨는가? 그의 후손이 그 땅에서 큰 민족을 이루고 살게 하신 목적은 무엇인가?

물론 아브라함 개인에게 복을 주시기 위함도 있다. 하지만 더 중요한 목적은 아브라함과 그의 후손을 통해 모든 민족이 복을 받게 하시려는 것이다.

하나님은 창세기 18:19에서 이렇게 말씀하신다.

> 내가 그로 그 자식과 권속에게 명하여 여호와의 도를 지켜 의와 공도를 행하게 하려고 그를 택하였나니 이는 나 여호와가 아브라함에게 대하여 말한 일을 이루려 함이니라.

하나님께서 아브라함을 선택하신 목적은 그의 자손들이

가나안 땅에 살면서 의와 공도를 행하게 하기 위해서다. 다시 말해, 옳고 바른 일을 하며 살도록 하기 위해서다.

'의와 공도'는 바로 정의와 공의를 의미한다. 아브라함의 자손들이 사는 나라(하나님의 나라)에서는 공의와 정의가 행해지도록 하기 위해서 아브라함과 그의 자손을 선택하신 것이다.

성경에서 말하는 정의는 무엇인가

공의와 정의, 의와 공도는 무엇인가? 한때 우리 사회에서 마이클 샌델(Michael J. Sandel)의 『정의란 무엇인가(Justice: What's the Right Thing to Do?)』라는 책이 유행했었다. 마이클 샌델은 정의란 무엇인가라는 제목으로 책을 출간했음에도 불구하고 '이것이 정의이다'라고 딱 부러지게 정의하지 않는다. 아이러니하게도 저자는 정의를 정의하지 않으면서 정의를 말한다.

그러나 하나님은 정의와 공의가 무엇인지 명확하게 말씀하신다. 창세기 18:19 말씀을 보라.

> 여호와의 도를 지켜 의와 공도를 행하게 하려고

여기서 말하는 의와 공도, 하나님의 공의와 정의는 '여호와의 도를 행하는 것'이다. 여기서 '도'는 길이며 곧 말씀이다. 따라서 하나님의 말씀대로 행하는 것이 공의와 정의다. 이 얼마나 단순하고 명쾌한가.

정의로우신 하나님

왜 하나님의 도가 공의이고 정의인가? 그것은 하나님이 정의의 하나님이시기 때문이다(신 32:4; 사 30:18). 하나님은 불의를 행하지 않는다. 하나님은 거짓이나 속임이 없으시다. 오직 정의와 진리를 말씀하신다. 하나님은 불법이나 편법으로 행하지 않는다. 모든 것을 공의와 정의로 행하신다. 그러므로 정의의 하나님을 경외하며 순종하는 것이 공의와 정의를 행하는 일이다(시 103:6).

하나님이 걷는 길이 정의

정의의 하나님은 정의의 길을 가신다. 새번역은 창세기 18:19 말씀을 이렇게 번역했다.

> 내가 아브라함을 선택한 것은, 그가 자식들과 자손을 잘 가르쳐서, 나에게 순종하게 하고, 옳고 바른 일을 하도록 가

르치라는 뜻에서 한 것이다. 그의 자손이 아브라함에게 배운 대로 하면, 나는 아브라함에게 약속한 대로 다 이루어 주겠다.

공의와 정의의 하나님은 '옳고 바른 일'이 무엇인지 친히 말씀하셨다. 정의는 하나님께서 말씀하신 옳고 바른 일을 하는 것이다.

그리고 하나님은 자신이 옳고 바른 일을 말씀하신 것을 따라 그대로 행하시는 분이시다. 하나님은 자신이 말씀하신 것을 스스로 어기지 않는다. 말씀하신 대로 행하신다. 이런 점에서 하나님의 말씀이 곧 하나님의 길이다.

따라서 하나님이 말씀하신 옳고 바른 일을 하는 것이 공의와 정의를 행하는 일이요, 하나님의 길을 걷는 것이다. 그 길을 하나님과 함께 걷는 것이 공의와 정의를 행하는 것이다.

하나님의 법이 정의

하나님은 하나님의 백성이 공의와 정의가 무엇인지 구체적으로 알고 행하도록 '도', 즉 하나님의 법을 주셨다. 하나님의 법이 제정되기 전에는 '하나님의 말씀'이 곧 '도'였다. 그럼에도 하나님의 백성들이 하나님의 도를 직접 읽고 듣고 보고 알 수 있도록 하나님의 법을 '성문화'하셨다. 그것이 바로 모세를 통해서 주신 '율법'이다. 그리고 법령화된 그 법을 지키며 살게 하셨다. 이유는 하나님의 법이 정의이기 때문이다(신 33:21; 사 32:1).

하나님의 법은 하나님께서 말씀하시는 공의와 정의가 무엇인지를 실제로 보여줄 뿐만 아니라 하나님의 법이 곧 의이다(신 6:25). 그래서 그 법을 행하면 공의와 정의를 행하는 일이 된다(레 18:5; 롬 10:5).

하나님의 법은 사람이 마땅히 행해야 할 것과 하지 말아야 할 것, 마땅히 받아야 할 것과 받지 말아야 할 것들을 명확히 규정하며, 이는 곧 삶의 모든 영역에서 정의를 실현하는 기준이 된다. 이러한 정의의 기준은 도리나 권리, 사랑과 용서, 마땅한 보상과 처벌과 같은 다양한 관계 속에서 실현된다. 사실 하나님의 법은 '관계'를 가장 중요하게 다룬다.

이 관계는 하나님과 사람의 관계는 물론이고 사람과 사람의 옳고 바른 관계를 말한다. '바른 관계가 정의이다.' 또 하나님과 사람의 관계, 사람과 사람의 관계를 파괴하고 뒤틀리게 하는 것을 불의라고 말한다. 예를 들면, 권력을 남용하여 백성을 억압하고 자기 이득을 챙기는 것, 힘없는 자들에게 부당한 세를 거두는 것, 뇌물을 받고 재판에서 유리게 하는 것, 사람을 차별 대우하는 것, 남녀 성차별은 물론이고 장애인이나 하급 직원의 인권을 무시하는 것 등 모두 사람과 사람의 관계를 파괴하는 불의함이다.

하나님의 법은 하나님과 사람의 관계, 사람과 사람의 관계 속에서 공의와 정의가 무엇인지를 보여준다. 그리고 하나님의 법을 지켰을 때 바른 관계가 바르게 되고, 공의와 정의가 실현되는 것이다.

하나님의 법은 관계를 다루는 데 관계가 올바른 관계, 좋은 관계, 다시 말해 정의가 이루어진 관계가 되려면, 사람을 차별하지 않고 존중하고 사랑해야 한다. 사람이 갖고 있는 권리를 보장해야 하며, 사회적 약자에 대한 배려도 필수적이다. 사람이라는 이유만으로 마땅히 해야 할 일과 받아야 할 것이 관계 속에서 바르게 이루어져야 한다. 십계명의 "네 부모를 공경하라. 살인하지 말라. 간음하지 말라. 도둑질하지 말라. 네 이웃에 대하여 거짓 증거하지 말라. 네 이웃의 집을 탐내지 말라" 등을 생각해 보라.

하나님의 법은 이 모든 것을 규정하고 있다. 그래서 하나님의 법을 지키는 것이 공의와 정의를 행하는 것이다.

아모스 선지자의 외침

구약 성경을 보면 여러 선지자들이 하나님의 백성을 향해 공의와 정의를 부르짖는다. 관계를 파괴하고 하나님의 법에 어긋나게 행하는 것을 불의요 동시에 죄라고 규정하고, 그 불의함을 떠나 하나님의 법에 순종할 것을 요구한다. 특히 아모스 선지자는 이스라엘 백성들을 향해 "오직 정의를 물 같이, 공의를 마르지 않는 강같이 흐르게 할지어다"(암 5:24)라고 외쳤다.

> 정의를 쓴 쑥으로 바꾸며 공의를 땅에 던지는 자들아, … 너희가 힘없는 자를 밟고 그에게서 밀의 부당한 세를 거두었은즉 … 너희는 의인을 학대하며 뇌물을 받고 성문에서 가난한 자를 억울하게 하는 자로다. … 너희는 악을 미워하고 선을 사랑하며 성문에서 정의를 세울지어다 만군의 하나님 여호와께서 혹시 요셉의 남은 자를 불쌍히 여기시리라(암 5:7, 11, 12, 15).

아모스 선지자는 정치 지도자들과 재판하는 자들에게 정의와 공의를 저버리고 약자를 억압하며 뇌물을 받고 재판한다고 그들의 불의를 폭로했다. 그는 공의와 정의를 버리면 어떤 결과가 닥칠지도 경고했다(암 6:11~14).

> 보라. 여호와께서 명령하시므로 타격을 받아 큰 집은 갈라지고 작은 집은 터지리라. 말들이 어찌 바위 위에서 달리겠으며 소가 어찌 거기서 밭 갈겠느냐? 그런데 너희는 정의를 쓸개로 바꾸며 공의의 열매를 쓴 쑥으로 바꾸며 허무한 것을 기뻐하며 이르기를 우리는 우리의 힘으로 뿔들을 취하지 아니하였느냐 하는도다. 만군의 하나님 여호와의 말씀이니라. 이스라엘 족속아, 내가 한 나라를 일으켜 너희를 치리니 그들이 하맛 어귀에서부터 아라바 시내까지 너희를 학대하리라 하셨느니라.

공의와 정의를 행해야 하는 이유와 목적

왜 하나님의 백성은 공의와 정의를 행해야 하는가? 첫째, 그것은 사람의 마땅한 도리이기 때문이다. 사람이 사는 세상에서 사람의 마땅한 도리를 지킬 때 세상은 살기 좋은 세상이 된다.

둘째, 하나님의 나라는 공의와 정의의 나라이기 때문이

다. 하나님은 아브라함과 그의 자손을 선택하실 때 의와 공도를 가르치고 행하도록 하셨다. 그 이유는 하나님의 나라가 세상 그 어디에서도 찾아볼 수 없는 공의와 정의의 나라인 것을 나타내기 위해서다. 그리고 세상 모든 민족을 공의와 정의가 강물처럼 흐르는 하나님의 나라로 오게 하기 위함이다.

셋째, 하나님이 정의의 하나님이시기 때문이다. 세상 모든 민족이 자신들이 섬기는 헛된 신들을 버리고 정의의 하나님께로 와서 하나님을 섬기며 영광 돌리도록 하기 위함이다.

이런 의미에서 이스라엘의 정치, 경제, 사회를 받들고 있는 모든 것이 하나님의 공의와 정의를 실현하는 것이어야 했다.

그러나 아브라함의 후손들이 번성하고 역사가 흐르면서 공의와 정의의 모델이 되고 모범이 되어야 할 하나님의 백성들이 변질되었다. 공의와 정의 대신에 불의와 부정을 강물처럼, 하수처럼 흐르게 했다. 하나님이 실현하고자 하는 목표에서 완전히 빗나가버렸다. 그 때문에 아모스 선지자는 공의와 정의를 강물처럼, 하수처럼 흐르게 하라고 울부짖은 것이다.

미가 선지자도 마찬가지다. 미가 선지자가 활동하던 때, 하나님의 나라는 총체적으로 부패했었다. 왕을 비롯하여 백성의 지도자들, 그리고 미천한 백성에 이르기까지 불의함이 일상이었다. 미가 선지자는 미가서 3:1~12에서 그들의 불의함과 죄악을 이렇게 폭로했다.

> 내가 또 이르노니 야곱의 우두머리들과 이스라엘 족속의 통치자들아 들으라. 정의를 아는 것이 너희의 본분이 아니냐? 너희가 선을 미워하고 악을 기뻐하여 내 백성의 가죽을 벗기고 그 뼈에서 살을 뜯어 그들의 살을 먹으며 그 가죽을 벗기며 그 뼈를 꺾어 다지기를 냄비와 솥 가운데에 담을 고기처럼 하는도다. … 내 백성을 유혹하는 선지자들은 이에 물 것이 있으면 평강을 외치나 그 입에 무엇을 채워 주지 아니하는 자에게는 전쟁을 준비하는도다. … 야곱 족속의 우두머리들과 이스라엘 족속의 통치자들 곧 정의를 미워하고 정직한 것을 굽게 하는 자들아 원하노니 이 말을 들을지어다. 시온을 피로, 예루살렘을 죄악으로 건축하는도다. 그들의 우두머리들은 뇌물을 위하여 재판하며 그들의 제사장은 삯을 위하여 교훈하며 그들의 선지자는 돈을 위하여 점을 치면서도 여호와를 의뢰하여 이르기를 여호와

께서 우리 중에 계시지 아니하냐? 재앙이 우리에게 임하지 아니하리라 하는도다. 이러므로 너희로 말미암아 시온은 갈아엎은 밭이 되고 예루살렘은 무더기가 되고 성전의 산은 수풀의 높은 곳이 되리라.

미가 선지자는 정치 지도자들이 권력과 권세를 이용해 불의를 저지르고, 종교 지도자들은 하나님을 빙자하여 불의를 저지르면서, 시온을 피로 예루살렘을 죄악으로 건축한다고 폭로했다. 이러한 폭로는 그들에게 불의와 부정에서 떠나 회개하라는 것이요, 공의와 정의를 행하라는 강력한 요청이다.

그래서 미가 선지자는 미가서 6:6~8 말씀에서 하나님께서 진정으로 원하는 것을 이렇게 말했다.

> 내가 무엇을 가지고 여호와 앞에 나아가며 높으신 하나님께 경배할까 내가 번제물로 일 년 된 송아지를 가지고 그 앞에 나아갈까? 여호와께서 천천의 숫양이나 만만의 강물 같은 기름을 기뻐하실까? 내 허물을 위하여 내 맏아들을, 내 영혼의 죄로 말미암아 내 몸의 열매를 드릴까? 사람아, 주께서 선한 것이 무엇임을 네게 보이셨나니 여호와께서

네게 구하시는 것은 오직 정의를 행하며 인자를 사랑하며
겸손하게 네 하나님과 함께 행하는 것이 아니냐?

여기서 말하는 '정의'는 단순히 법적인 올바름만을 의미하지 않는다. 히브리어 '미쉬파트'(정의)와 '헤세드'(인자, 사랑)는 서로 분리될 수 없는 하나님의 성품이자 행동 원리다. 곧, 하나님의 정의는 사랑과 긍휼이라는 하나님의 성품이 실천되는 것이다. 특히 사회적 약자를 향한 따뜻한 돌봄과 연결된다.

그래서 하나님께서 하나님의 백성들에게 바라고 요구하는 것은 사랑과 긍휼의 실천 없는 천천의 숫양이나 강물 같은 기름이 아니다. 하나님께서 원하시는 것은 하나님의 성품의 실현으로써 "오직 정의를 행하며 인자를 사랑하며 겸손하게 하나님과 함께 행하는 것이다."

정의를 행하는 한 사람을 찾으심

당신은 왜 소돔과 고모라가 멸망했다고 생각하는가? 그들이 죄를 많이 지었기 때문에 멸망했는가? 그렇다. 그들이 죄를 많이 지었기 때문에 멸망했다.

그런데 하나님과 아브라함의 대화를 보면, 소돔과 고모라가 멸망한 것은 '의인이 없어서' 멸망했다. 의인 50명, 45명, 40명, 30명, 20명도 아닌 의인 10명이 없어서 멸망했다. 소돔과 고모라 성을 통틀어 정의를 행하는 의인은 아브라함의 조카 롯뿐이었다(벧후 2:7).

소돔과 고모라 성에 의인 10명이 있었으면 하나님은 소돔과 고모라 성을 멸망시키지 않았을 것이다. 그런데 정의를 행하는 사람, 그 10명이 없어서 멸망했다.

유다 왕국이 멸망할 때도 마찬가지다. 유다 왕국은 '의인 한 사람'이 없어서 멸망하였다. 하나님은 유다가 바벨론에 멸망하기 직전, 예레미야 선지자를 통해서 이렇게 말씀하셨다.

> 너희는 예루살렘 거리로 빨리 다니며 그 넓은 거리에서 찾아보고 알라. 너희가 만일 정의를 행하며 진리를 구하는 자를 한 사람이라도 찾으면 내가 이 성읍을 용서하리라(렘 5:1).

예루살렘의 넓은 거리에 다니는 수많은 사람들 중에서 정의를 행하며 진리를 구하는 단 한 사람이 없어서 유다가 멸망했다.

너무 어처구니없다는 생각이 들지 않는가? 또 유다 왕국은 의인 한 사람이 없어서 멸망했는데 오늘, 우리나라에는 이 원칙이 적용되지 않다고 말할 수 있는가? 만일 하나님께서 사람들이 많이 다니는 서울의 명동 거리에서 '정의를 행하는 한 사람을 찾을 수 없어서 이 나라를 멸망하겠다'라고 하신다면 그것은 누구의 책임이겠는가?

그리스도인의 삶은 공의와 정의를 실현시키는 삶

그리스도인은 자신이 구원받았고, '의롭게' 되었으며, 하나님의 백성이 되었다는 사실만으로 만족하고 안주해서는 안 된다. 그리스도인은 하나님의 법에 순종하면서 공의와 정의를 행하는 삶을 살아야 한다. 말로써가 아니라 행함과 '관계로' 공의와 정의가 무엇인지 보여주어야 한다.

그리스도인은 하나님의 법에 순종하면서, 그리고 하나님과 함께 살면서 이 땅에 공의와 정의를 강물처럼, 하수처럼 흐르게 해야 한다. 넓게는 우리 사회 전체에, 좁게는 우리가 일하는 일터에서 하나님의 도를 행함으로 하나님의 공의와 정의가 실현되게 해야 한다. 이것이 아브라함을 선택하신 목적이고, 또 우리를 구원한 목적이다.

아이러니한 것은 세상 사람들은 하나님의 백성이 공의와 정의를 행하는 것을 거북스러워하면서도 그것을 기대한다. 그들은 교회가 정의로운 공동체 역할을 하기를 기대한다. 그들은 예수님을 믿는 우리에게 공의와 정의로운 생활을 요구한다.

예수님은 제자들을 가리켜 "너희는 세상의 소금이다. 너희는 세상의 빛이다"라고 말씀하셨다. 소금과 빛의 의미가 무엇인지 여러 가지로 말할 수 있겠지만, 그중의 하나가 바로 '착한 행실', 다시 말해 하나님의 도를 행하는 옳고 바른 일을 하는 것이다.

만일 그리스도인이 자신의 포지션에서, 소금과 빛처럼 행동하지 않으면, 다시 말해 공의와 정의를 행하지 않으면, 세상 사람들은 실망의 차원을 넘어 비난을 쏟아붓는다. 그리고 마치 맛을 잃어버린 소금처럼 취급한다. 길바닥에 버리고 발로 밟아 버린다.

그러나 그리스도인이 자기 삶의 자리에서 맛을 내는 소금처럼 사람들을 살맛 나게 한다면, 그들의 태도는 달라진다. 무엇이 진리인지, 어떻게 해야 생명의 길을 갈 수 있는지 알지 못하고 어두움 속에서 방황하는 사람들에게 진리의 빛을 비춰준다면, 그들은 우리의 착한 행실을 보고 하나님께 영광을 돌린다. 공의와 정의가 무엇인지 모르고 방황하는 그들에게 "이것이 공의와 정의입니다. 이렇게 사는 것이 공의와 정의의 삶입니다" 하고 빛을 비춰준다면 그들은 우리를 통해 공의와 정의를 알고 하나님께 영광을 돌린다.

하나님은 소돔과 고모라 때에도 그랬고, 예레미야 선지자 때에도 그러했으며, 지금도 하나님의 도를 행함으로 의와 공도를 행하는 한 사람을 찾으신다. 수많은 사람들이 살고 있는 이 세상에서 공의와 정의를 행하는 한 사람을 찾으신다. 하나님의 법을 순종함으로 정의를 행하며 사는 그 한 사람을 찾으신다.

우리는 어떠한 사람이 되어야 하는가? 또한 교회는 어떤 모습의 교회가 되어야 하는가? 피로 시온을 건축하는 것이 아니라 공의와 정의를 행함으로 교회를 세우는 그런 교회가 되어야 할 것이다. 우리도 세상에서, 그리고 우리의 삶의 터전에서 하나님의 법을 행하고 예수 그리스도의 가르침을 따라 살면서 공의와 정의를 강물처럼 흐르게 해야 할 것이다. .

그래서 부정과 불의로 가득한 세상에, 공의와 정의를 행함으로 바른 세상을 만들어야 한다. 모든 사람이 마땅히 할 일은 하고, 하지 말아야 할 일은 하지 않으며, 받아야 할 것은 받고, 받지 말아야 할 것은 받지 않는 세상을 말이다. 하나님과 사람의 관계, 사람과 사람의 관계가 바른 관계에 있어 살맛 나는 세상을 말이다.

우리가 하나님의 도를 지킴으로 우리가 사는 세상에 억울한 자가 없고, 고통받거나 눈물 흘리며 애통하거나 곡하는 자가 없이 모두가 기뻐하고 춤추며 즐거워하는 삶을 사는 그런 세상을 만들면 좋겠다.

> 주 여호와의 영이 내게 내리셨으니 이는 여호와께서 내게 기름을 부으사 가난한 자에게 아름다운 소식을 전하게 하려 하심이라. 나를 보내사 마음이 상한 자를 고치며 포로된 자에게 자유를, 갇힌 자에게 놓임을 선포하며 여호와의 은혜의 해와 우리 하나님의 보복의 날을 선포하여 모든 슬픈 자를 위로하되 무릇 시온에서 슬퍼하는 자에게 화관을 주어 그 재를 대신하며 기쁨의 기름으로 그 슬픔을 대신하며 찬송의 옷으로 그 근심을 대신하시고 그들이 의의 나무 곧 여호와께서 심으신 그 영광을 나타낼 자라 일컬음을 받게 하려 하심이라(사 61:1~3).

에필로그

절망적인 세상에서 희망을 보다

요한계시록 20:1~6

절망적인 세상

그리스도인은 좁은 문으로 들어가 좁은 길을 걷는 사람이다. 세상 사람들이 가는 길이 아니라, 예수 그리스도께서 걸으신 좁고 협착한 길, 사람들이 잘 찾지 않는 진리의 길을 걷는 사람이다. 그렇기 때문에 세상에서 사는 것이 고달프고 힘들다.

그리스도인은 자신과도 싸운다. 마음속 깊은 곳에서 숱한 욕망과 싸움이 벌어진다. 세상 사람들처럼 살고 싶은 욕망, 이 땅에서 부를 축적하고 편하게 살고 싶은 마음, 사람들이 좋다고 하는 것들에 대한 유혹, 육신의 정욕과 안목의 정욕과 이생의 자랑거리들을 추구하느냐 마느냐 하는 싸움이 있다. 또한 "무엇을 먹을까, 무엇을 마실까, 무엇을 입을까" 하는 염려를 비롯해, 여러 가지 걱정과 근심,

불안과 두려움과도 싸운다.

믿음의 선배들이 세상을 살 때 이 땅의 정착민이 아닌 나그네로 살았다는 것을 알면서도, 자꾸만 나그네 삶의 불편함을 느낀다. 그래서 세상에 속한 사람들처럼 편안함을 추구하려고 한다. 우리의 시민권이 하늘에 있다는 것을 알면서도, 자꾸만 땅에 소망을 두고 살려는 유혹에 흔들린다. 하늘에 재물을 쌓기보다 땅에 재물을 쌓으려 하고, 위에 것을 찾고 추구하기보다 땅의 것을 더 좋아하고 사랑하려고 한다.

예수님께서 "누구든지 나를 따라오려거든 자기를 부인하고 날마다 자기 십자가를 지고 나를 따르라"고 말씀하셨다. 그러므로 우리는 자기를 부인하는 싸움, 자기 십자가를 지는 싸움을 매일 치러야 한다. 세상에서 그리스도인으로 사는 것은 결코 쉬운 일이 아니다.

항상 그런 것은 아니지만, 그리스도인은 세상에서 크게 환영받지 못한다. 삶의 목표와 방향, 방식이 세상에 속한 사람들과 다르기 때문에 종종 그들로부터 미움을 받는다. 심할 경우 욕을 먹거나 핍박과 박해를 받을 수도 있다.

또한 그리스도인과 세상 어둠의 세력들 사이에는 눈에 보이지 않는 '영적 전투'가 항상 진행된다. 죽느냐 사느냐

하는 영적 전투가 시도 때도 없이, 장소를 가리지 않고 벌어진다. 이런 전투가 가장 힘든 순간은 사랑하는 사람들, 즉 가족이 원수의 앞잡이 노릇을 할 때이다. 그리스도인 된 우리를 가장 잘 이해해 줄 것 같은 사람이 오히려 어둠의 세력과 한패가 되어 경건하게 살지 못하도록 유혹하고 공격할 때, 견디기 어렵다.

더구나 사탄과 어둠의 세력들-사탄에게 종노릇하는 귀신들과 거짓 선지자들과 거짓 교사들과 우상숭배자들과 흉악한 자들과 살인자들과 음행하는 자들과 거짓말하는 자 등-이 모두 경건하게 살려는 그리스도인을 핍박한다.

어둠의 영적인 세력들, 곧 통치자들과 권세들과 이 어둠의 세상 주관자들과 하늘에 있는 악한 영들(엡 6:12)도 그리스도인 된 우리를 가만두지 않는다. 호시탐탐 우리를 노리면서 끊임없이 우리를 악에 빠지게 하고 죄를 짓게 해서 하나님께 영광을 돌리지 못하게 한다. 이들의 주특기는 속임수와 거짓말로 우리를 미혹하는 것이다. 그러므로 우리는 항상 깨어 있어야 하고, 하나님의 전신갑주를 입고 마귀를 대적해야 한다.

어둠의 세력이 기세등등할 때, 경건하게 살고자 하는 많은 그리스도인이 고통을 받는다. 세상 사람들, 곧 세상에 속한 대중은 세상 편에 서서 어둠의 세력과 함께할 때가 많다. 그 결과 여론이 형성되고 대중이 지지하면, 정치적 압력이 가해져 수많은 그리스도인이 불이익을 당하고 더러는 잡혀서 심문을 받거나 감옥에 갇히기도 한다. 심하면 예수님을 증언하고 하나님의 말씀을 지켰다는 이유로 목숨까지 잃는다. 이렇게 어둠의 세력이 극한으로 치달을 때, 그리스도인으로 산다는 것은 곧 자기 목숨을 내놓고 사는 것이다. 그래서 세상에서의 삶은 거의 절망적이다.

절망적인 세상에서도

하지만 세상살이가 아무리 고달프고 절망적이라 해도, 우리는 그리스도인이라는 정체성과 그리스도인으로 사는 삶을 포기할 수 없다. 이유는 예수 그리스도만이 우리의 유일한 구원자이며 진리이고 생명이기 때문이다. 예수 그리스도만이 우리를 심판에서 건지시고, 사망에서 생명으로 옮기신다. 그러므로 우리는 생명이신 그리스도를 떠나 세상에 속한 사람들처럼 살 수 없다.

그리고 세상에서 그리스도인으로 사는 것이 결코 편하지 않고 또 위험하다 할지라도 포기할 수 없는 이유는, 하나님께서 우리와 함께하시기 때문이다. 하나님 아버지와 우리 주 예수 그리스도, 그리고 항상 우리와 함께하시는 성령님은 절망적인 세상에서 우리의 유일한 희망이다.

하나님 아버지는 눈동자처럼 우리를 지켜주신다. 예수 그리스도께서도 하늘과 땅의 모든 권세를 가지고 예수님이 걸어가신 길을 우리도 걸을 수 있도록 도와주신다. 성령님은 우리의 '또 다른 보혜사'가 되어 우리를 진리 가운데로 인도하시고, 예수 그리스도를 닮도록 도와주신다.

그리스도인은 세상에서 아무것도 아닌 자 같으나, 실상은 삼위 하나님과 함께하는 사람들이다. 그리스도인은 세상에서 '무명한 자 같으나 유명한 자요, 죽은 자 같으나 살아 있는 자이다. 징계를 받는 자 같으나 결코 죽임을 당하는 데까지 이르지 않는다. 근심하는 자 같으나 항상 기뻐하고, 가난한 자 같으나 많은 사람을 부요하게 하고 행복하게 하는 사람들이다. 그리스도인 된 우리는 아무것도 가지지 않은 사람 같으나 실상은 예수 그리스도 안에서 모든 것을 가진 사람이다'(고후 6:9~10). 우리의 희망이신 삼위 하나님이 우리와 함께하시기 때문이다.

우리는 절망할 수밖에 없는 세상에서 절대로 절망하지 않는다. 오히려 하나님 때문에 매일 희망을 품고, 희망을 노래하고, 희망을 경험하며 산다.

비록 세상에서 많이 참아야 하고 환난과 궁핍과 곤경과 매 맞음과 옥에 갇힘과 난동과 수고와 잠을 자지 못함과 굶주림을 겪는다 해도(고후 6:4~5) 우리는 하나님의 일꾼답게 처신한다. 그리고 우리는 순결과 지식과 인내와 친절과 성령의 감화와 거짓 없는 사랑과 진리의 말씀과 하나님의 능력으로 우리에게 주어진 사명의 일을 한다. 우리가 영광을 받거나 수치를 당하거나 비난을 받거나 칭찬을 받거나 상관하지 않는다. 대신에 우리는 손에 의의 무기를 들고 공의와 정의로 하나님의 일을 한다(고후 6:6~8).

그래서 우리는 세상에 하나님의 복을 유통하고 조금이라도 더 공의롭고 정의로운 세상이 되도록 노력한다.

여기서 한 걸음 더 나아가 절망 속에 있는 사람들, 곧 사탄과 사망과 죄에 종노릇하는 사람들을 구원하는 일에 힘쓴다.

우리는 세상이 절망적인 세상이라고 포기하지 않는다. 오히려 절망적인 세상이기 때문에 인류의 유일한 희망이 되는 예수 그리스도를 증언하며, 하나님의 말씀을 삶으로 살아내서 그들을 희망으로 인도한다.

안타까운 것은 우리의 노력에도 불구하고 세상은 점점

더 악해져 갈 것이며 하나님의 심판을 더욱 재촉할 것이다. 세상을 살맛 나게 하려는 우리의 노력이 물거품처럼 보일 수도 있다. 그럴지라도 우리는 좌절하지 않는다. 알파와 오메가가 되시는 하나님께서 하시는 일이고, 그분의 생각은 우리의 생각보다 훨씬 더 깊고 오묘하시기 때문이다. 다만, 우리는 하나님의 뜻을 받들어 절망적인 세상에서 희망을 전하고, 그 유일한 희망이 예수 그리스도임을 증언하며 살아갈 뿐이다.

절망적인 세상에서 희망을 보다

우리는 언젠가 세상이 끝난다는 것과 그 끝에서 누가 옳았는지, 누가 진정한 승리자인지도 이미 알고 있다, 그 이유는 하나님께서 우리로 하여금 희망을 품고 믿음으로 살라고, 세상의 끝에 있을 일을 계시로 알려 주셨기 때문이다. 그래서 우리는 절망적인 세상에서 희망을 보고 사는 사람들이다. 우리의 희망에 관한 계시의 말씀이 바로 요한계시록 20~21장의 말씀이다. 이 말씀은 다음과 같은 진리를 말한다.

최후의 전쟁

첫째, 세상 끝에는 어둠의 세력과 대대적인 전투가 벌어질 것이다. 이미 무저갱에 잠깐 갇혀 있는 용, 옛 뱀이요 마귀요 사탄은 풀려나서 하나님의 군대와 전쟁하기 위해 다시 세력을 규합할 것이다.

사탄이 땅의 사방 백성, 곧, 곡과 마곡을 미혹하고 모아 그 수가 바다의 모래같이 많을 것이다. 그리고 그들이 지면에 널리 퍼져 있는 성도들과 하나님이 도성을 포위할 것이다.

그러나 이 전쟁에 대한 승패는 이미 결정되어 있다. 하늘에서 불이 내려와 그들을 태워버리고 또 그들을 미혹하는 마귀가 불과 유황 못에 던져질 것이며, 그 짐승과 거짓 선지자들도 그 불 못에 던져질 것이다(계 20:7~10). 물론 여기에는 사탄을 추종하고 사탄의 편에서 성도를 대적했던 무리들, 다시 말해 믿지 아니하는 자들, 흉악한 자들, 살인자들, 음행하는 자들, 점술가들, 우상숭배 하는 자들, 거짓말하는 모든 자들도 불과 유황으로 타는 못에 던져질 것이다(계 21:8).

반면 그리스도인은 승리의 개가를 부르며 하나님께 영광을 돌릴 것이다. 이 세상에서 매일 영적 전투를 하면서

때로는 물러서기도 하고, 때로는 패배한 듯 느낀 적도 있었지만, 세상 마지막 날에는 하나님 아버지와 우리 주 예수 그리스도로 말미암아 대승리를 거둘 것이다. 그래서 이루 말할 수 없는 기쁨의 찬송으로 하나님께 영광을 돌릴 것이다.

> 구원하심이 보좌에 앉으신 우리 하나님과 어린 양에게 있도다. 아멘. 찬송과 영광과 지혜와 감사와 존귀와 권능과 힘이 우리 하나님께 세세토록 있을지어다. 아멘(계 7:10, 12).

최후의 심판

둘째, 하나님의 전무후무한 심판이 있을 것이다. 요한계시록 20:11~15 말씀을 보면, 우리 하나님 아버지께서 크고 흰 보좌 위에 앉으셔서 모든 사람을 심판하신다. 죽은 자나 큰 자나 작은 자나 모두가 하나님 앞에 설 것이다. 벌써 죽은 지 오래되었을지라도 땅에서 죽은 자는 땅이 그 죽은 자를 내주고, 바다에서 죽은 자도 바다가 그 죽은 자를 내주고, 또 사망과 음부도 그 가운데서 죽은 자들을 내준다. 그리하여 하나님께서 인류가 창조된 이후 지금까지 이 세상에 살았던 모든 사람을 심판하신다.

하나님의 심판은 공의롭고 정의롭다. "각 사람이 행한 자기 행위대로 보응하시는 심판"을 하시기 때문이다.

하나님의 보좌 앞에는 두 종류의 책이 펼쳐져 있는데 하나는 생명책이고, 다른 하나는 각 사람이 행한 행위를 기록한 책이다. 하나님은 그 책들에 기록된 대로 각 사람의 행위를 따라 심판하신다.

그러나 하나님의 심판에서 면제를 받은 사람들이 있다. 그 사람들은 예수 그리스도를 믿음으로 말미암아 생명책에 그 이름이 기록된 사람들이다. 이들은 이날 받아야 할 심판을 예수 그리스도께서 이미 십자가에서 대신 죽으심으로 면제받았다. 그리고 사흘 만에 부활하심으로 말미암아 심판에 이르지 아니하고 사망에서 생명으로 옮겨졌다. 그리고 그의 이름이 생명책에 기록되었다. 그래서 영원한 지옥 사망에 떨어져 형벌을 받는 심판을 받지 않는다. 예수님을 믿는 자들은 운명이 바뀐 사람들이다.

> 내가 진실로 진실로 너희에게 이르노니 내 말을 듣고 또 나 보내신 이를 믿는 자는 영생을 얻었고 심판에 이르지 아니하나니 사망에서 생명으로 옮겼느니라(요 5:24).

반대로 예수님을 자신의 구원자로 믿지 않는 사람들은 요한계시록 20:15의 말씀처럼 된다.

> 누구든지 생명책에 기록되지 못한 자는 불 못에 던져지더라.

하지만 예수 그리스도를 믿는 사람들, 자신의 이름이 생명책에 기록된 그리스도인들은 불 못 대신에 새 하늘과 새 땅에 있는 새 예루살렘, 하나님의 도성으로 들어가 영생하게 된다. 그리고 예수 그리스도와 더불어 천 년 동안 왕 노릇하게 된다(계 21:1~4; 20:4).

새로운 세상

셋째, 그리스도인은 하나님과 예수님께서 준비해 두신 새로운 세상에서 살게 될 것이다. 우리가 살고 있는 창조 세계, 곧 처음 하늘과 처음 땅은 없어질 것이다. 악의 근원지로 상징되던 바다도 없어질 것이다(계 20:11; 21:1). 대신에 하나님께서 새 하늘과 새 땅을 창조하실 것이다.

하나님은 자기의 백성들, 예수 그리스도를 믿고 이 세상에서 치열한 믿음의 삶을 살았던 그리스도인을 위해 새 예루살렘을 준비하실 것이다. 요한계시록 21:2 말씀이다.

> 또 내가 보매 거룩한 성 새 예루살렘이 하나님께로부터 하늘에서 내려오니 그 준비한 것이 신부가 남편을 위하여 단장한 것 같더라.

새 예루살렘은 마치 신부가 신랑을 위해 단장한 것 같이 아름다운 성이다. 새 예루살렘이 얼마나 아름답고 영광스러운 곳인지 요한계시록 21:9~27과 22장에서 자세하게 설명하고 있다.

핵심은 이렇게 아름답고 영광스러운 새 예루살렘, 어둠의 세력이 발도 붙이지 못하는 새 예루살렘을, 그리스도인들을 위해 하나님께서 준비하신다는 사실이다. 하나님께서 친히 예수 그리스도를 증언하고 하나님의 말씀을 순종하면서 믿음으로 살았던 성도들과 함께 이 예루살렘에서 영원히 거하실 것이다. 그리스도인 된 우리는 하나님의 백성이 되고 하나님은 친히 우리의 하나님이 되셔서 우리와 함께 계실 것이다.

그리고 하나님께서 우리의 눈물을 닦아 주실 것이다. 절망적인 세상을 살면서 굳건하게 믿음을 지키고 선한 싸움을 싸운 우리의 눈에서 모든 눈물을 닦아 주실 것이다.

새 하늘과 새 땅, 새 예루살렘에는 이 세상에서 우리 위에 군림하며 왕 노릇했던 것들이 없을 것이다. 다시는 사망이 없고 애통하는 것이나 곡하는 것이나 아픈 것이나 저주가 없을 것이다. 처음 것들은 다 지나갔기 때문이다.

세세토록 왕 노릇함

넷째, 세상이 끝날 때, 우리를 괴롭혔던 어둠의 세력들은 불과 유황 못에 던져져서 세세토록 밤낮 괴로움을 받을 것이다(계 20:10). 그러나 우리는 하나님의 영광 가운데서 세세토록 왕 노릇할 것이다. 요한계시록 20:4, 5에서 "그리스도와 더불어 천 년 동안 왕 노릇하리라"고 했고, 요한계시록 22:5 말씀에서는 "세세토록 왕 노릇하리로다"라고 했다.

따라서 세상에 살면서 그리스도인이라고 미움과 멸시, 핍박을 받아도, 세상이 끝나는 날 우리는 예수 그리스도와 더불어 세세토록 왕 노릇할 것이다. 그것도 하나님의 영광으로 충만한 새 하늘과 새 땅과 새 예루살렘에서 말이다.

요한계시록 21:10b~11a를 보면 "하나님께로부터 하늘에서 내려오는 거룩한 성 예루살렘을 보니 하나님의 영광이 있어 그 성의 빛이 지극히 귀한 보석 같고 벽옥과 수정 같이 맑더라"라고 새 예루살렘과 하나님의 영광을 설명한다. 그리고 요한계시록 21:22 이하의 말씀에서 하나님의 성전과 하나님의 영광과 그 영광 가운데로 다니는 사람들이 누구인지를 설명한다.

> 성 안에서 내가 성전을 보지 못하였으니 이는 주 하나님 곧 전능하신 이와 및 어린 양이 그 성전이심이라. 그 성은 해나 달의 비침이 쓸데없으니 이는 하나님의 영광이 비치고 어린 양이 그 등불이 되심이라. 만국이 그 빛 가운데로 다니고 땅의 왕들이 자기 영광을 가지고 그리로 들어가리라. … 무엇이든지 속된 것이나 가증한 일 또는 거짓말하는 자는 결코 그리로 들어가지 못하되 오직 어린 양의 생명책에 기록된 자들만 들어가리라.

생명책에 기록된 이들은 큰 환난에서 나온 그리스도인인데 어린 양의 피에 그 옷을 씻어 희게 한 자들이다. 이들이 하나님의 성전에서 밤낮으로 하나님을 섬긴다(계 7:14~15).

따라서 예수 그리스도를 증언하고 하나님의 말씀으로 세상을 살면서 믿음을 지킨 그리스도인은 예수 그리스도와 함께 세세토록 왕 노릇하되 하나님의 영광 가운데서 왕 노릇하게 될 것이다. 그리고 더 이상 하나님을 믿음으로만 대하지 않고, 얼굴과 얼굴로 맞대며 하나님과 함께 살게 될 것이다. 굳이 성전 제사나 예배가 아니더라도 하나님을 기쁨으로 섬기며 살게 될 것이다(계 22:4).

희망을 보라

지금까지 살펴본 요한계시록 20~22장은 이 세상이 끝나는 종말의 때에 있을 일을 계시한 하나님의 말씀이다. 지금 우리는 이 세상에 살고 있다. 공중 권세 잡은 자와 어둠의 세력들이 판을 치는 이 세상에서 살고 있다. 매일 영적 전투를 하면서 말이다.

하나님께서 세상 마지막에 있을 대전투와 새 하늘과 새 땅, 특히 새 예루살렘에 대한 계시의 말씀을 주심은 믿음의 선한 싸움을 싸우고 달려갈 길을 가는 우리에게 희망을 주기 위해서다. 우리의 마지막 모습이 어떤 모습일지 미리 보게 함으로 절망하지 말라고 주시는 하나님의 희망의 메시지이다. 지치고 힘든 세상 살이, 고달픈 세상 살이 때문에 좌절하지 말라고, 절망적인 세상에서 희망을 보고 힘을 내서 믿음의 삶을 살라고 주시는 메시지이다. 지금까지 잘

해 온 것처럼, 앞으로도 세상에 구원의 빛을 비추며 하나님의 복을 유통시키고, 공의와 정의의 삶을 살라고 주시는 희망의 메시지인 것이다.

따라서 우리는 요한계시록 20~22장의 말씀을 통해 절망의 세상에서 희망을 본다. 우리의 운명이, 우리의 미래가 얼마나 영광스러운 미래인지 말이다. 우리는 패배자가 아니라 승리자가 될 것이다. 우리는 부끄러운 자가 아니라 영광스러운 자가 될 것이다.

그러므로 힘을 내라. 당신이 사는 삶의 자리에서 믿음의 선한 싸움을 싸워라. 포기하지 말고 힘을 다해 싸우라. 달려갈 길을 최선을 다해 달려가라. 영광스러운 우리의 미래가 점점 다가오고 있다.

> 보라. 내가 속히 오리니 내가 줄 상이 내게 있어 각 사람에게 그가 행한 대로 갚아 주리라(계 22:12).

> 아멘. 주 예수여, 오시옵소서(계 22:20).

[미주]

프롤로그

언제까지 머뭇거리겠는가

1. 모두가 믿는 것은 아니다
1. 자료 출처 : 한국선교연구원(KRIM). "2023년도 선교사 파송 집계 (174개국 21,917명)", 한국세계선교협의회(KWMA), 입력일: 2024. 03. 07. https://kwma.org/cm_notice/57747, 접속일: 2025. 02. 08., 책임연구자: 홍현철, 연구원: 김성태, 김범영, 윤희정, 김민주. 사역 대상국에는 한국도 포함되어 있으며 한국을 제외하면 173개국이다. 부부는 2명으로 계산되었으며, 총수는 23,139명이다. 이들 중에 이중소속(1,222명)으로 계수가 중복된 선교사는 제외했다. 조사대상은 한국 개신교 선교단체로 제한하였다.
2. 총회세계선교회 GMS, (https://gms.kr/, 접속일: 2025. 02. 08). 홈페이지 첫 화면 상단에 있음.
3. 한국리서치 '여론 속의 여론'이 최근 발표한 '2024 종교 인식 조사: 종교 인구 현황과 종교 활동'에 따르면, 개신교는 20%, 천주교는 11%, 불교는 17%라고 한다 (송경호 기자, "개신교인 비율, 6년째 가장 많은 20%대 유지… 젊은층 '무교' 압도", 〈크리스천투데이〉, 입력일: 2024. 12. 17., https://www.christiantoday.co.kr/news/365557, 접속일: 2025. 08. 28.). 그러나 다른 통계에서는 개신교 비율을 16.2%라고 제시한다("기독교 통계(255호)- 한국 기독교 장래 인구 추계 (2050년까지)", 〈numbers〉, 입력일: 2024. 09. 10., http://www.mhdata.or.kr/bbs/board.php?bo_table=gugnae&wr_id=129, 접속일: 2025. 08. 28.).

2. 믿음은 세상과 타협하지 않는다
1. 달라스 윌라드(Dallas Willard), 『하나님의 모략』(The Divine Conspiracy: Rediscovering Our Hidden Life in God), 윤종석 옮김, 서울: 도서출판 복 있는 사람, 2000, 101.

2. 이한수, 『한국성경주석총서: 갈라디아서』, 서울: 도서출판 횃불, 1997. 587.

3. 존 맥아더는 "진리의 본질을 생각할 때면 으레 하나님이 생각난다. 성육신하신 하나님- 예수 그리스도-이 진리 자체이시기 때문이다(요 14:6)"라고 하였다(p. 15.). 또 그는 "진리는 결코 하나님과 분리될 수 없다. 하나님을 그 근원으로 설정하지 않은 채 진리를 이해하고 설명할 수 있는 사람은 이 세상에 없다. 하나님만이 영원히 자존하시고, 만물의 창조주이시며, 모든 진리의 터가 되신다. 그런 사실을 믿지 않으면서 하나님과 상관없이 진리를 설명하려고 애써 보라. 그런 모든 정의들은 결국 실패하고 말 것이다"(p. 33.)라고 말했다(존 맥아더, 『진리전쟁』, 신성욱 옮김, 서울: 생명의말씀사, 2007. 15, 33.).

3. 세상으로 빠지는 것을 경계하라

1. 2022년 12월 27일 현재 통계청 KOSIS 지표에 따르면 우리나라 인구수는 5,162만 8,117명이다. 그 중에 서울에 약 950.9만 명이 살고, 인천에 294.8만 명, 경기도에 1356.5만 명이 산다.

2. 레오나드 레이븐힐(Leonard Ravenhill), 『소돔에는 말씀이 없었다(Sodom Had No Bible)』, 이용복 옮김, 서울: 규장, 2009. 13-14.

4. 세상 것에 현혹되지 말라

1. 조기호, 『어두운 시대의 사사들』, 세우미, 2022. 113.

2. 조기호, 『어두운 시대의 사사들』. 113.

3. 그에게 이르되 보소서 당신은 늙고 당신의 아들들은 당신의 행위를 따르지 아니하니 모든 나라와 같이 우리에게 왕을 세워 우리를 다스리게 하소서 한지라(삼상 8:5). 우리도 다른 나라들 같이 되어 우리의 왕이 우리를 다스리며 우리 앞에 나가서 우리의 싸움을 싸워야 할 것이니이다 하는지라(삼상 8:20).

4. 여호와께서 이스라엘 자손에게 이르시되 내가 애굽 사람과 아모리 사람과 암몬 자손과 블레셋 사람에게서 너희를 구원하지 아니하였느냐? 또 시돈 사람과 아말렉 사람과 마온 사람이 너희를 압제할 때에 너희가 내게 부르짖으므로 내가 너희를 그들의 손에서 구원하였거늘 너희가 나를 버리고 다른 신들을 섬기니 그러므로 내가 다시는 너희를 구원하지 아니하리라(삿 10:11-13).

5. 여기에 대해서는 해석이 둘로 나뉜다. 하나는 자기 딸을 번제물, 즉 인신 제물로 보는 견해가 있고, 다른 하나는 레위기 27장의 말씀처럼 딸의 몸값을 계산해서 하나님께 바쳤다는 견해가 있다.

5. 세상의 것이 아닌 여호와를 기뻐하라
1. 박윤선, 『바울서신(상)』, 서울: 영음사, 2006, 164.
2. 그랜트 오스본(Grant Osborne), 『에베소서(Life Application Bible Commentary)』, 전광규 옮김, 서울: 성서유니온선교회, 2009, 177.

7. 세상을 본받지 말고 구별되게 살아라
1. Clinton Richard Dawkins, 『The Selfish Gene: 40th Anniversary Edition』, (USA:Oxford University Press), 2016.
2. "무당개구리", 〈한국민족문화대백과사전〉, https://encykorea.aks.ac.kr/Article/E0075053, 접속일: 2025. 08. 23., "보호색·경고색 둘 다 가진 무당개구리가 진화의 비밀 알려줬다", 〈D한겨레〉, 입력일: 2023. 03. 21. https://v.daum.net/v/ZYO3ne1i41?f=p, 접속일: 2025. 08. 23.
3. 그리스도인이 세상 사람과 다르다는 것에 대해서는 본서 32-53페이지를 참고하라.
4. 카미유 생상스(Charles Camille Saint-Saëns)가 작곡한 「삼손과 들릴라(Samson et Dalila)」가 유명하고 수많은 번안곡들이 무대에 오르고 있다.
5. 세실 B. 드밀(Cecil B. DeMile)이 1949년에 Samson And Delilah를 개봉했다. 1996년 니콜라스 뢰그(Nicolas Roeg)가 Samson and Delilah, Die Bibel: Samson und Delila라는 제목으로 개봉했다.
6. 피터 파울 루벤스(Pieter Paul Rubens 1577-1640)가 1609년경에 그린 「삼손과 드릴라」가 유명하다.

8. 소망 없는 세상에 하나님의 은총을 확산하라
1. 다니기와 겐이치의 『일본의 신』(조재국 역, 연세대학교 대학출판물화원, 2015.)와 노성환의 『임란포로, 일본의 신이 되다』(민속원. 2014) 등을 참고하라.

9. 어둠의 세력과 싸우는 영적 전투에서 승리하라
1. 크레이그 키너(Craig S. Keener), 〈IVP 성경배경주석 신약(The IVP Bible Background Commentary New Testament)〉, 정옥배 외 옮김, 한국기독학생회출판부, 2007, 642.

11. 세상을 향한 하나님의 계획을 전하라

1. 제니퍼 랏슨(Jennifer Latson), "미국 최악의 '중간' 호산 폭발"(The 'Middling' Volcanic Eruption that Was America's Worst), 〈TIME〉, 입력일: 2015. 5. 18, https://time.com/3856099/mt-st-helens-35-years/?utm_source=chatgpt.com, 접속일: 2025. 09.11.

2. 하이럼 스미스(Hyrum W. Smith), 『인생에서 가장 소중한 것(What Matters Most)』, 김경섭 이경재 옮김, (서울: 김영사, 2004), 12-15까지 살펴보라.

3. "코로나19(COVID-19) 실시간 상황판", CoronaBoard, (업데이트 2022. 05. 22. https://coronaboard.kr/ 접속일: 2022. 05. 22). 코로나19의 확진자는 지금도 계속해서 나타나고 있다.

12. 패역한 세상을 향해 선지자의 심정으로 외쳐라

1. 구약은 우상 숭배를 모든 죄 중에 가장 큰 죄로 여긴다. 그것은 우상 숭배가 하나님으로부터의 배경이므로 하나님께 대한 모든 순종의 근원을 끊기 때문이다 [William Brenton Greene, "The Ethics of the Old Testament," Princeton Theological Review 27(1929), 157. 월터 카이저(Walter C. Kaiser), 〈구약성경윤리(Toward Old Testament Ethics)〉, 홍용표 역, 생명의말씀사, 1990. 15. 재인용.]

13. 하나님이 부르신 자리에서 소명의 삶을 살라

1. 김세윤, 『고린도전서 강해』, 서울·두란노아카데미, 2009, 144.

15. 하나님의 복을 세상에 유통하라

1. 마이런 러쉬(Myron D. Rush)가 쓴 『훌륭한 그리스도인이면서 훌륭한 사업가가 되는 방법(Lord of the Marketplace』(김옥현 옮김, 나침반사, 1993)의 25-26 페이지를 정리한 것이다.

2. 마이런 러쉬, 『훌륭한 그리스도인이면서 훌륭한 사업가가 되는 방법』. 26.

에필로그

절망적인 세상에서 희망을 보다

믿음은 세상과 타협하지 않는다

전병철 지음

초판 1쇄 발행 | 2025년 10월 04일

발 행 인 | 전병철
교정 교열 | 박이삭
발 행 처 | 세우미
등   록 | 476-54-00568
등 록 일 | 2021년 07월 26일
주   소 | 광명시 영당안로 13번길 20. 삼정타운 다4동 404호
이 메 일 | mentor1227@nate.com
인스타그램 | https://www.instagram.com/sewoomi1,　@sewoomi_

ISBN　　979 - 11 - 93729 - 07 - 6　(93230)

본 저작물은 신저작권법에 따라 보호를 받는 저작물이므로 무단 전재와 무단 복제를 금합니다.
이 책의 전부 또는 일부를 이용하려면 반드시 저자와 세우미 출판사의 동의를 받아야 합니다.